ファジーフロントエンド活動による

技術革新創成

100社の事例を実証データで検証

櫻井 敬三

［著］

文眞堂

はじめに

先が読めない時代の新たな創造的活動マネジメント

　直近ではイギリスで国民投票が実施されEU離脱組が勝利し、EUの政治・経済システムの枠組みがどう変化するかで市場は混乱している。G7や国家間取引交渉（例えばTPP）など、世界の政治・経済システムの枠組みの今後の動向は、企業の先行投資行動にとって重要性が増している。さらに科学的発明や実用化研究（例えばiPS細胞関連）の今後の技術動向は、企業にとって新たな事業創造行動決断で気になるところである。これらすべての企業活動は未来予測を伴う先が見通せない五里霧中の進軍であると言える。それは競争的資本主義経済が誕生して以来変わらぬことであろう。しかし今日、グローバル経済下では、関わりを持つ諸条件が余りにも多くなったことから、今まで以上にその未来予測の的中率は低くなったと言わざるを得ない。新たなビジネスの取り組みを必要とする方々にとってはネキストビジネスに対する多くの要件を明確化し、その未来動向を予測し、その結果事業計画を立て実行していくことは今まで以上に難しくなっている。

　その的中率を上げる方法はなかなか見当たらないが、「新たな創造的活動マネジメント」を実施することで今までよりも的中率がアップできるのではないかと言うのが本書の主張である。但しここで扱う範疇は技術革新を伴う新製品の創造的活動マネジメントに限定している。今日の社会では新たな技術革新を基盤とした進展なくして経済発展もなければ人々の幸福も得られないとの認識において異議を唱える者はいないと思う。その先導役の技術革新を伴う新製品の創造的活動マネジメントは今までにも増して重要になってきている。

　我が国では失われた20年と言われ、ほぼグローバル化経済に同期する形でデフレスパイラル現象が起こり、日本経済は過去経験したことがない減速経済システムの中で苦戦している。その結果、経済活動の委縮、新技術開発の停

滞，国民の無気力感の増大など，かつて言われてきた英国病とは違う新たな政治・経済・社会全体を包括した深刻な状況に陥っている。しかし残念だが当の日本国や日本人はその認識がほとんどないのである。これが問題である。その解決の糸口を提供できればの観点で本書を上梓する。

　本書は筆者が2007年3月にまとめた博士論文を公開するものである。この中には今まで信じられている市場優先のマネジメントとは異なるマネジメントが成功の鍵であることや，一見目新しい不確実性の高い情報よりも過去の文章情報を利用し，じっくり物事を考え実行することが成功の鍵であることが実証データ分析から示されている。本分野の専門家だけでなく，特に日本の製造業の経営者や管理者の方々にも一読いただきたい。「新たな創造的活動マネジメント」の本質を理解してビジネスに生かしていただきたい。

　本書を出版する動機は，筆者が開発前活動（ファジーフロントエンド活動）の研究をはじめた頃，インタビュー調査にお邪魔した一部上場企業の研究部門責任者が最近ご定年を迎える挨拶状をいただき久しぶりにお会いし，その際「私は先生のご研究成果をたしか2007年秋頃に聞かせていただき，その通り実行してきました。そのお蔭で当社はサブプライム問題やその後の日本経済の停滞などにも関わらず，お蔭様で何とか新技術で事業継続できています。今，先生は大学教授になられたのですから（当時は民間企業勤務）是非その研究成果を技術力で社会貢献している日本の製造企業に啓蒙してください。」と言われたからである。また本研究で「研究技術者の創造性資質と特許出願件数の関係分析」のために快く協力いただいた企業の方々にお会いする機会があり談笑すると7年前に講演させていただいた時報告した本書の第6章結論（プロジェクトチームメンバーの人選基準）を2企業内で採用いただいていることを知ったのである。7年間継続実施されている両企業が属する業界は必ずしも右上がりの経済発展型産業ではないのだが，両企業とも業績（営業利益率）が同業他社との比較で図抜けて良好なことがわかった。こんなことがこの半年の間にあり，本書（博士論文内容）を公開する気持ちになったのである。

　本書読者はまず第1章序論1節と2節と3節（今回追加執筆箇所）そして第7章第2節から読んでいただきたい。その後，巻末資料1～3をざっと目を通し，第4章第1節と2節を読みファジーフロントエンド活動とは何かをご理解

いただけると良いと思う。その上で第4章以降を順次読まれることをお薦めしたい。第5章と第6章が本研究の結論であるが，必要に応じ深読みいただければよろしいかと思う。なお第2章は日本企業のファジーフロントエンド活動の歴史的考察であり，第3章は本研究のための先行研究レビューである。この両章は本分野の専門家が読めば良いところであり，より体系的に理解されたい方は読まれれば良いかと思う。

　本書には筆者の浅学から随所に勘違いがあると思う。その点は賢明な読者の皆様方が批判的に本書を読まれ改善修正し実務に生かしていただきたい。なお筆者はその後関連した研究を個別に論文にして公開してきた。筆者ホームページ等でチェックいただき一読されることを期待する。そうすることで実務の中でどのように適用できるか立案できると思う。

　なお本書は多くの方々のご支援があって研究を進めることができた。175名の方々（恩師の横浜国立大学の近藤正幸先生，アンケート調査にご支援いただいた日本大学の菅澤喜男先生，20年余前からいろいろご指導いただいた人々）に感謝したい。その方々がいなければ本書を発刊できなかった。この場をお借りし，感謝を申し上げたい。

2016年7月　自宅書斎にて
櫻井敬三

目　　次

はじめに―先が読めない時代の新たな創造的活動マネジメント … *i*

第1章　序論―ものづくり日本は今どうなったのか …… *1*

第1節　数値でみる日本の現状 ………………………………… *2*
　1. 三流国になり下がったことへの自覚を …………………… *2*
　2. ものづくり再生は可能か …………………………………… *3*

第2節　ものづくり日本が危ない ……………………………… *4*
　1. 研究開発の進め方に問題あり ……………………………… *4*
　2. 新たな顧客価値の創生への取り組みに問題あり ………… *6*
　3. どうすれば良いか？　開発前活動（ファジーフロントエンド活動）が重要だ ………………………………………… *9*

第3節　創造的活動マネジメントで再生を …………………… *10*
　1. 集団と個人の創造的マネジメントの新たな視点 ………… *10*
　2. 具体的に何を明らかにするのか …………………………… *11*
　3. 実証研究の意義と分析データの特徴 ……………………… *14*

第4節　研究の方法と手順 ……………………………………… *16*
　1. 研究の方法 …………………………………………………… *16*
　2. 研究の手順 …………………………………………………… *18*

第5節　全体構成と各章概要 …………………………………… *19*
　1. 研究の全体構成 ……………………………………………… *19*
　2. 各章の概要 …………………………………………………… *19*

第2章　新製品の開発段階と開発前段階の活動比較 ……… *24*

第1節　新製品の開発段階における活動の効率化 …………… *24*
　1. 標準的新製品開発フローと活動の効率化 ………………… *24*

2．イノベーション連鎖モデルによる新製品開発フロー……………… *26*
　　3．線型プロセスモデルとイノベーション創出製品化モデルの新
　　　製品開発フロー比較………………………………………………… *28*
　　4．企業で適用された主要マネジメント技術の企業貢献…………… *29*
　第2節　新製品の開発前段階における活動の変遷と活動の効率化 … *31*
　　1．新製品の開発前段階における活動の変遷……………………… *31*
　　2．国際分業化に対処する開発前（ファジーフロントエンド）
　　　活動…………………………………………………………………… *36*
　　3．新製品の開発前（ファジーフロントエンド）段階の活動の
　　　効率化………………………………………………………………… *37*

第3章　新製品の開発前段階のマネジメント及び創造的活動の
　　　　マネジメントに関する先行研究レビュー ………………… *41*

　第1節　新製品の開発前段階のマネジメントに関する先行研究
　　　　レビュー ……………………………………………………………… *42*
　　1．ファジーフロントエンドが理解される以前の研究開発活動
　　　に関する先行研究………………………………………………… *42*
　　2．ファジーフロントエンドの活動定義に関する先行研究………… *43*
　　3．アイデア発想活動強化に関する先行研究……………………… *46*
　　4．ファジーフロントエンドの活動とその成果測定に関する
　　　先行研究…………………………………………………………… *50*
　　5．我が国におけるファジーフロントエンドの活動に関する
　　　先行研究…………………………………………………………… *52*
　第2節　創造的活動マネジメントに関する先行研究レビュー ……… *53*
　　1．創造性評価因子に関する先行研究……………………………… *53*
　　2．研究技術者の創造性発揮を促進するマネジメントに関する
　　　先行研究…………………………………………………………… *54*

第4章　本研究の分析枠組み……………………………………………… *56*

　第1節　新製品の開発前段階における活動の実際と業績評価 ……… *56*

1. 最先端技術研究開発と新製品の開発前段階における活動の
　　　　実際 …………………………………………………………… *56*
　　2. 本プロジェクトの市場に投入された新製品の評価 ………… *60*
　第2節　プロジェクト活動の定義と使命と活動の評価 ………… *62*
　　1. ファジーフロントエンドにおけるプロジェクト活動 ……… *62*
　　　（松下電器のテレビ「画王」事例，生産財某社のラインポ
　　　ンプ事例）
　　2. 本研究を進める上でのファジーフロントエンドのプロジェクト
　　　の定義 ………………………………………………………… *66*
　　3. プロジェクト活動使命とプロジェクト構成メンバーの役割 …… *66*
　　4. プロジェクトチームのマネジメント行動分析と活動の技術
　　　評価 …………………………………………………………… *67*
　　5. アイデア発想の強化策としての情報源と活動の技術評価 …… *69*
　　6. 研究技術者の創造性資質と活動評価 ………………………… *69*
　　7. ファジーフロントエンドにおける活動分析と評価 ………… *70*

《PART Ⅰ：創造的プロジェクト活動分析》
　第3節　プロジェクトマネジメント行動と市場投入された新製品
　　　　評価の関係分析 ……………………………………………… *73*
　　1. プロジェクト活動の行動区分と変数設定 …………………… *74*
　　2. 新製品の技術レベル評価基準 ………………………………… *78*
　　3. 関係分析のポイント …………………………………………… *81*
　第4節　プロジェクト活動に必要なアイデア発想情報源と新製品
　　　　評価の関係分析 ……………………………………………… *81*
　　1. プロジェクト活動に必要なアイデア発想情報源区分と変数
　　　設定 …………………………………………………………… *83*
　　2. 新製品の技術レベル評価基準 ………………………………… *86*
　　3. 関係分析のポイント …………………………………………… *86*
　第5節　産業別（加工組立型産業技術と素材型産業技術）の
　　　　特徴分析 ……………………………………………………… *86*
　　1. 研究の枠組みと分析内容 ……………………………………… *86*

2. 産業別区分および顧客意識と技術支援の区分と変数設定 ……… 87
　　3. 従属変数の基準 ……………………………………………………… 89
　　4. 特徴分析のポイント ………………………………………………… 90
《PART Ⅱ：創造的研究技術者資質分析》
　第6節　研究技術者の創造性資質と特許出願件数の関係分析 ……… 90
　　1. プロジェクト活動に参画する研究技術者の創造性資質区分と
　　　 変数設定 ……………………………………………………………… 90
　　2. 新製品の技術確保のための特許出願件数評価基準 ……………… 94
　　3. 関係分析のポイント ………………………………………………… 95

第5章　新製品の開発前段階のプロジェクト行動と市場に投入された新製品の技術的革新性・優位性との関係（PART Ⅰ） …………………………………… 96

　第1節　詳細な研究枠組みと調査方法と調査回収状況 ……………… 97
　　1. 詳細な研究枠組み …………………………………………………… 97
　　2. 調査方法 ……………………………………………………………… 98
　　3. 調査回収状況と研究データの属性値 ……………………………… 105
　第2節　新製品の開発前段階のプロジェクト行動と市場に投入さ
　　　　　 れた新製品の技術的革新性・優位性との関係 ……………… 107
　　1. プロジェクトマネジメント行動指針8項目が市場に投入さ
　　　 れた新製品の評価に与える影響分析結果 ………………………… 107
　　2. 個別の問題ないしは固有問題である場合の関係分析 …………… 108
　　3. プロジェクトの主体的意思問題である場合の関係分析 ………… 109
　　4. 統計的有意性のある4設問の検討 ………………………………… 112
　　5. 関係分析の新たな知見
　　　　―「チーム活動の取り組み姿勢」と「情報提供者の受け入
　　　　れ姿勢」と「技術評価」の関係― ……………………………… 114
　第3節　新製品の開発前段階のアイデア発想情報源と市場に投入
　　　　　 された新製品の技術的革新性・優位性との関係 …………… 116
　　1. アイデア発想情報源が市場に投入された最終製品評価に与え

　　　　る影響分析結果 ………………………………………………………… *116*
　　2. 関係分析の新たな知見
　　　　——プロジェクト活動に必要なアイデア発想情報源と新製品
　　　　評価の関係—— …………………………………………………………… *121*
　第4節　産業別にみた新製品の開発前段階のプロジェクト行動の
　　　　マネジメント及びアイデア発想情報源と市場に投入された
　　　　新製品の技術的革新性・優位性との関係 ……………………… *122*
　　1. 顧客意識（高・低）と技術支援（研究・開発）による区分結果… *122*
　　2. 市場情報の取得行動パターン分析 ………………………………… *123*
　　3. 技術情報の取得行動パターン分析 ………………………………… *124*
　　4. 平均活動期間分析 …………………………………………………… *125*
　　5. ゲートキーパーと市場協力者の出現受け入れ分析 ……………… *127*
　　6. 中味の濃い効果的な情報収集分析 ………………………………… *128*
　　7. イノベーション創出製品化モデルの有効性分析 ………………… *128*
　　8. 特徴分析の新たな知見
　　　　——産業別「加工組立型産業技術」と「素材型産業技術」の
　　　　相違点と共通点—— ……………………………………………………… *129*
　第5節　プロジェクト活動の重要機能の分析 ……………………… *132*
　　1. プロジェクト活動の重要機能の確認 ……………………………… *132*
　　2. 調査方法 ……………………………………………………………… *133*
　　3. プロジェクト活動の重要機能の分析 ……………………………… *133*
　　4. プロジェクト活動の重要機能の分析の新たな知見 ……………… *134*
　第6節　第5章の小括 ………………………………………………… *135*

第6章　研究技術者の創造性資質と特許出願件数との関係
　　　　（PART Ⅱ） ………………………………………………………… *137*
　第1節　詳細な研究枠組みと調査方法と調査回収状況 ………… *138*
　　1. 詳細な研究枠組み …………………………………………………… *138*
　　2. 調査方法 ……………………………………………………………… *139*
　　3. 調査回収状況と研究データの属性値 ……………………………… *144*

4. 創造性評価因子の算出方法 ………………………………………… *145*
　　5. グループ1とグループ2の検定 …………………………………… *148*
　第2節　研究技術者の創造性資質と特許出願件数との関係分析 …… *149*
　　1. 研究技術者の創造性資質評価とグループ1・グループ2の比較分析 ……………………………………………………………… *149*
　　2. グループ1・グループ2と独創性アイデアや手段原理連想の出現の比較分析 …………………………………………………… *150*
　　3. 研究技術者の創造性資質評価に関する比較分析の新たな知見 … *151*
　　4. 独創性アイデアや手段原理連想の出現に関する比較分析の新たな知見 ………………………………………………………… *152*
　第3節　機械系・電気電子系・化学系研究技術者の特性分析 ……… *153*
　　1. 機械系研究技術者の創造性資質評価とグループ1・グループ2の比較分析 ………………………………………………………… *153*
　　2. 電気・電子系研究技術者の創造性資質評価とグループ1・グループ2の比較分析 …………………………………………… *155*
　　3. 化学系研究技術者の創造性資質評価とグループ1・グループ2の比較分析 ……………………………………………………… *156*
　　4. 専門分野別創造性資質評価に関する比較分析の新たな知見 …… *156*
　第4節　研究技術者の個人資質と特許出願件数との関係分析 ……… *161*
　　1. 研究技術者の個人資質とグループ1・グループ2の比較分析 … *161*
　　2. 研究技術者の個人資質に関する比較分析の新たな知見 ………… *163*
　第5節　創造性を育む良好な研究開発環境の整備の分析 …………… *164*
　　1. 研究組織運営項目とグループ1・グループ2の比較分析 ……… *164*
　　2. 研究組織運営に関する比較分析の新たな知見 …………………… *166*
　第6節　創造性に関わる評価因子と特許出願力との関係分析 ……… *167*
　　1. 創造性資質因子間の相関性 ………………………………………… *167*
　　2. 個人の資質要因と特許出願力との関係分析の新たな知見 ……… *169*
　　3. 創造性に関わる評価因子の関係分析の新たな知見 ……………… *170*
　第7節　第6章の小括 …………………………………………………… *173*

第 7 章　結論―新製品の開発前段階の取り組みについて ………… *175*
　　第 1 節　本研究の結論 ………………………………………… *175*
　　第 2 節　本結果を踏まえた技術革新を伴う創造的活動のマネジメ
　　　　　　ントの推進に向けて ………………………………… *178*
　　第 3 節　今後の研究課題 ……………………………………… *181*
　　　　1．多面的活動形態の分析 ………………………………… *181*
　　　　2．多面的成果測定法の確立 ……………………………… *182*
　　　　3．独創的アイデア創出法の確立 ………………………… *183*

巻末資料 ………………………………………………………………… *185*
　　巻末資料 1　本研究に関する企業インタビュー調査概要 …………… *186*
　　巻末資料 2　我が国のファジーフロントエンド人材育成実態調査結果 … *207*
　　巻末資料 3　パイロットスタディー概要 ……………………………… *213*
　　巻末資料 4　民間企業における企画創造的な技術マネージャー育成に
　　　　　　　　関する調査票（第 5 章の分析のためのアンケート調査内
　　　　　　　　容）……………………………………………………… *217*
　　巻末資料 5　発想・連想テスト実施とアンケートのお願いに関する
　　　　　　　　調査票（第 6 章の分析のためのテストとアンケート
　　　　　　　　調査内容）……………………………………………… *238*
　　巻末資料 6　参考表彰制度内容 ………………………………………… *251*
　　巻末資料 7　共分散構造分析数値結果 ………………………………… *256*
　　巻末資料 8　巻末資料 4 のアンケート調査の回答内容 ……………… *261*

参考文献 ………………………………………………………………… *264*
索引 ……………………………………………………………………… *272*

第1章

序論―ものづくり日本は今どうなったのか

　本章では，数値でみる日本の現状，ものづくり日本が危ない，創造的活動マネジメントで再生を，研究の方法と手順，全体構成と各章概要について述べる。
　数値でみる日本の現状ではIMDのWCY指標等から日本のおかれた厳しい現実を明らかにする。ものづくり日本が危ないでは，まず技術立国であるはずの日本が研究開発投資額に見合う全要素生産性向上を実現できていないこと，過去数十年の日本の売上高営業利益率が年々低下していることを指摘する。その上で対応策として開発前活動（ファジーフロントエンド）が重要であることを明らかにする。創造的マネジメントで再生をでは，1つは新製品の開発前段階（ファジーフロントエンド）のプロジェクト活動の実態を明らかにするとともに，どのようなマネジメントや情報源が市場投入された製品の技術に革新性・優位性をもたらすかを，産業別の特性を含め明らかにすることである。もう1つは，新製品の開発前段階で有用なアイデア創出に関係して，本研究が提案する研究技術者の創造性評価基準による評価が高い研究技術者ほど特許出願が多いことを技術の特性にも考慮して明らかにすることである。研究の方法と手順では新製品の開発前段階活動の実態を明らかにするために4つの分析アプローチ（プロジェクトマネジメント行動分析（含むプロジェクトの重要機能），アイデア発想の情報源分析，研究技術者の創造性資質評価分析，産業別特徴分析）をアンケート調査・インタビュー調査・創造性資質評価テストで行うことを明示する。最後に研究の概要を把握するために，全体構成と各章概要を説明する。

第1節　数値でみる日本の現状

1. 三流国になり下がったことへの自覚を

我が国は，国際競争力比較で図表 1-1 に示す GCI, WCY, GII, BDII の 4 指標ともに低水準である。たとえば WCY 指標では，1989 年〜93 年は 1 位であったがその後徐々に順位を落とし 2015 年に 27 位まで落ちたのである。同年度においては東アジアの香港，シンガポール，台湾，マレーシア，中国，韓国の各諸国に次ぎ 7 番目になっているのである。現在世界の GDP3 位ではある

図表 1-1　日本の国際競争力順位

指標名	Global Competitiveness Index (GCI)		World Competitiveness Yearbook (WCY)		Global Innovation Index (GII)		Innovations-Indikator (BDII)	
作成主体	World Econnomic Forum		IMD		Cornell Univ., INSEAD, WIPO		Dteutsche Telecom Stifung, BDI, Fraungofer ISI, ZEW, UNU-MERIT	
測定内容	「競争力」（生産性の決定要因）		（競争力）（企業が競争できる環境を創出・維持する国の能力）		イノベーション，競争力，ナショナルイノベーションエコシステム		ナショナルイノベーションシステムの能力	
国数	114		61		143		35	
指標数	118		342		81		31	
日本の総合順位	(2014-15)	6	(2015)	27	(2015)	21	(2014)	20
日本の大分類の順位	基礎要件	26	経済的パフォーマンス	29	制度	18	経済	6
	効率向上要因	7	政府の効率性	42	人的資本・研究	17	科学	23
	イノベーションとビジネスの洗練度要因	2	ビジネスの効率性	25	インフラ	11	教育	24
			インフラ	13	市場の洗練度	13	政府	17
					ビジネスの洗練度	17	社会	21
					知識・技術アウトプット	12		
					創造的アウトプット	46		

出所：西崎ら（2015 年）。

が，その中身（経済パフォーマンス，政府の効率性，ビジネスの効率性，インフラ）は相当傷んでいるというべき状況にある。WCYの測定内容は，企業が競争できる環境を創出・維持する国の競争力を基にしている点からも民間企業が事業をする上においては大きなマイナス要因であることは間違いない。

ただし，その自覚が国民にあるかというと必ずしもないのが実情である。このことが問題である。なぜならば本質的解決策に向けての行動が取れないからである。

2. ものづくり再生は可能か

さて，1980年代前半まではものづくり日本は順調であった。日本には1億人以上の人々がおり，自国内だけでのビジネスであっても経済成長を続けられる環境下であった。また，他国に比較し中小製造企業の技術力，価格対応力，その底辺の広さ（企業数が多い）と切磋琢磨する原動力が日本国のGDPを押し上げたといっても過言ではない。

したがって組立産業（精密・電機・輸送機器）大手製造企業にとってはビジネスがやり易い環境下にあった。その結果，終身雇用・年功序列賃金・企業内組合など日本型ビジネスモデルやボトムアップの小集団活動による提案実施での改善がなされ産業資本主義経済の優等生であった。しかし，その後のグローバル化の進展でそれら輸出型大手製造企業が安い労働力を求め，地産地消の合理的経済メカニズムの進展により，海外生産に踏み切り，その結果下請型構造の下流に位置する中小製造企業は仕事の激減で悩まされ続けることとなった。また金融資本主義経済の台頭で金（カネ）が商品化され為替変動や株価乱高下がすべての企業の業績に与える影響が深刻度を増した。日本に拠点をおく全産業の企業（製造・卸・小売・サービス・その他）数は380.9万社（2014年現在）存在し，その内，中小企業庁の中小企業定義にあてはまらない中堅・大企業が1.1万社あり，それ以外の99.7％が中小企業である。その内，ものづくりを行っている中小製造企業が41.3万社（2014年調査）あり，その77％が社員数10名以下の零細企業で，さらに50名以下を加えると全体の94％近くが小規模経営なのである。それら企業の経営者はすでに平均60歳近くの年齢で後継者がおらず，健康上の理由や受注減の理由で事業継続ができなくなり廃業に追い込

まれているのが実情である（日経新聞 2016 年 6 月 6 日）。毎年 5% 以上の企業が減っている状況である。その結果として，技術日本の技術革新の基をなす多くのものづくり技術，すなわち原型をなす技術着想，複数の矛盾技術の融合着想，具現化のための総合技術・製造法などはそれら企業の廃業で消滅の危機に立たされている。このことによる国家的損失は計り知れない。

　ものづくりの再生は可能かであるが，かなり重症で集中治療室に運び込まれる寸前の状況にある。すなわち手の施しようがない 1 歩手前と認識される。しかしながら前節で述べた通り，その自覚がないことで抜本的な改革・革新を遅らせることとなっている。ただし，このまま放置するわけにもいかないのである。筆者の専門分野である技術革新を伴うイノベーションの切り口での改革の方向性を示したい。これが，1 つの解決策の糸口になるかもしれない。その糸口は単なる思いつきではなく，実証研究から明らかにするものである。

第 2 節　ものづくり日本が危ない

1. 研究開発の進め方に問題あり

　今日我が国は，資本経済体制下の国々の中において，名実ともに世界をリードできる存在となっている。その理由の 1 つは，第二次世界大戦後の欧米先進国に学ぶキャッチアップ型開発をベースに工業化を進展させ，80 年代には，技術立国日本[1]として世界に注目される存在となったことである。その発展経緯で特筆すべきことは，生産工程や開発工程での品質確保やコスト削減や短納期対応など，日本型生産システム（通商産業省 2003 年）に負うところが大きかった。具体的には，我が国を代表する自動車メーカーや家庭電化製品メーカーでは，1960 年代からコスト削減を目的とする VE（バリューエンジニアリング）活動（玉井 1971 年）や 1970 年代から品質改善を目的とする TQC（全社的品質管理）活動（天野 1993 年）やさらには，1980 年代からの納期短縮を目的とする TPM（総合的生産性向上）活動（秋庭 1994 年）などが行われて

---

[1] 研究実態把握を目的とした総務庁統計による技術貿易収支比（平成 11 年度科学技術白書　第 2-3-13 図）を見ると 84 年以降 1.0 水準となり 93 年からプラスに転じている。

きた。我が国は，世界の先進国に追いつけ追い越せをスローガン（経済企画庁1956年）にした産官協調によるめざましい経済発展を遂げたのである。

しかしながら，1990年代に入りその状況は様変わりし，他国の巻き返しに苦戦しているのが現状である。その理由の1つは，キャッチアップ型開発から，フロントランナー型開発へ移行した[2]にもかかわらず，明確な新マネジメントアプローチが，示されぬままに来たことが上げられる。すなわち，今日，新たな戦略性を持った明確な目標や実践的な活動が，求められている。社団法人日本経済団体連合会では，イノベーションをキーワードとした戦略会議が発足し，検討活動を行うもののコンセプト提示に留まり，我が国の企業内活動に組み込まれる新たなマネジメントツールの提言までには至っていない（社団法人日本経済団体連合 2003年，社団法人日本経済団体連合会 2004年，社団法人

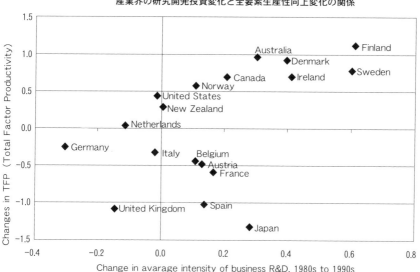

図表1-2 我が国と他国の1980年代から1990年代への産業界の研究開発投資変化と全要素生産性向上変化の関係

Source: OECD

出所：近藤（2003年）。

---

[2] 児玉（1991年）によれば，我が国の全製造業の研究開発費が設備投資額を超えたのは，すでに86年でそれ以降研究開発費が増加し続けていることからもフロントランナー型開発へ移行したものと判断できるとしている。

日本経済団体連合会 2005年)。

　1980年代から1990年代への変化を我が国と他国の研究開発投資と全要素生産性向上の2要素で比較分析を行った結果によると，日本では，研究開発投資が80年代に較べ90年代は増加したにも関わらず，全要素生産性向上が低下しているのである（図表1-2 近藤（2003年）を参照）。このことは，我が国の研究開発投資が，全要素生産性向上に寄与していないことを示しており，我が国のフロントランナー型開発活動の問題を露呈したものとなっている。

　一方，企業内研究技術者の創造的業務活動の負荷は，技術の高度化（ビッグ技術システム）や複合化（異分野技術統合）が進む中で年々増大の一途をたどっている。さらに，新製品のライフサイクル短縮化や研究開発のリードタイム短縮化が追い討ちをかけている。しかも，革新的な研究技術課題解決のための新たな技術の着想力は，今まで以上に必要性が増してきている。またグローバル化進展に伴うドキュメント作業やその準備活動のために研究技術者自身の業務負荷が増大し，創造性を必要とする業務活動に割ける時間は，減少し，タイムスケジュールに追いまくられているのが現状である。日本の研究技術者の疲弊と燃え尽き症候群問題（加登 1993年）が，クローズアップされている。

　以上のような背景を踏まえ，フロントランナー型開発活動にマッチした明確な新マネジメントアプローチを研究することが求められており，その実態を明らかにする必要がある。新製品が企画され，市場に投入されるまでの全工程を大まかなフェーズで括ると新製品の開発前段階活動[3]，開発活動，生産活動，市場投入後のフォローアップ活動の4つに分割される。その内，すでに述べたとおり，生産活動やその上流の開発活動においては，日本独自のマネジメントアプローチが考案実施され，他国を席巻する合理的で効率的なシステムが機能している。従って残る上流活動は，新製品の開発前段階活動しかないのである。

2. 新たな顧客価値の創生への取り組みに問題あり

　顧客価値の論議は過去沢山行われてきた。顧客価値の評価基準をできるだけ定量的に把握するために英国規格（EN1325-1:1997 および EN12973:2000）を

3　本活動はファジーフロントエンド（Fuzzy Front End）活動と呼ばれ1980年末より欧米で研究（Cooper 1988）が，行われるようになった。

参照する。それによれば「ニーズの満足」と「リソースの利用」の2要素の相対的なバランスによって評価値（高・低）が決まるとされている。玉井ら（1978年）や今坂・服部（1983年）によれば「ニーズの満足」は市場価値（Worth），「リソースの利用」は企業コスト（Cost）に置き換えられ，さらに瀬口（2012年）より顧客価値と企業価値に分解できる。

$$\frac{\text{ニーズの満足}}{\text{リソースの利用}} \Rightarrow \frac{\text{市場価値}}{\text{企業コスト}} = \underbrace{\frac{\text{市場価値}}{\text{市場価格}}}_{\langle\text{顧客価値}\rangle} \times \underbrace{\frac{\text{市場価格}}{\text{企業コスト}}}_{\langle\text{企業価値}\rangle}$$

　上式を活用して以下日本の過去数十年間を分析してみたい。まず日本の製造企業は同業が多数存在する。そこで各社は式の企業価値の分母の企業コスト削減に努力した。コストプラスフィーの考え方からすれば企業コスト（管理費用を含む）に適正利益を載せ市場価格が決定される。従ってコスト削減分は利益に加算されるべきものであった。しかし日本企業は企業コストの引き下げ分を利益として加算することなく市場価格の引き下げで対応し，競争企業間で骨肉の熾烈な市場価格競争を行った。そのことは図表1-3の1960年から2012年の売上高営業利益率の推移からもわかる。製造業は1960年〜1970年前半までは平均6〜8％の利益率水準であった。しかし直近では1〜3％水準となっている。

　さらに価格競争とは別に無意味な市場価値を付加し販売した。例えばデジカメで1000万画素以上や特定人物焦点機能は必要性に疑問がある。たとえば，韓国の家電機器メーカーS社では発展途上国向け冷蔵庫はモノを冷やすためのモノと考え基本機能を満たす冷蔵技術しか搭載されていない。一方日本の家電機器メーカー各社では冷凍室や製氷室や野菜室を設け，さらには冷凍したモノを素早く解凍する機能など多数の機能を搭載してきた。しかし，そのすべてが必要なのだろうか。市場の顧客にとって必要性が少ないのであれば無意味な市場価値になる。なおこれら機能は先進国と発展途上国の各市場では異なる可能性もあり，一義的に無意味な市場価値と決めつけることはできない。日本国内では受け入れられた市場価値であったが，日本でしか通用しないような機能

の家電品(含む携帯電話など)が溢れてしまった。この現象がいわゆるガラパゴス現象である。その結果過剰な機能を付加した日本製家電品が多数存在することとなった。日本以外とりわけ発展途上国では必要ない機能と判断された。このことは家電業界が海外同業企業と太刀打ちできなくなった理由の1つである。図表1-4は1998年を100とした場合の家電・デジカメの国内市場価格推移である。7年後の2005年には市場価格が半値となっている。しかも顧客が必要としない機能も付加されているのである。

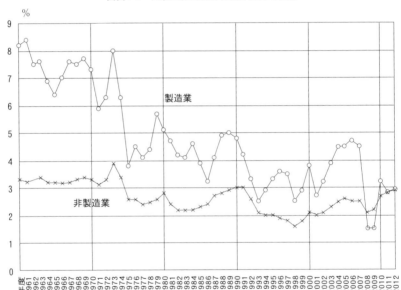

図表1-3　日本企業の売上高営業利益率の推移

出所:総理府統計局データより。

図表1-4 日本製家電機器の国内市場価格推移

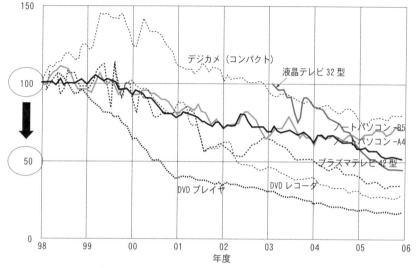

出所：延岡・伊藤・森田（2006年）GFK ジャパン社データ（神戸大学依頼）より作成。

3. どうすれば良いか？ 開発前活動（ファジーフロントエンド活動）が重要だ

「価値創造」が叫ばれてから早30年余が経過した。また「新たなコンセプト創造」が企業革新になくてはならないと言われ出してから20年余が経過した。1990年代に入り開発前に行う活動としてファジーフロントエンド活動が注目され出した（カハラナら 1998年）。図表1-5に示す本活動は主活動である「アイデア発想」と「製品コンセプト形成」を行うために「市場・技術情報収集」と「長期トレンド洞察」と「事業戦略と技術戦略との整合」をインプットとし「フィジビリティー&プロジェクト計画策定」をアウトプットする活動である。

今日ではごく当たり前の活動に見えるが，日本の多くの企業はこの活動を熱心に行っていないように思える。理由はすでに述べたこととは別にそもそも技術提携からスタートした企業が多い家電業界などでは本活動をする経験が乏しかったのかもしれない。またマーケティング活動が脚光を浴び，とにかく顧客の要望を聞くことがスタートとの考え方が優先された。その考え方は間違いではないが，既存製品の改善・改良に適した方法なのである。しかし新たな価値

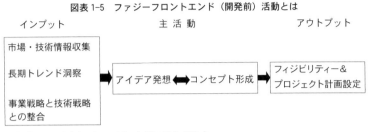

図表 1-5 ファジーフロントエンド（開発前）活動とは

出所：カハラナら（1998 年）を基に櫻井が作成。

創造をするためには，自らがより広範な情報収集活動をし，将来を見据えた長期トレンドを考え，自社の事業戦略や技術戦略との整合性を加味しながら，自社でアイデア発想とコンセプト形成をし，その結果をフィジビリティー・スタディー[4]した上でプロジェクト計画書を作成するのである。この計画書が基になり，その後開発・設計・製造・販売へと進展するのである。むろん技術的克服テーマがある場合には自社研究所内での研究や他社へ技術支援を仰ぐ等が行われる。

第 3 節　創造的活動マネジメントで再生を

1. 集団と個人の創造的マネジメントの新たな視点

　厳密でない言い方になるが，欧米企業では外部から招へいした CEO が自らこれからの自社企業の方向性を明確化した上でかなり具体的な施策を社員へ提示検討させ実施していくトップダウン型アプローチが主流と言われてきた。一方日本企業では終身雇用制があったことから一般社員から経営トップに登りつめた CEO が一般社員からの提案を中間管理職社員（課長や部長職）が取りまとめ上申する形のボトムアップ型アプローチを実施してきたとされる（野中・竹内 1996 年）。

　企業経営におけるその相違は，新たな価値創造の観点から見た場合には創造

4　フィジビリティー・スタディー（Feasibility Study）とは，事業化の可能性を調査することで，実行可能性や採算性などを調べることである。

的仕事を個人（構成員）と集団（組織）の2面から捉えることができる（川喜田ら 1983 年）。また稗山（1962 年）では，個人の創造性問題（本例では CEO の施策提示，一般社員の個人提案）はしばしば社会（集団概念よりさらに広い概念で本例では企業）との対立を生むとし，個人的な精神活動である創造性は社会性（組織）の観点で再考するが必要であると言及している。この考え方を踏襲すれば，欧米企業のトップダウン型アプローチは企業トップの CEO 個人の考えを組織が受け入れる構造で成り立っている。一方日本企業のボトムアップ型アプローチは企業の現場（顧客の声を知っている者）の一般社員個人の考えを組織が受け入れる構造で成り立っていると言い換えられる。すなわち企業の CEO と一般社員の双方を個人と捉えると双方とも個人の創造性活動成果をどのように組織内に受け入れるかの違いに他ならない。さらに企業内では特定の使命を持った指名制のプロジェクトチームを編成し創造性を発揮する局面がある。上記の中間に位置している創造性活動である。

　本書では創造的マネジメントを CEO[5]，指名制のプロジェクトチーム，一般社員の3つに分け，CEO を除く後者2つを研究対象として実証研究を行う。すなわち，指名制のプロジェクトチームに対しては【PART Ⅰ：創造的プロジェクト活動分析】，一般社員に対しては【PART Ⅱ：創造的研究技術者資質分析】を実施する。企業における価値創造のためにはプロジェクトチームは集団の創造的マネジメント，一般社員は個人の創造的マネジメントを分析するものである。この2観点で分析することで新たな価値創造の原動力の源が明確化される。その結果，新たな創造的マネジメントが明らかになる。

2. 具体的に何を明らかにするのか

　明らかにすべきことは2つある。1つは，新製品の開発前段階（ファジーフロントエンド）のプロジェクト活動の実態を明らかにするとともに，どのようなマネジメントや情報源が市場投入された製品の技術に革新性・優位性をもたらすかを，産業別の特性を含め明らかにすることである。もう1つは，新製品の開発前段階で有用なアイデア創出に関係して，本項が提案する研究技術者の

---

[5] CEO は個別資質と経歴が千差万別で，分析対象とした場合には結論が出しにくいものと考え今回の対象から外した。近未来，研究する学者がいれば是非行ってほしい。

創造性評価基準による評価が高い研究技術者ほど特許出願が多いことを，技術の特性にも考慮して明らかにすることである。

そのために，新製品の開発前段階のプロジェクト活動を対象にアンケート調査とインタビュー調査を実施し，① 新製品の開発前段階プロジェクト活動の行動実態を明らかにし，プロジェクトマネジメント行動と市場に投入された新製品の革新性と優位性との関係を分析し，次に，② プロジェクトで必要なアイデア発想情報源と市場に投入された新製品の革新性と優位性との関係を分析する。さらに，③ 産業別特徴を分析する。そして，④ プロジェクト活動の重要機能を分析する。

続いて，プロジェクトチームに参画する研究技術者を対象に発想テストと連想テストとアンケート調査を実施し，⑤ 研究技術者の創造性評価基準を明らかにし，創造性資質や個人資質や環境と特許出願件数の多・少との関係を分析する。そして，これらの結果を考察することで，新たな知見を明らかにする[6]。その結果として研究開発活動の負荷軽減が，はかられることを期待するものである。

本項は，新製品の開発前段階の創造的プロジェクト活動分析および創造的研究技術者資質分析に関する下記5つの分析を行うものである[7]。

【PART Ⅰ：創造的プロジェクト活動分析】

① プロジェクトマネジメント行動と技術の革新性・優位性分析
プロジェクトマネジメント行動は，下記8項目を比較する。

技術志向かユーザ志向か，市場ニーズの洞察はチーム自ら設定か第3者へ依存か，市場を意識したか否か，情報オープン型か情報非オープン型か，技術検証型か非検証型か，競争相手を常に意識したか否か，市場協力者の出現対応有無，ゲートキーパーの出現対応有無

---

[6] 米国においては，ファジーフロントエンド活動が，ベンチャー企業によってなされることが多く報告されている（NIST 2005）が，日本においては，大手企業が，その舵取りを行うことが多い。そこで，本研究では，大手企業を中心とするファジーフロントエンドにおけるプロジェクト活動とその活動に参画する研究技術者を対象に，研究を行うこととする。

[7] ①〜④を創造的プロジェクト活動分析（分析結果は第5章を参照），⑤を創造的研究技術者資質分析（分析結果は第6章を参照）と呼び分類する。なお，後者⑤は，5項目について分析する。

② アイデア発想情報源と技術の革新性・優位性分析
　プロジェクト活動のアイデア発想情報源は，下記3つのカテゴリーで比較する。
　中味の濃い効果的情報，具現化に役立つ技術情報，市場形成に役立つ市場情報
③ 産業別の特徴分析
　産業区分は2分野（加工組立型産業技術，素材型産業技術）で，比較する。なお特徴を比較する項目は，下記の6項目とする。
　イメージした市場，活用した技術情報，平均活動期間，協力者の出現，中味の濃い効果的情報収集，イノベーション創出製品化モデルの有効性
④ プロジェクト活動の重要機能分析
　プロジェクト活動の機能は，下記5つを比較する。
　市場や技術情報収集・長期トレンド洞察，事業戦略（技術戦略）との整合，アイデア発想，製品コンセプト形成，フィージビリティー＆プロジェクト計画の設定

【PART II：創造的研究技術者資質分析】

⑤ 研究技術者の創造性資質評価と特許出願件数との関係分析
　1）研究技術者の創造性資質因子と特許出願件数との関係分析
　　創造性資質因子（流暢性，柔軟性，独創性，綿密性／再定義力）と特許出願件数状況との関係を分析する。及び独創性アイデアや手段原理連想の出現時期の分析を行う。
　2）専門技術分野別の特性分析
　　専門技術分野は，下記の3分野について比較する。
　　機械系研究技術者，電気電子系研究技術者，化学系研究技術者
　　また，さらに，ドリルダウンし，特許が新製品に活用され他社同等品との技術レベルを較べ優位かどうかの分析を行う。
　3）研究技術者の個人資質評価と特許出願件数との関係分析
　　下記の個人資質要因18項目の内容を比較する。
　　独立心がつよい，高い目標を立てる，好奇心がつよい，いつもロマンを

持っている，正義感がつよい，集中力がある，柔軟性がある，ものごとを達成したい気持ちがつよい，想像性が豊かである，不屈に闘う，簡単にあきらめない，よくアイデアがひらめく，批判精神がつよい，客観的にものごとを見られる，人に認められたいという気持ちがつよい，仲間（集団）の意向に従う，組織内の同僚技術者との技術競争には負けたくない，外部の技術者との技術競争には負けたくない．

4) 創造性を育む良好な研究開発環境の整備分析

下記の研究開発組織運営に関する13項目の内容を比較する．

研究開発は製品化（技術の実用化）と密接に関連している，市場や組織内他部門の情報が頻繁に伝えられている，研究開発上のリスクをおかすことが許されている，研究開発成果に対する評価は適切なタイミングで明確化される，公式プロジェクト編成でない独自の研究（アングラ）が許される，プロジェクト編成では専門分野や職歴の異なる人材の組み合わせが重視される，外部研究者を招いての情報交換の機会が設けられている，外部研究機関や学会や大学との研究上の交流が活発に行われる，外部研究機関や大学からの第一線級の研究者の中途採用が多い，予算やスタッフの使い方について研究者の自由度が高い，勤務時間はフレックスタイム制度が導入され自由である，研究テーマ設定は研究開発者個人の関心や興味を考慮して決められる，研究開発組織はニーズ変化に対応して柔軟に編成される．

5) 創造性資質因子間の関係分析及び個人資質要因と特許出願力の関係分析

創造性評価因子は，下記の4因子の関係性を比較する．

流暢性，独創性，柔軟性，手段原理連想力．

個人資質要因と特許出願力は，下記の3群に分けて関係性を比較する．

問題意識因子群，具現化力因子群，特許出願力因子群．

3. 実証研究の意義と分析データの特徴

(1) 本実証研究の意義

本書は，新たな調査分析データにより，我が国の新製品の開発前段階における実態を，①プロジェクトマネジメント行動と市場に投入された新製品の革新性と優位性との関係分析，②アイデア発想情報源と市場に投入された新製

品の革新性と優位性との関係分析，③ 産業別特徴に関する分析，④ プロジェクトの重要機能分析，⑤ 研究技術者創造性資質や個人資質や環境と特許出願件数状況との関係分析を実施する。いままで我が国においては，本対象の活動内容の大部分が，企業秘密事項に該当するため，実証分析に基づく研究報告がなされることはあまりなかった。本書の成果は，今後の新製品の開発前段階プロジェクト活動研究の発展に資する貢献が期待できる。

(2) 本分析データの特徴

本分析データの特徴は，企業の秘密事項に該当する内容の開示を求めたことである。

1) データの共通性……対象としたプロジェクトは，80年代から90年代に新製品の開発前段階プロジェクトを実施し，90年代に市場投入されたプロジェクトを対象とする。そのため，プロジェクト活動時期を開示してもらう。

2) データの厳密性……対象としたプロジェクトは，対象プロジェクトの当事者（含む関係者）が回答し，プロジェクト実施名や対象製品・技術種類等の内容を明示してもらう。

3) データの客観性……発想テストや連想テストを行った研究技術者には，技術分野別の特許出願件数を開示してもらう。さらに，研究技術者が所属する企業には，全特許出願件数状況について分野別に詳細内容の開示をしてもらう。

(3) 本アンケート調査設問の特徴

我が国における本分析事例は少ない。今回の調査がモデルになるように工夫する[8]。

4) 設問は該当するか否かで判定……実施したプロジェクトの事実確認の設問であることおよびマネジメントの意思決定内容確認の設問であることを考慮し5～10段階スケールで行うリッ

---

8 詳細は第4節で述べる。

カート・タイプ方式の設問は極力さけ，該当するか否かの選択方式とする。
5) 回答矛盾は問い合わせ……選択方式によるために，もし設問間の回答矛盾が生じた場合には，回答者に直接問い合わせを行い確認する。
6) 恣意的回答の排除工夫……設問ごとの選択肢を意識して無作為に並べることや意思決定設問は，事実確認設問と意思確認設問を行い，後者設問のみ活用する。

(4) 研究技術者の資質分析法の特徴

綿密性／再定義力を評価する適切なテストがないため新たに分析法を考案する。
7) 新たな分析法考案……研究技術者の「綿密性／再定義力」を評価する連想テストを新たに考案し，パイロットスタディーを十分行い実施する。

(5) 本実証研究で期待される効果

我が国の新製品の開発前段階におけるプロジェクト行動やアイデア発想情報源と市場に投入される新製品の技術レベルの関係を明らかにすること，産業別特徴を明らかにすること，プロジェクトの重要機能を明らかにすること，創造性資質評価等と特許出願件数の関係を明らかにすることにより，開発前段階プロジェクト活動の効率向上に貢献することである。

第4節　研究の方法と手順

1. 研究の方法

詳細は，第5章と第6章の第1節[9]で説明する。ここでは，方法の基本的考え方を述べるに留める。第5章「新製品の開発前段階のプロジェクト行動と市場に投入された新製品の技術的革新性・優位性との関係」で適用する方法は，

9　プロジェクト活動の重要機能分析は，第5章第5節2項で説明する。

上場企業を中心に1407事業所（1社で複数事業部への依頼あり）の研究開発部門へ直接アンケート調査を依頼する。アンケート回答の特徴は，実施した新製品の開発前段階のプロジェクト名を記載いただき，その実施内容で回答を求めること，アンケート回答者は，プロジェクトに参画した当事者ないし，内容を知る関係者に記名回答いただくことである。なお，アンケート回答者が，新製品の開発前段階活動を明確にご理解いただくために，アンケート回答前に，新製品の開発前段階活動の内容を，イノベーション創出製品化モデルにより説明する（巻末資料4　アンケート調査票の内容を参照）。アンケート設問の回答方式は，該当するかしないかを選択する方式とする。従って，5～10段階スケールで行なわれるリッカート・タイプのアンケート方式は，極力，取らないこととする。その理由は，特定されたプロジェクトで実施した行動内容は，明確であることおよび意思決定に関する設問をリッカート・タイプの質問で実施することへの疑問があったためである[10]。また事前に十分なパイロットスタディーを行っていたので[11]，設問に，漏れが少ないと考えたからである。なお，複数の設問に対する回答に矛盾がある場合には，アンケート回答者に直接問い合わせを行い，確認することとする。事実関係を問う設問の工夫は，アンケート回答者が，恣意的な回答選択を行なわないために，設問ごとの選択肢を意識して無作為に並べている。また意思決定に関する設問には，2段階の事実確認設問（事実の振り返り設問→その結果をもとにした評価設問）後，最終設問として回答者の意思確認を問う方式を採用する[12]。以上，できるだけアン

10　丹羽・山田（1999年）では，本研究と同様な目的で行われたアンケート調査において「人間の意図や期待，価値観などが色濃く反映するマネジメント領域で実践的な意見をなるべく幅広くしかも論点をぼかさないで聞き出そうとする際には，そのための設問文の設定は極めて重要な課題である。」との認識のもと事後聞き取り（本研究では被験者に問い合わせ確認）を行い，補完的実態調査を展開することが述べられており，本研究も，この考え方を踏襲している。
11　パイロットスタディー（脚注16および脚注19参照）でのインタビュー調査回答をもとに準備した。
12　例えば，新製品の開発前段階活動で最も重要な機能（7つから選択）の場合には，①まず実際のプロジェクトメンバー名を横軸に列挙し，縦軸の重要機能とのマトリックスで関わった機能にマークをつけてもらい，②続けてその設問回答結果を意識した上で，重要な機能を複数マークしてもらう。その後，③あらためて最重要機能を1つ選択するようにする。これにより恣意的アンケート結果をできるだけ排除できる。（前の2設問は，ファクト確認質問とファクトに対する自分の考え方を明記するもので，ファイナル設問で回答者の意思そのものを明記する。）

ケート回答者の恣意的回答の回避に努める工夫を取り入れる。アンケートには，インタビュー調査が可能かどうかの問いも用意する[13]。

第6章「研究技術者の創造性資質と特許出願件数との関係」は，プロジェクトに参画する研究技術者の創造性資質評価を分析する。適用する方法は，第5章のアンケートに回答をいただいた企業の内，上場企業で電機，輸送機器，精密機械，化学の4業種区分[14]に特化し，その中で各4社，合計16社に絞り，第5章アンケート結果の説明を行った上実施する。各社のアンケート窓口責任者を決め，研究技術者にアンケート窓口から発想・連想テストとアンケート調査を依頼してもらう。なお実施方法は，① 被験者を1箇所に集合させて実施する方法と ② 被験者が自分の都合の良い時間に1人で実施する方法の2通りのどちらかでもよいこととする[15]。

2. 研究の手順

本研究は，PART（I）とPART（II）の研究に分けることができる。PART（I）の研究は，「新製品の開発前段階のプロジェクト行動と市場に投

---

13 アンケート調査からだけでは，誤った考察を行う懸念があるため，アンケート調査後，できる限りインタビュー調査を行う。なお，研究初期段階のマネジメントに関する先行研究では，アンケート調査は，行わずにインタビューのみ行い，その結果をもとに考察する場合が多かった。例えば，ブーデリ（Buderi, R. 2000），アランら（Alan, G. et al. 1997）がある。
14 日本メーカの中で電機，輸送機器，精密機械，化学の4業種に特化したのは，長期的に自主的研究開発を継続しそのコアーテクノロジーをもとに主力事業を展開してきた業種であるからである。プラハード（Prahalad, C. K. 1990）によれば「競争に打ち勝つ戦略の根源はコアーコンピタンスをもとにコアープロダクトが生まれ，市場事業ごとにコアープロダクトをエンドプロダクトに形成できる企業である。」と記述されており，その事例として，日本の精密機械メーカや自動車メーカの事例が，紹介されている。また，筆者は菅澤調査報告（2004年）の調査企業のインタビューをとおして，電機メーカや素材メーカが持つコアーテクノロジーの基礎研究技術レベルの高さを実感したからである。従って本研究では，有用な特許出願のできる研究開発技術者を育む企業環境として，この4業種が最適であると判断した。いかなる劣悪な環境においても，有用な特許出願のできる研究技術者は，生まれる可能性はあるが，企業環境が技術戦略を経営の中核とする企業に勝るものはないと判断した。
15 事前の各社アンケート窓口責任者との打ち合わせで，研究技術者は，多忙であり集合させての調査は難しいとのコメントを多数頂き，2方式とする。そのため，開始前に進め方を一読してもらえるわかりやすい文章作成やテスト時間の正確性を確保するために開始時間と終了時間を記載させることや袋とじ用紙採用による事前に読んでほしくない内容を伏せるやテストの簡易自己診断ができるように工夫（なおこの簡易診断結果は本研究データとしては使用せず）を行い，集合方式でない場合に生じる結果のばらつきの排除工夫を行なった。

入された新製品の技術的革新性・優位性との関係」の分析である（第5章）。PART（Ⅱ）の研究は，「研究技術者の創造性資質と特許出願件数との関係」の分析である（第6章）。PART（Ⅱ）の研究に進むためには，第5章で，新製品開発前活動の重要機能分析結果より「アイデア発想が重要性を持つ機能であること」が確認された場合に限ることとする。そうでなければ，PART（Ⅱ）の研究である研究技術者の創造性資質と特許出願件数との関係に関する研究を実施することは意味を持たない[16]。

第5節　全体構成と各章概要

1. 研究の全体構成

本研究の構成は，図表1-6に示すとおり序論，研究の位置づけと意義，分析枠組み，分析結果，結論の5ブロック7章からなる本論と本研究のインタビュー調査概要，人材育成実態調査結果，パイロットスタディー概要，アンケート調査票（2調査票），参考表彰制度内容，共分散構造分析数値結果，アンケート調査の回答の巻末資料で構成されている。

2. 各章の概要

下記では，本書の中核をなす部分のみを概説する。

第1章　序論―ものづくり日本は今どうなったのか

わが国の国際競争力順位が落ちていること，国力の中核をなす中小製造業が毎年5％以上消滅していること，研究開発投資が全要素生産性向上に結びつかないこと，研究開発の高度化や複雑化が進行しかつライフサイクル短縮化や研究開発リードタイム短縮化が進行していること，過当競争による市場価格の低落で営業利益率が低水準であることを指摘し，研究開発の効率化のために新製

---

[16] アイデア発想が重要性を持つ機能であることが明らかになったので，第6章の研究を行うことにした。その際，協力いただく企業の方々には第5章の研究結果を示した上で第6章研究のための発想・連想テストやアンケート調査をお願いし実施した。このような明確な研究方針を組み立てられたのは，1990年から9年間にわたるパイロットスタディ結果によるところが，大きい。（パイロットスタディのインタビュー調査概要は巻末資料3に示す。）

図表1-6 研究の構成

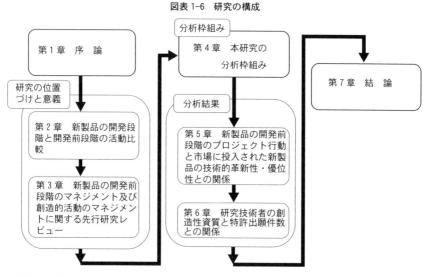

出所：筆者作成。

品の開発前段階における創造的活動（ファジーフロントエンド活動）がその救世主であることを述べている。そのためには企業体の「創造的プロジェクト活動分析」と「創造的研究技術者資質分析」の行動実態を明らかにするとともに，革新的な新製品を創出する要因を明らかにするという本研究の目的と意義を述べている。

第2章 新製品の開発段階と開発前段階の活動比較

我が国における新製品の開発段階と開発前段階の活動の効率化がどのようになされてきたかを明らかにしている。新製品の開発段階については，生産活動のマネジメントをそのまま導入することで一定程度の効率化が実現されている。しかし，その上流段階である新製品の開発前段階では，原価企画活動を始めとする日本独自の取り組みが行なわれてきているが，いまだ活動意識が低く，効率化は実現できていないことを指摘している。

第3章 新製品の開発前段階のマネジメント及び創造的活動のマネジメントに関する先行研究レビュー

2つの視点で先行研究のレビューを行い，先行研究で明らかにされていない

点を指摘し本研究の意義を確認している。第1に，新製品の開発前段階の活動に関する先行研究のレビューでは，市場ニーズや顧客情報に関する検討は行われてきているが，本研究が対照とする技術情報に関する掘り下げた検討はあまりなされてこなかったことを指摘している。併せて，わが国の開発前段階のプロジェクト活動の実態の把握を目的とした実証研究が極めて少ないことを述べている。第2に，創造性活動の先行研究のレビューでは，学生や属性を決めない社会人に関する創造性評価因子の分析研究は，明らかにされているが，本研究が行なった研究技術者に特化した創造性評価因子の分析研究は，ほとんどなされてこなかったことを指摘している。併せて，研究技術者の創造性評価因子と特許出願件数の関係についての研究がなされてこなかったことも述べている。

第4章 本研究の分析枠組み

ファジーフロントエンドのプロジェクト活動の実態を解明するための2つの研究の枠組みを提示し，既存文献の引用や実態調査の結果からその有効性を議論している。1つは，プロジェクト活動の取り組み姿勢と必要なアイデア発想情報源が市場に投入された新製品の技術の革新性と優位性に与える影響を産業別の相違も考慮して分析する枠組みを提示して論議している。もう1つは，研究技術者の創造性資質評価値が特許出願件数に与える影響を，技術の特性にも考慮して分析する枠組みを提示して論議している。

第5章 新製品の開発前段階のプロジェクト行動と市場に投入された新製品の技術的革新性・優位性との関係（PART I）

アンケート調査結果を基に，まずファジーフロントエンドのプロジェクト活動のどのような取り組み姿勢が市場に投入された新製品の技術に革新性と優位性をもたらすかを明らかにしている。事業部門から要請を受けた場合の革新的新製品の誕生のためには，従来考えられてきたユーザー志向ではなく，むしろ技術志向であることが有効である。つまり，市場を意識しないこと，市場ニーズをチーム自らが設定すること，技術的独創性を意識すること，市場協力者の出現を安易に受け入れないこと，ゲートキーパーの出現は受け入れることの5項目が市場に投入された新製品の技術に革新性と優位性をもたらす。これらの項目についてパス図を作成して共分散構造分析を行った結果，技術の革新性や優位性を実現するためには，チーム活動の取り組み姿勢（技術的な独創性を意

識,市場ニーズをチーム自ら設定,市場を意識せず)よりも,情報提供者の受け入れ姿勢(市場協力者の出現を受け入れず,ゲートキーパーの出現を受け入れる)がより強く影響することを明らかにしている。

次にファジーフロントエンドのプロジェクト活動に必要なアイデア発想情報源が市場に投入された新製品の技術の革新性と優位性に与える影響を明らかにしている。パス図を作成し,共分散構造分析を行った結果,必要な情報については,市場形成に役立つ市場情報(市場形成の可能性や規模に関する情報)よりも,むしろ,中味の濃い効果的情報(詳細な内容の確認できる密度の高い情報)や具現化に役立つ技術情報(革新技術を生み出す源泉として実用化に即活用できる情報)が,新製品の技術に革新性と優位性をもたらすことを明らかにしている。

さらに,加工組立型産業技術と素材型産業技術の産業別に分析を行って相違点と共通点を明らかにしている。相違点は,加工組立型産業技術では,いろいろな市場との関わりをイメージするのに対し,素材型産業技術では既存市場又は周辺市場しかイメージしないことである。また,素材型産業技術では,ファジーフロントエンドのプロジェクト活動ではより多くの活動時間を要すること,その後の開発活動では技術責任者へ報告がより頻繁になされる。共通点は,市場情報の取得行動パターンは,顧客意識が高く,開発中心の技術支援の場合には周辺市場や新市場を意識する。一方,顧客意識が低く,研究中心の技術支援の場合には既存市場を意識することである。また,技術情報の取得行動パターンでは,顧客意識が高く,開発中心の技術支援の場合には新規技術情報を多く収集し,それ以外の領域では既存技術情報を多く収集する。

このほか,ファジーフロントエンドにおけるプロジェクト活動の重要機能について,企業の研究開発マネージャーの認識も明らかにしている。彼らは,製品コンセプト形成,事業戦略(技術戦略)との整合,アイデア発想,フィージビリティー&プロジェクト計画設定,市場・技術情報収集と長期トレンド洞察の順で重要であると認識している。革新的な新製品のプロジェクトと漸進的な新製品のプロジェクトとの比較では,革新的な新製品のプロジェクトでは,アイデア発想をより重要であると認識していることを明らかにしている。

第6章　研究技術者の創造性資質と特許出願件数との関係(PART Ⅱ)

第5章で革新的な新製品の創出に重要であると判明したアイデア発想について分析している。つまり，従来から行われてきた発想テストと新たに開発した連想テストおよびアンケート調査を基に，研究技術者の創造性資質評価値と特許出願件数の関係を明らかにしている。その結果，創造性資質因子や個人資質要因の評価値の高い研究技術者は，特許出願件数が多く，アイデアのユニークさと根本的原理の達成手段を連想する能力が特に優れ，初期発想過程からユニークな発想が飛び出し，持続して行なわれることを明らかにしている。次に，専門技術分野別の分析では，機械系研究技術者がアイデアの質を重視する傾向にあり，電気電子系研究技術者がアイデアの量を重視する傾向にあり，化学系研究技術者は他の分野の研究技術者に比較してアイデアのユニークさが際立っていることを明らかにしている。また，パス図を作成して共分散構造分析を行った結果，創造性資質因子のうち，柔軟性因子が，流暢性因子と綿密性／再定義力因子の両者に関係性があることを明らかにしている。

第7章　結論―新製品の開発前段階の取り組みについて

上記の分析研究成果について既存の研究成果との差異を明らかにするとともに，本研究結果を踏まえて新製品の開発前段階の取り組みマネジメントについて提言を行っている。

第 2 章

新製品の開発段階と開発前段階の活動比較

　本章では，我が国の新製品の開発段階活動と開発前段階活動の効率化の状況を概説する。

　第 1 節では，新製品開発フローを示し，新製品の開発段階活動が，生産段階で実施されたマネジメント技術（VE，TQC，TPM，JQA）やオーバーラッピング・プロセスの適用によって，一定程度の効率化が実現されていることを述べる。さらに，近年，そのマネジメント活動がしづらくなった現状を指摘した上で，開発前段階活動の効率化が，急がれていることを述べる。

　第 2 節では，新製品の開発前段階活動として原価企画活動，マーケティング活動，ファジーフロントエンド活動が行われてきたこと，国際分業に対処する新たな新製品の開発前段階活動が行われていることを述べる。なお，新製品の開発前段階活動の効率化は，従前のマネジメント技術等の運営教訓を踏まえ，実施される必要があることを述べる。

第 1 節　新製品の開発段階における活動の効率化

1. 標準的新製品開発フローと活動の効率化

　山之内（1992）によれば，加工組立型産業における標準的新製品開発フローは，① 製品構想，② 要素試作，③ 機能試作，④ 製品試作，⑤ 生産試作，⑥ 量産試作に区分され，① 製品構想と ② 要素試作が新製品の開発前段階活動で，③〜⑥ が，新製品開発段階活動である[17]としている。図表 2-1 に，標準的新製品開発フローとその概要をまとめたものを示す。この一連のフローは，時系

図表2-1 我が国の加工組立型産業における標準的新製品開発フロー

R＆D活動	新製品の開発前段階		新製品開発段階			
段階分類	①製品構想	②要素試作	③機能試作	④製品試作	⑤生産試作	⑥量産試作
内容の概要	製品コンセプト決定	実現の技術要素決定	機器全体の視点で検討	プロットタイプ試作の検討	生産面（品質とコスト）の検討	量産体制の確立

出所：山之内（1992年）に筆者加筆。

列的に区分された線型プロセスモデルであり，もし，問題が発生すると，各段階で脚注17に示すレビューや評価を行い，前工程に戻ることでやり直しを行うことを前提としている。ここで言う問題の発生を最小にすることが，活動の効率化につながり，その結果として，品質確保，コスト削減，短納期が実現できるのである。

我が国では，開発段階活動の効率化は，前章で説明した生産活動で適用された各種マネジメント技術（VE，TQC，TPMなど）を，新製品開発段階にも導入し，品質確保，コスト削減，短納期の対応がなされた。1980年代に入り，さらなる総合的な活動効率化をはかることを狙いとして，線型プロセスモデルの出戻り作業を未然に防止し，③〜⑥の個別の活動期間の短縮化をはかる目的から，後工程を前工程とできるだけ，同時併行して行うオーバーラッピング・プロセス（Takeuchi, H. et al. 1986）（Rosenthal, S. R. 1992）を実施することになる[18]。しかし，山之内（1992）も指摘するとおり，オーバーラッピングの程度が深くなるほど，その情報と知識の交流や創造作業を同時に行う必要が生じ，クライン（Kline, S. J. 1985, Kline, S. J. 1990）の提唱した非線形プロセスモデルに近いものとなるのである。したがって，オーバーラッピング・プロセスの適用による活動の効率化は，必ずしも開発段階活動で貢献できたわけではなかった。

---

17 各段階で特許，コスト，デザインの各レビューと技術性と市場性の各評価が重要としている。
18 我が国では，1980年代に，新製品開発の活動期間短縮化のための努力を積極的に行なった。しかし，さらに上流側の新製品の開発前段階での活動期間短縮化の努力を行なうまでには，至っていなかった。なお，図表2-1に示すとおり，開発前（ファジーフロントエンド）活動は，開発の初期段階の活動として位置づけられ，以前より行なわれた。しかし，今日でもその活動の重要さが認識されるまでには至っていない。

2. イノベーション連鎖モデルによる新製品開発フロー

クライン（Kline, S. J. 1985）の提唱した非線形プロセスモデルとは，イノベーション連鎖モデルといわれ，① 技術進化過程で後工程からのフィードバックリンクがあること，② 技術進化過程と科学（研究と知識）との間にも常時コネクション関係があること，③ 研究は市場（技術進化過程全部）との間に常時コネクション関係があることを示した。そして，イノベーションは，線型プロセス（研究→開発→生産→市場）では実現できないと指摘した（Landau, R. et al. 1986）。クラインのイノベーション連鎖モデルは，従来の線型プロセスモデルに対する新たな知見を提唱したものであり，今日では，この考え方が定着している（図表 2-2 参照）。

筆者は，1990 年から 1996 年にかけて，1985 年以降に我が国で脚光を浴びた新製品の研究開発事例に関するインタビュー調査を実施した[19]（以下本研究のパイロットスタディーと呼ぶ。本スタディー概要は巻末資料 3 参照）。その結果から，クラインの考え方を継承し，具体的活動に役立つ図表 2-3 のイノベーション創出製品化モデルを提唱した（櫻井 2000 年）。その内容を以下に概説する。

図表 2-2 クラインのイノベーション連鎖モデル

出所：Kline, S. J.（1985）を筆者翻訳。

---

[19] 46 事例の研究開発当事者およびその責任者（CTO ほか）126 名へのインタビュー調査を行い，新製品の開発前段階と新製品開発段階を分離し活動を調査した。また，その結果を元にして，クラインのイノベーション連鎖モデルの実用化モデルとしてイノベーション創出製品化モデルを提案した（櫻井 2000 年）。

第1節 新製品の開発段階における活動の効率化　27

図表2-3　イノベーション創出製品化モデル

B. 新バリュー創出機構

②コンセプト創出

仮説提案

③キーテクノロジー醸成

新製品開発前段階

A. 新バリュー形成機構

①市場調査（創出内容評価）（学会・消費者・新商品市場等）

新製品開発段階

④創造的統合

市場投入するための洗練化

通常何回か循環してから　　通常何回か循環してから

商品化 GO サイン後右へ

市場投入 GO サイン後ターゲット市場へ

出所：筆者作成　（櫻井 2000 年）。

　イノベーション創出製品化モデルは，無限大（∞）のサイクルをイメージしている[20]。左側のサーキットが，製品化意思決定以前の状況を示す。それに対し右側のサーキットは，製品化のゴーサインが出た後，すなわち，市場投入を意思決定した後の努力過程を示す。この製品化意思決定以前を新製品の開発前段階，製品化を意思決定した後を新製品開発段階と言い換えることができる。すなわち，このイノベーション創出製品化モデルの左サイクルが新製品の開発前段階の活動[21]，右サーキットが，新製品開発段階の活動を表わしていることになる。

　通常は，真ん中の①市場調査からスタートし，左側の②コンセプト創出，さらに③キーテクノロジー醸成を経て，①市場調査へ再度入る。この左サーキットを何度か循環し[22]，②コンセプト創出や③キーテクノロジー醸成がよ

20　イノベーションを生み出す無限大サイクルモデルは，例えばステーム（Stamm, B. V. 2003）やパーク（Park, M. 2004）やシューエンら（Schoen, J. et al. 2005）で作られている。
21　「市場調査」と「コンセプト創出」と「キーテクノロジー醸成」の3つに区分されている。Rosenthal, S. R. 1992 では，イノベーションを創出する場合には，①顧客要求を満たす，②新たな発明を考える，③技術の進化を実現するの3つが重要としている。本3区分は，Rosenthal, S. R. に近い考え方で形成されている。
22　技術革新を確立するためのスパイラルアッププロセスと呼ぶ。

り鮮明化され，製品化のゴーサインが出た後，右側のサーキットに移る。

　右側の循環は，④ 創造的統合と ① 市場調査を繰り返し行い，市場へ製品を投入するまで循環する。具体的には，製品化するための各種要件を市場とのやり取りの中で明確[23]にしながら具現化をしていく。この右サイクルの ④ 創造的統合において，前節で述べた新製品開発段階の活動である ③ 機能試作，④ 製品試作，⑤ 生産試作，⑥ 量産試作を同時[23]または個別に行うのである。

　また，右側のサーキットからスタートし，新しい市場要求に応えるため左側サーキットに移行する場合もある。無限大のサイクルとは，これを，し続けることが企業活動そのものであると考えられるからである。

　すなわち，筆者の提唱したイノベーション創出製品化モデルは，クラインのイノベーション連鎖モデルの考え方を考慮してまとめた新たなモデルである。なお，この図表 2-3 は，本研究の「新製品の開発前段階」活動を説明するために，アンケート調査時利用するものである。

3. 線型プロセスモデル[24]とイノベーション創出製品化モデル[26]の新製品開発フロー比較

　ここまでの内容を整理するために，図表 2-4 で，線型プロセスモデルと非線型モデルであるイノベーション創出製品化モデル内容を比較する。イノベーション創出製品化モデルでは，新製品の開発前段階で，市場に投入された新製品を生み出すための仮説提案を実行するコンセプト創出活動とキーテクノロジー醸成活動を行い，新製品開発段階では，市場投入するためのプロットタイ

図表 2-4　線型プロセスモデルとイノベーション創出製品化モデル

R＆D活動	新製品の開発前段階		新製品開発段階			
線型プロセスモデル[24]	①製品構想	②要素試作	③機能試作	④製品試作	⑤生産試作	⑥量産試作
イノベーション創出製品化モデル[26]	コンセプト創出	キーテクノロジー醸成	創造的統合（品質確保・コスト削減・短納期対応等を実施し，その中で特許・コスト・デザインの各レビューを行う）			

出所：筆者作成。

23　明確にする内容とは，例えば，顧客層決定，仕様決定，製品グレード決定等である。
　　同時とは，オーバーラッピング・プロセス活動を差す。

プ試作品の洗練化を実行する創造的統合活動を行う[25]。

4. 企業で適用された主要マネジメント技術の企業貢献

　第二次世界大戦後，我が国では，産官が一体となって早期の工業化をはかり，経済発展を続けてきた。その原動力の1つは，経営方針やビジョンやドメインや経営戦略策定の推進実施機能（石井ら1996年）として企業経営の中枢にマネジメント技術を据え，全社的に進めてきたことである。その中で，我が国の上場企業（メーカー）で世界的に認められている企業の多くが取り入れたマネジメント技術とその取りまとめ団体と褒章は，下記である[27]。

　VE（バリューエンジニアリング）技術：公益社団法人日本バリューエンジ
　　　　　　　　　　　　　　　　　　　　ニアリング協会（1965年創立）
　　　　　　　　　　　　　　　　　マイルズ賞（1983年より創設）
　TQC（全社的品質管理）技術：一般財団法人日本科学技術連盟（1944年創立）
　　　　　　　　　　　　　　　　デミング賞（1951年より創設）
　TP（総合的生産性向上）技術：社団法人日本能率協会（1942年創立）
　　　　　　　　　　　　　　　　総合生産性優秀賞（1985年より創設）
　JQA（日本経営品質）技術：公益財団法人社会経済生産性本部（1955年創立）
　　　　　　　　　　　　　　　日本経営品質賞（1993年より創設）

24　ここでの線型プロセスモデルは，日本に多く存在する全プロセスを社内で行う製品開発に適用するモデルの区分を示す。一方，NIST（2005）の線型プロセスモデルでは，基礎研究，コンセプトや発明の具体化，早期の技術開発，製品開発，製品製造の5つに分けている。この区分は米国におけるエンジェル投資家やベンチャーキャピタルの業務内容に対応したわかりやすい区分である。

25　ここでは，新製品の開発前段階と新製品開発段階および線型プロセスモデルとイノベーション創出モデルを整理した。一方Burgelman, R. A. et al.（2001）によると技術とイノベーションの戦略マネジメントの観点からは，成果の区分として発明・発見段階と技術革新段階に分け，その実現行動区分である思考，実験，研究，開発，生産，販売の全フェーズが同時併行的にマネジメントされる必要があるとされている。すなわち全過程が同時に理解され進行していくイメージで捉えている。

26　このイノベーション創出製品化モデルは，非線形プロセスモデルで，新製品開発の実態に近いモデルと考える。

27　ここで取り上げている4つは，社団法人や財団法人として優秀企業に賞を授与する仕組みがあり，かつ長く継続しているものを選んだ。従って上記のほかにもトヨタ生産システムやNPS（New Production System）等があるが，この条件に該当しない。またISOの品質や環境等に関する認定制度は，EUの提唱する規格化の水準を評価するものであり，継続的経営活動の支援システムとはいえないためはずした。

ここでは，各マネジメント技術の内容は記述しないが，上記の事務局である協会や連盟や本部のホームページアドレスを参考文献に載せる。上記4つのマネジメント技術は，特に企業が必要とするマネジメント技術である。これらマネジメント技術は，国策ではなかったものの，社団法人日本経済団体連合会などが，積極的に導入支援[28]を行い，1960年代から1990年代までの，我が国企業のマネジメントレベルの底上げを実現し，さらに経営への貢献が毎年審査され名誉ある賞（マイルズ賞・デミング賞・総合生産性優秀賞・日本経営品質賞）の授与がなされている。なお，受賞は，各企業の「ものづくりに関するマネジメント技術の高さ」を表わす基準を示すものとされ，社会的地位を上げるステータス・シンボルとなっている。

各マネジメント技術の活動変遷は，初期において生産段階で適用されその後，上流側の製品設計段階に移行し，さらに，新製品開発段階で行われるようになっている[29]。しかしながら，最上流の新製品開発前段階への適用は，ほとんど行われていない。その理由の1つは，新製品開発前段階の活動の主体が創造的活動であり，今までの延長線上でのマネジメント技術の適用が，難しくなっているのである[30]。

また憂慮されることとし，わが国に本社のある企業（メーカー）の多くは，主力の設計部門や生産部門が，海外工場へ移転したこと（日経産業新聞2006年03月23日，藤本ら2000年）や日本国内工場の労働者の約30％が，非正規社員か請負外注作業者になったこと（毎日新聞2006年6月9日，日経産業新聞2005年4月1日）により，もはや，生産活動や新製品開発段階活動では，マネジメント技術を駆使して事業業績に貢献する活動を実施しづらくなってい

---

28 各団体の会長をはじめとする要職には，我が国財界の重鎮が，名前を連ねている。
29 たとえば，自動車メーカーや家電メーカーでのVE活動では，1960年代に資材調達コスト削減からはじめられ，その後，1970年代中ごろには，図面や仕様条件をレビューする設計VEが開始され，1980年代には，開発VEや企業内の管理システムを改善するソフトVEが始まっている。その後，1990年代に入り，企画段階でのVE活動も行われはじめた。しかし純粋な新製品の開発前段階のVE活動はほとんど行われていないのが実情である。（田中1985年・手島1993年）
30 全く手を拱いているわけではなく，研究開発活動を経営者自らが関与し改革に乗り出している企業もある。例えば，住友電工では，C-TOP（コンセプト・テクノロジー・オーバー・プロダクト）プロジェクトと称し，製品化を意識した独自の独創的技術をめざし，30件の研究テーマを設定し，研究者に5年以内で事業に貢献するように計画的なマネジメントを推進している。（日経産業新聞2006年02月14日）

ることである。その意味からも，最上流である新製品の開発前段階活動での新たなマネジメント技術の開発が，望まれている[31]。

第2節　新製品の開発前段階における活動の変遷と活動の効率化

1. 新製品の開発前段階における活動の変遷

我が国における新製品の開発前段階活動は，大別すると3つの潮流があると考えられる。それは，① 我が国の在来マネジメント技術の流れに沿った原価企画活動，② 欧米のマネジメント技術の活用によるマーケティング活動，③ 我が国の国際分業化に対処するための活動である。時代背景を含めて以下考察する。そこで，まず第二次世界大戦以降の我が国の経済発展を4期に分けて論じる[32]。図表2-5が，その全容を記したものである。

図表2-5　我が国の新製品開発を開始する前段階活動の変遷

1945	1970	1980	1990	2000	2006
国内市場中心	国内生産し輸出（海外市場へ）	海外生産拠点を拡大	主力を海外生産に切り替え		

①原価企画活動					
国内最大手自動車メーカー		75年頃開始　プロジェクト活動展開		92年に車種別原価管理に組織変更 新車開発期間の短縮化実現	
国内大手家電メーカー		プロジェクト活動展開　専門部署が設立（原価企画）活動のライン化・TFP活動共存			

②マーケティング活動	アンテナショップ				
国内大手家電メーカー	前半から潜在的市場探索プログラム開始 60 マーケティングカード（顕在ニーズ把握）		生活研究センター開設		
国内大手産業機械メーカー		生産財メーカでも潜在的市場探索開始			
国内大手自動車メーカー		リピータ顧客のマーケット調査強化			

②FFE活動					
国内大手家電メーカー		85年頃開始（88年秋から半年間テレビ画王で実施）			
国内大手産業機械メーカー			戦略的クルー活動展開		
国内大手自動車メーカー			生産拠点の再編成＆車種コンセプトのレビュー		
国内大手メーカー各社			国内工場の増強と開発期間短縮化		

出所：筆者の情報源[33]をもとに筆者作成。

---

[31] 開発前段階に所属する社員の大半は，正社員であることおよび今後，我が国メーカーが，生き残りをかける活動は，新たな事業領域への展開が必要であることから，外国企業を含む他社との差別化のできる新たなアイデア発想とその具現化活動のマネジメント技術が求められている。

原価企画活動[34]は，国内最大手自動車会社が開始した我が国独自の活動である。その活動内容は，VE活動を原価管理の観点で捉えた活動と位置づけられる。従って，原価企画活動は，すでにVE活動を企業導入していた多くのメーカーでVE活動と連動させ，導入をはかり今日に至っている。原価管理の枠組みで捉えれば，1965年頃から活動（田中1995年）があったが，原価企画活動を行った新製品が実際に市場へ投入されるようになったのは1975年頃以降からである。加登（1993年）によれば，原価企画活動の定義は，「原価発生の源に遡って，VEなどの手法を取り混ぜて，生産，設計，開発，さらには製品企画段階で原価を作り込む活動」としている。本節で取り上げる開発前段階活動は，製品企画段階での原価企画活動が対象となる。原価企画活動のスタート行動は，市場に新製品が投入される時点での売価予測をもとに，原価目標値を決め[35]，その原価目標値以内におさまるように企画，開発，設計，生産の各活動で工夫を行うのである。前述したほかのマネジメント技術と同じように，生産活動から適用され，さらに設計・開発活動へと上流側の活動へ適用されていった[36]。

---

[32] そのために，日本企業の中で最も国際的ビジネスを展開し，本業が，全売上額に占める割合がほとんどである自動車業界をベースに4期に分割する。日本自動車工業会データを数値分析すると，70年代の国内工場生産分の国内と輸出の総販売台数の伸びは2倍／10年間，80年代は1.55倍／10年間，90年代は0.88倍／10年間である。さらに各年代の平均年間国内生産台数伸び率と平均年間国内販売台数伸び率と平均年間輸出販売台数伸び率を数値化すると，70年代は順番に7.9%，2.1%，17.5%，80年代は4.5%，4.5%，▲0.5%，90年代は▲1.3%，▲1.3%，▲3.2%である。このデータを参考にして図表の4期に分けた。

[33] 筆者は，長く新製品の開発前段階や新製品開発段階の活動に関与し，同じ業務を行う異業種の仲間と勉強サークルを結成し，すでに，20年以上のサークル活動を行っている。例えば，ソニーのパソコンが発売されると，それを皆で分解し，原価予測を行なったり，お互いが，業務で困った場合に，個別相談できるような活動を行ってきた。その活動の中での生情報をもとに，その後，新聞や文献内に引用されたものを中心に記述した。従って，活動開始時期等の年代記述の一部は，生情報から引用したものがある。

[34] 原価企画活動を手法レベルで認識する立場を取る場合がある。管理会計学会や日本VE協会の主催する研究発表会で発表される内容が，手法側面が多いことに由来する。しかし，筆者が知るところでは，日本の最有力の自動車や家電メーカーはじめ多くの企業では，企業経営にリンクしたマネジメント活動として業績に貢献している。したがって，経営に直結したマネジメント技術として検討に値する活動と思われる（加登1993年）。

[35] 本活動を海外にはじめて紹介したのは，専修大学教授の櫻井通晴である。その時「Target Cost Management」と紹介している。その後「Cost Planning」と呼ぶ場合が多い。

[36] 筆者が，図表2-5で1975年頃開始したと記載した活動は，VE活動でいう1st look VEすなわち，

新製品の開発前段階における原価企画活動の開始時期は，各社で異なるが，国内最大手自動車会社の場合には，1992年に行われた開発設計部門の組織改革が，契機と思われる。その内容は，従来エンジン・ボディー等縦割組織であった技術部門が，車種別原価管理を徹底して把握するために車種別組織に編成し直したのである。これによって，車種別に市場に投入された最終製品の原価把握が可能となり，結果的に，新製品の開発前段階まで遡って活動ができる体制が整ったのである[37]。その後，原価企画活動の将来目標コストの設定，将来目標コストの実現計画，将来目標コストの実行・評価システムの各機能が，有機的に機能し出し，最上流の企画段階から最下流の生産段階までの一連の流れができたのである[38]。今日では，原価企画活動は，利益創出の観点で新製品の開発前段階活動から行われている。

　次に，マーケティング活動は，1960年代から持続的に市場創出のツールとして用いられている。図表2-5に示す通り家電メーカーでは，すでに1960年代に国内市場が成熟期を迎える商品が出始め，欧米のマネジメント技術の活用によるマーケティング活動が，模索され実施された。とりわけ，注目すべきは，欧米では余り行われていなかった潜在ニーズの発掘を目的としたマーケティング活動が盛んに研究され実践された（平田ら1984年）。その理由は，我が国の市場では，家電商品をはじめとして多くの商品（製品）が，価格据え置きのまま，プラスアルファーの機能を付加することで，顧客に喜ばれる[39]。従って，購買動機の発掘のために，いかにして顧客の気持ちをキャッチできるかが

　製品開発段階の原価企画活動を指す。原価企画活動は，他の管理技術と違い，創造活動支援プログラムが，VEから提供されるため，その後開始されることになる開発前段階の創造活動にも有効に利用されているものと思われる。

[37] ABC (Active Based Costing) やDTC (Design to Cost) といったコスト評価プログラムの詳細なデータベースが，構築可能になった。

[38] 同社企画責任者からのインタビュー調査結果による（2000年7月）と，その結果，例えばフルモデルチェンジにかかる開発費（約200億円／1車種）の削減として開発期間の短縮化を実施し，近年その期間を半分にすることができた。同業他社は，依然として1.5倍から2倍の時間がかかる。なお，日経産業新聞（1993年9月17日）によれば，それ以前に実施した施策が，経営計画に貢献したと記載されている。具体的には1989年の組織のフラット化や1991年のNOW21提言活動による業務合理化活動が，原価企画活動の戦略強化にも貢献したものと推定される。

[39] 安部（2003年）によれば，機能付加を実現するために，研究開発段階の活動が重要であるが，同質のものしか生み出さないために，価格競争が激化している。すなわち，悪循環になっているのである。

決め手となる。潜在ニーズ発掘法には、市場の長期トレンドの洞察からはじめるアプローチと、すでに存在する既存製品をもとに、当面の機能付加が上げられるものを考えるアプローチがある[40]。わが国の多くのメーカーでは、後者を選択して対応した。その結果、試作品を作りアンテナショップと言われるところで、プレ販売し顧客反応を見ることによって、正式販売を行うかどうか決定する仕組みなどができあがっていった。一方、試作品を作れないもの（例えば自動車や全く新しい製品）の場合には、お得意先（顧客）を対象に開発段階で内容を開示し、その感想を求める等の対応を行っている[41]。いずれの方法も、基本的には、潜在ニーズをもとに試作（CAD図面のレベルも有）し具現化した上で、意見を求めるのである。さらにある消費財メーカーでは、企画段階の企画書を携えて被験者（人選方法は良くわからない）に話し、その商品を買うかどうか聞く一方、更なる改善余地を聞くのである[42]。その後、これらマーケティング活動が限界に来て誕生したのが、家電メーカーではじめた生活研究所である。研究所内に一般住宅を建設し、生活環境を再現し日常的生活行動を観察することから新家電商品や既存商品の改善策を模索するのである[43]。以上紹介したマーケティング活動は、近年市場創出の観点で新製品の開発前段階の活動で行われている。しかし、マーケティング活動は、新製品そのものを生み出すのでなく、あくまで市場を探すために行う活動である。

　新製品の開発前（ファジーフロントエンド）段階におけるプロジェクト活動[44]は、1980年代中ごろから家電メーカーで開始されたのが、はじめと思わ

40　当面の価値、すなわちバリューアップ（値打ちモノ）の概念は、他の国々では、値引きで対応する場合が多い。これに対し日本市場では、新たな追加仕様を要求することが多い。従って日本市場では、潜在ニーズ探索が重要であり、潜在的マーケティング機能発掘が注目されたものと推測される。

41　国内大手自動車メーカーでは、3回以上自社の車を買いかえていただいた顧客リストをもとに、開発段階での内容を開示し、感想や更なる要望を聞くことを約10年前から実施している。その際、開発当事者が顧客と直接会話することを心がけている（自動車メーカ企画責任者　2000年10月インタビュー調査より）。

42　モニター制度と称しユーザ層を不定期に集め、意見を聞く等を行われている企業もある。

43　この方法は、前述したマネジメント技術のうち工場の生産性を向上するIEの手法（動作分析、作業分析等）を活用したアプローチである。松下電器のコードレスアイロンが、成功事例としてよく紹介される。

44　図表2-5では、ファジーフロントエンドの活動をFFE活動と表記した。

れる。田中・小林（1995年）によれば，松下電器は，テレビ「画王」の正式開発プロジェクトが発足（1989年4月）するの半年前の1988年秋から新商品コンセプトを検討するためのプレプロジェクト活動が行われている[45]。当時まだファジーフロントエンドの活動なる概念は，世の中には定着していなかったが，カハラナら（Khurana, A. et al. 1998年）によるファジーフロントエンドの活動条件を満たしたものであった（脚注45参照）。従って，我が国では，事業部長が命じる形で，新たな製品コンセプトを創出するために，より具体的検討を行うプレプロジェクトが行われてきている。そして，その活動の多くが，ファジーフロントエンドの活動であると想定される[46]。なお，我が国でのファジーフロントエンド活動実態の仔細は，活動の性格上，外部発表はほとんどなされることはなかったのである。また，本来本活動の主管部署である経営企画部門が，いまだに，ファジーフロントエンドの活動機能の重要性に関する認識を，十分に持っていない。そのために，脚注45の4条件を備えた活動をすでに行っているにも関わらず，全社的活動として，企業内で定着させる努力や活動の効率化を促す推進努力[47]を十分に行ってきていない。しかし，各事業部単位では，ファジーフロントエンドの活動が，新市場創造，新技術革新，新事業創造の観点で企業経営の新たな価値創造の切り札として新製品の開発前段階の活動で行われている。

---

[45] この活動を，ファジーフロントエンドにおけるプロジェクト活動とした理由は下記4点にある。①商品（製品）コンセプトを決めるために結成された活動であること，②商品（製品）企画書（フィジビリティー＆プロジェクト計画書）の作成がなされたこと，③アイデア収集（含むアイデア発想）活動が，併行して行われていたこと，④活動の前提となる事業戦略や長期トレンド分析など経営計画からのインプットが，明確にあったことである。本プロジェクトは約5ヶ月間行われた。

[46] ある精密機械メーカでは，ファジーフロントエンドの活動の「アイデア発想」活動を「ニーズ洗い出し開発テーマ会議」として常設した会議形式で行っている。また，ある半導体電子部品メーカでは，同様な目的で，「テーマブラシュアップ会議」，またある産業機械メーカでは，「技術棚卸」と称して，アイデア発想活動の切っ掛け作りを継続的に行っている（菅澤ら2004年インタビュー調査より）。ただし，ファジーフロントエンドの活動の全体を統括的にまとめる組織機能は，まだ存在していない。

[47] 経営企画部門の重要機能の1つであるが，プレプロジェクト（その大多数がファジーフロントエンド活動プロジェクト）をマネジメントしている形跡は，余り見受けられない。本研究でインタビュー調査を実施した16プロジェクトのアンケート回答者インタビューでも，各企業内に統括機能や活動効率化の仕組みが，明確には存在していないとの回答であった（2003年9月26日〜2006年3月20日）。この理由の1つは，いまだに，プレプロジェクトが企業内において事業部内事前活動の名目でインフォーマルに行われているためである。

なお，近年，この新製品の開発前段階活動や新製品開発段階や生産活動において，新たな動きが出始めている。それは，我が国に本社のあるメーカーが，海外工場を縮小し主力を国内工場に回帰する動きがあること（日経産業新聞 2006 年 03 月 30 日）で，日本経済新聞社が 2005 年 10 月に製造業調査（日本経済新聞 2005 年 10 月 22 日）を行った結果によると，国内に回帰する目的として「既存製品の高付加価値化などを進める」「世界への戦略供給拠点とする」「開発期間の短縮を実現する」を挙げている[48]。すなわちこれらメーカーは，海外工場移転やその生産準備としての設計部門の海外権限委譲等を実施した結果，本来，日本が得意としていた生産活動を中心としたマネジメント技術力が，弱ってきたことへの反省や新たな製品の開発前段階活動への取り組みに後工程である新製品開発段階活動や生産活動がバックアップしなければならないことを，再認識し出した結果と見られる。この傾向は，我が国にとって喜ばしいことである。

2. 国際分業化に対処する開発前（ファジーフロントエンド）活動

我が国の国際分業化に対処するファジーフロントエンドの活動について，明らかにするために事例を 1 つ紹介する。国内大手産業機械メーカーでは，すでに海外に 2 桁の工場を持ち，あらゆる大陸で生産を行ってきた。当初は，地域密着型ビジネスで対応できる工場を，次々と建設し稼動させたが，1990 年頃から，同じ部品や同じ構成要素（コンポーネント）は，世界の 1 箇所でしか生産しない方針に変わり，国内工場と複数海外工場での併行生産がなくなった。その結果，生産効率が飛躍的に上がった反面，市場に投入された最終製品に組み込まれる構成要素（コンポーネント）が数ヶ国を渡り歩き，我が国の市場に投入する製品が，10 数ヶ所の海外生産拠点から，バイバックされた構成要素で組み立てられることも珍しくなくなったのである。そして，新たな課題として，研究開発を行い新製品開発するための前準備として都度，経営的判断が不可欠になったのである。具体的には最適な材料・構造・方式の選択，開発時の

---

[48] 日本経済新聞（2005 年 10 月 22 日）によると 76 社の調査で 60％が国内シフトを鮮明化し，キャノン・コマツ・小糸製作所・デンソー等が，すでに計画を進めている。その国内工場構想は，最先端の技術を取り入れ研究，開発，設計，生産を一貫して行えることを狙いとしている。

問題発生対処（国際的対応）方法，世界に散らばった工場群の生産バランスの把握，国際マーケットと国内マーケットの仕様チェック，開発結果を受けた特許出願の方法や事前活動承認事項チェック等の100項目を越える経営課題や技術的課題の検討が，必要になってきたのである。事業部長が，すべて判断できる内容ではなくなった。前出した松下電器のテレビ「画王」のファジーフロントエンドのプレプロジェクト活動と似たような活動が，頻繁に行われるようになった[49]。従って，新製品の開発前段階活動を行い，新たな製品コンセプトを形成するたびに，その都度プレプロジェクトを実施する必要が生まれた。

この点が，1980年代のファジーフロントエンドの活動とは，大きな相違である。従って，本活動は，新たな研究開発が進行するごとに，連続的に行う活動となり，本活動の効率化が求められている。本活動は，世界戦略上の利益最大化をはかる観点と新製品開発段階以降のすべての活動方針を決める企業の最重要活動として，新製品の開発前（ファジーフロントエンド）段階の活動で行われている。

3. 新製品の開発前（ファジーフロントエンド）段階の活動の効率化

我が国でこれまでに実施されてきた3つ（原価企画活動，マーケティング活動，ファジーフロントエンド活動）の潮流について，個別に論じてきた。この3つを繋ぐ考え方を示した山本（1995年）によれば，原価企画活動が，新製品の開発前段階や新製品開発段階の活動にまで遡るということは，従来の製造段階以降の原価発生を対象としてきた原価管理の発想を超える必要があり，いままでの原価管理のパラダイム変革が，生じているとの認識を示している。その上で，より本質的な視点での顧客と企業とのあり方を論じ，「経営資産としてのデザインマネジメント」，「企業による市場創造」，「企業の商品開発力と組織」，「評価構造の明確化」の4分野の統合化を提唱し，新たな企業経営の進むべき道すじを明らかにしている。このことから，我が国においては，原価企画

---

[49] 本事例は，国際分業化の進んだ企業に共通した新たなマネジメントである。（本事例は1995年7月に某社生産企画部門責任者とのインタビュー調査による。）なおこの活動をイタリアの某社はクルー活動と称しスペースシャトル計画の宇宙空間での宇宙船の乗組員になぞらえている。名称は各社各様だが，国際化や国際分業化の流れから，グローバル展開を行っている企業，取り分け日本のメーカーで海外に工場を多数持っている多くの企業が，直面している問題である。

活動とファジーフロントエンド活動は，表裏一体の活動になりつつあることを示唆している[50]。またマーケティング活動は，前述したとおり市場創出する道具として原価企画活動とファジーフロントエンド活動を支援する活動である。すなわち3つのマネジメント技術の変遷は，その発祥は別物であったが，近年，この3つが経営活動の中では，一体感を持って統合化されようとしているのである。以上述べてきたことは，新製品の開発前段階活動の中身である。

そこで，以下では，この一体化する過程にある活動を「ファジーフロントエンド活動」と改めて呼ぶとすると，その活動の効率化は，どのように進めるべきかの議論に移る。

図表2-6にここまでの考察を整理する。この図表2-6の実線の四角で囲まれた5つの内容がファジーフロントエンド活動の5機能である（Khurana, A. et al. 1997, Khurana, A. et al. 1998）。大別するとインプット活動機能と主活動機能とアウトプット活動機能に分けられる。楕円で囲まれた4つの活動は，前述した我が国における新製品の開発前段階の3活動と企業の経営戦略を示してある。破線の四角で囲まれた5つの内容は，ここまでの議論で登場した我が国で実施してきた特徴的マネジメントの教訓や技術そのものや環境変化を示してある。

すでに述べたとおり，日本型生産システムが，これまでの日本経済を引き上げてきたことは疑いもない事実である。一方，すでに指摘した国際分業化に伴う新たな経営戦略上の課題も顕在化し始めている。従って，これからのファジーフロントエンド活動は，これら経営環境を認識し，すでに新製品の開発前段階で実施されてきた原価企画活動，マーケティング活動，過去実施したファジーフロントエンド活動の経験を生かしつつ，新たなファジーフロントエンド活動を意識して活動することが求められる。幸い，各活動は日本的経営の中で独立的に存在した活動ではなく，すでに企業内で有機的に関わりながら活動推進がなされて来ている[51]。

効率化に寄与する活動要因として下記3点が特に有力な要因となる。

---

[50] なお山本が発表した当時は，まだ，ファジーフロントエンド活動の概念が明確にされておらず，本文献からは，ファジーフロントエンドに，直接的に言及する文面はないが，ここで紹介した原価企画活動を基軸にした新パラダイムシフトの必要性を論じている。

第2節　新製品の開発前段階における活動の変遷と活動の効率化

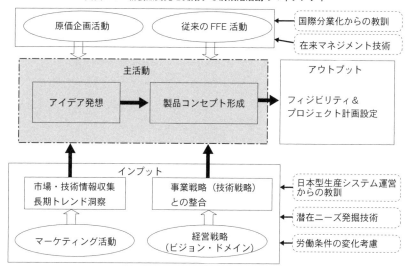

図表2-6　新製品開発を開始する前段階活動のマネジメント

注：上記の従来のFFE活動とは，ファジーフロントエンド活動を示す。破線四角部記載内容は，すべての楕円部記載内容と関連する。
出所：Khurana, A. ら（1998）他の文献と本考察をもとに筆者作成。

1) 過去実施してきた①原価企画，②マーケティング，③ファジーフロントエンド活動の経験から学んだノーハウ
2) 日本型生産システム（VE／TQC／TP等）運営のノーハウ
3) 我が国独自アイデア出し工夫（潜在ニーズ発掘，小集団サークル活動，VE-TFP[52]）

一方効率化を阻害する要因は下記がある。（下記だけでないが主要なものを

51　今回インタビュー調査を行った精密機械メーカ（N社（巻末資料1））では，在来のマネジメント技術を原価企画に統合し，技術的観点での新製品等開発活動の事務局と統合している。すなわち，企業内では合理的一本化がなされているのである。またインタビュー調査時ではないが，自社海外研究所機関を含め開発の原価側面での引き締め策とミッションを提示しているようである。なお国内大手自動車メーカでは，本内容とほぼ同じ展開が10年以上前から行われている。
52　タスク・フォース・プロジェクトチーム活動の意。一般的には，各専門分野から部門代表者ではなく，チーム活動のミッションのために召集された専門家集団が結成され，その活動期間内は，同じ目標で行動を共にする活動である。もとは米国より導入されたが，我が国では企業内ではじめて行う創造的仕事（新製品開発，新事業立ち上げ業務，他社との技術提携等）を円滑に行う活動として機能している。

列挙する[53]。)

1) 戦略性を必要とする技術戦略策定の経験不足
2) グローバル化に伴う市場の長期トレンド洞察の経験不足
3) 国際分業化に対するリスクマネジメント対策に関する問題
4) 製品コンセプトをまとめ上げられるマネジメント力ある人材不足
5) フィジビリティー&プロジェクト計画設定を総合的に評価できる組織力不足

効率化に寄与する活動要因が，効率化の阻害要因に勝ることが必要であり，そのためには，ファジーフロントエンド活動の主活動である「アイデア発想」と「製品コンセプト形成」が我が国でどのように行われているかその実態を把握する必要がある。

---

53 企業差が大きい内容だが，阻害要因の根本的問題は，自らその課題に対処するアイデア発想力やアイデア収集力が企業内や対象プロジェクト内にどれだけあるかである。今回のアンケート調査（巻末資料4）で，常設の本アイデア会議を記述式で聞いたところ，開発前段階で17社が工夫しており，開発段階が2社しかなかった。要するにアイデア発想が，開発前段階で重要なことがわかる。また，母集団が，131件に対する回答であり如何に工夫がされていないかが判明した。（なおアイデアが幾らでも出る環境ならばアイデア出しの工夫など必要ないのであるが，一般的にはそのような状態はないと思われる。）

第3章

新製品の開発前段階のマネジメント及び創造的活動のマネジメントに関する先行研究レビュー

　本章では，実証研究を実施するために，2つの視点で先行研究のレビューを行う。

　第1に，新製品の開発前段階のマネジメントに関する先行研究（活動が理解される以前の活動，活動の定義，アイデア発想活動の強化，活動と成果，我が国の活動）のレビューを行う。第2に創造的活動のマネジメントに関する先行研究（創造性評価因子の分析，研究技術者の創造性発揮）のレビューを行う。なお，先行研究の補足として巻末資料2に，我が国企業が研究技術者の創造性強化を支援のために，取り組んでいる創造性開発活動についてのインタビュー調査結果を2事例紹介する。

　先行研究から明らかにされた点は，① ファジーフロントエンド活動の中心的活動がアイデア発想であること，② そのアイデア発想活動の強化が，まだ十分に行なわれて来ていないこと，③ ファジーフロントエンド活動の成果把握が難しいこと，④ 我が国の有力企業では，研究技術者に対する創造性開発教育が実施されていること（巻末資料2参照）。なお，先行研究では以下の4点の研究が少ないことがわかった。⑤ 市場ニーズと顧客情報に関する検討は行われているが，技術情報に関する掘り下げた検討が少ないこと，⑥ 我が国のファジーフロントエンド活動の実態把握を目的とした実証分析が極めて少ないこと，⑦ 研究技術者に特化した創造性評価因子の分析研究がほとんどなされていないこと，⑧ 研究技術者に特化した創造性評価因子と特許出願との関係についての研究がなされていないことを述べている。

第1節　新製品の開発前段階のマネジメントに関する先行研究レビュー

1. ファジーフロントエンドが理解される以前の研究開発活動に関する先行研究

　クーパー（Cooper, R. G. 1988）は，論文「開発前段階の行動が新製品の成功を決定する」を発表した。（詳細は次項に記載する。）クーパー論文をはじめとするこの時期の研究は，ステージゲートモデルの研究の上流側へのアプローチ研究から，分析されているものが多い[54]（Cooper, R. G. et al. 1990, Marxt, C. et al. 2004）。これら先行研究は，ファジーフロントエンドの活動そのものに関する実証研究ではなく，開発活動の開始時点行動との捉え方で，他の開発活動の行動分析とともに分析が行われている。従って，研究者が，ファジーフロントエンドの活動を明確に定義し，その活動のあり方を本格的に分析するまでには，至っていなかった。

　さらに遡ると，カハラナら（Khurana, A. et al. 1998）によれば，ファジーフロントエンド段階の成功要素の観点での研究区分として①研究プロジェクト定義及びその組織のルールと②製品定義及び製品戦略を上げている。前者は，1977年に発表されたアレンの「技術流れ管理論」に始まるとされ，後者は，1980年頃から研究がなされたとされている。前者は，主に研究活動そのもののマネジメント研究であった。たとえば，アレン（Allen, T. J. 1977）では，研究開発組織を対象としたコミュニケーション研究から，組織の誰とでも接触できるスター的人間（ゲートキーパー）がいることを発見した。しかしながら，その研究対象が，国立研究所の研究者で，研究内容の大半が可能性研究に関するデータを元にしている[55]。従って，民間企業が，新製品を市場投入す

54　ステージゲートモデルの上流側アプローチの視点以外に，知的統合の観点やナレッジマネジメントの観点での製品開発プロジェクトの研究もされてきた（Nellore, R. et al. 2001）。

55　複数の国立研究所内の32プロジェクトチームが，17の問題（2つの新製品化問題を除いては，すべて宇宙関係技術のフィジビリティースタディ（可能性研究））の解決に取り組む過程での分析結果である。なおゲートキーパーに関する研究以外に，研究技術内容の質とプロジェクト活動期間の関係や研究者間の職場距離とコミュニケーション回数など，興味深い研究がなされている。これ

ることを目的とした活動研究ではなかった[56]。

　後者は，シュンペーター（Schmpeter, J. A. 1934）やドラッカー（Drucker, P. F. 1985）のイノベーションと経営活動に関する著書をベースに，多くの研究が，今日までなされてきている。しかしながら，その対象は，経営の円滑なマネジメントが関心事であり，ファジーフロントエンドの活動領域に言及した記述はされて来なかった。しかしながら近年，開発の初期段階の重要性を示唆する論文が，発表されている（(Iansiti, M. 1995[57], Thomke, S. et al. 2000[58]）。

2. ファジーフロントエンドの活動定義に関する先行研究

　ファジーフロントエンドの活動定義が，明確にならない以前は，開発活動前の活動は，ゼロフェーズ（またはステージゼロ）活動と呼ばれ，その活動内容は，アイデア発想と記載されることが多かった（Johne, F. A. et al. 1988, Cooper, R. G. et al. 1990, Rosenthal, S. R. 1992）。

　前述したクーパー（Cooper, R. G. 1988）は，ファジーフロントエンドという言葉ではなかったが，論文「開発前段階の行動が新製品の成功を決定する」を発表し，開発活動の全体を「アイデア」，「予備的評価」，「コンセプト」，「開発」，「テスト」，「試行」，「発売」の7ステップに分け，その前段の3ステップをThe Up Front Stepと称し，その重要性を強調している。この3ステップが，今日言われているファジーフロントエンドの活動である。筆者は，この論

　　ら研究は，アレン自身がボーイング社の研究技術者であり，その後MIT教授になった経歴からもわかるとおり，研究技術者が，人的情報交流を通して新たな技術革新を生み出している事実を，民間企業で体験していることに根ざしているものと推定される。

56　筆者が，パイロットスタディでインタビューした結果によると民間企業での研究活動マネジメントに関する有効な研究が世の中に少なく，どのようにマネジメントすべきか困っているとのコメントを異口同音に述べられていた。このことからもわかるとおり，この分野の系統的研究は，長く行なわれてこなかったことがわかる。なお近年，河野ら（2004年）による我が国の民間企業の研究所を対象にアンケート調査が，実施され報告書が出されている。アレンに共通した研究項目もあり興味深いが，ファジーフロントエンドの活動には，言及せず，研究分野を基礎研究，基盤技術，製品開発，生産技術の4機能に分けて分析している。

57　電子計算機産業では，製品開発プロセスの川上（先行開発あるいは基礎研究）と川下（個別の製品開発）とをいかに効果的に統合するかという「技術統合」が必要であると言明している。

58　製品開発期間を短縮するための有効な方法として「問題解決のフロントローディング」を提示し，初期段階で問題解決の努力・資源を重点的に行う必要があると言明している。

文が，ファジーフロントエンドに関わる最初の論文と考えている。その内容は，マイヤーズら（Myers, S. et al. 1969）の提示した記述的プロセスモデルをもとに，技術行動と市場行動を設定し，各ステップのプロセスを終了するごとに，両行動からのチェックをかけ，次のステップに進むかどうかを判断することを提案している。このモデルは，行動別リニアー型モデルである。

一方，この行動別リニアー型モデルではない形のモデルが，1990年頃に提案された[59]。漏斗型モデルと言われるものでエーケン（Aken, J. E. V. 2004[60]）のファジーフロントエンド活動定義がある。漏斗の入り口の部分を「アイデア開発とテスト活動」領域と称し，この活動領域付近には市場やマーケティングやエンジニアリングや研究開発や製造やサプライヤーや同盟を組むパートナー等からのイノベーションアイデアが雑多に存在する。（ここまでがファジーフロントエンド活動領域と定義している。）そして，漏斗の円錐終了近くの出口部分を「プロジェクト要約書準備活動」領域と称した。ファジーフロントエンド活動とプロジェクト要約書準備活動の2領域を足した全領域をフロントエンド活動と呼んだ[61]（(Wheelwright, S. C. et al. 1992, Wheelwright, S. C. et al. 1995, Belliveau, P. et al. 2004, Banik, M. et al. 2004)。

次に，ウールリッチ（Ulrich, K. T. et al. 2000）のファジーフロントエンド活動定義は，「顧客ニーズの確認」，「目標仕様の創出」，「コンセプト発想（アイデア発想の意）」，「コンセプト選択」，「コンセプトテスト」，「最終仕様の決定」，「プロジェクト計画の作成」の7つをコンセプト開発（フロントエンド）活動と呼んでいる。上記の順番で行うことが重要であると述べている。これは，行動別リニアー型モデルである。

次にカハラナら（Khurana, A. et al. 1998）[62]のファジーフロントエンド活

59　最初はIT関連の企業でモデルが発表されたものと思われる。（Cisco. Systems Incという説がある。）
60　説明がしやすいため2004年のエーケン論文を引用したが，世の中に初めて紹介されたのは1990年頃である。
61　なお漏斗の出口のストロー形状部分は，開発プロジェクト活動と称し，出口が販売される新製品領域としている。
62　本文献をWeb of Scienceで検索チェック（2006年7月21日）したところ32件の文献が引用していることがわかった。引用が「Fuzzy Front End」領域文献とは限らないが高い確率で引用されていることが想定される。なお「Fuzzy Front End」で検索したところ53件の文献が出てきた。

動定義は，必要な行動として「アイデア発想」，「市場分析・技術分析」，「プロダクトポートフォリオ戦略の整合化」，「製品コンセプト形成」，「フィジビリティー&プロジェクト計画設定」の5つであると述べている。そして特に前の2つ「アイデア発想」，「市場分析・技術分析」が重要で「製品コンセプト形成」，「フィジビリティー&プロジェクト計画設定」を行うプロジェクトチームにとっての情報源であるとしている。またプロジェクト計画に盛り込む内容として，①市場評価（顧客ニーズ，市場セグメント，競争状態），②技術評価（既存ビジネスと技術計画をもとに要求技術評価），③本格的プロジェクト要求定義，④コンセプトのテスト，⑤必要な資源，⑥リスクと挑戦の各項目を明確にし関係者に周知徹底させる必要があると述べている。これは，行動別リニアモデルに分類されるが，5つの行動内容の関係とその重要度を示したことが注目される。

さらに，ピーターら（Peter, A. K. et al. 2004）が編纂した製品開発ツールブックのファジーフロントエンド活動定義では「機会」，「アイデア」，「コンセプト」の3つの条件が，揃うことであるとしている。各内容は下記の通りである。なお，これは必要条件を示したモデルである。

　機　　会　　：現状と未来のビジネスや技術のギャップのこと
　アイデア　　：機会を実現するための問題解決の高いレベルの考え方のこと
　コンセプト[63]：技術的裏づけを持った際立った特徴や顧客への利便性をビジュアルな書類として明らかにすること

上記に，5つのファジーフロントエンド活動定義の内容を説明したが，いずれの場合にも，必ず「アイデア（発想）」が入っていることに注目したい。これは新製品の開発前（ファジーフロントエンド）段階活動の中心をなす行動が「アイデア（発想）」であることを意味している。なお，ファジーフロントエンド活動の定義が明確にされたことによって，本活動のアウトプットである「プ

　　従って本研究では，本文献定義を使用して研究を進めることとする。
63　コンセプトを形成する方法に関しては，以前からそのやり方が体系化されていた（唐津 1994年）。ただし，技術革新に特定しているわけではない。なお，遠藤（1996年）では，自社（キャノン）のドル箱製品の技術コンセプトについてまとめてある。また，森（2001年）では，本物のコンセプトを伸ばす考え方についてまとめてある。企業が，新たな価値を創造する過程では，コンセプトを明確化することが求められることが多い。

ロジェクト計画内容」の不確実性をできるだけ排除したマネジメントが必要であるとの認識が明らかになり，その後，ファジーフロントエンド段階の活動とその成果に関する研究がなされるようになった（4項参照）。

3. アイデア発想活動強化に関する先行研究

次に，アイデア発想活動の強化策に関する先行研究をまとめる。技術革新を伴う新製品が生まれる活動の視点より大別すると，下記の4つのカテゴリーに分けられる[64]（図表3-1参照）。

(1) 顧客との密接な関係づくり
(2) 多種多様なニーズのギャップを埋めるシステムづくり
(3) アイデア発想を促進する技法活用
(4) 図表3-1の全体をコーディネーションできる人材の確保

なお，以下の先行研究は，必ずしも，ファジーフロントエンド活動に言及した上での研究報告（文献）ではない。カハラナら（Khurana, A. et al. 1998）と同様に，そのルーツを探りながら分析していくことが重要と考える。また，ファジーフロントエンド活動に言及した文献のみでは，考察が不十分と考える。

(1) 顧客との密接な関係づくり

ヒッペル（Hippel, V. E. 1978）やパーキンソン（Parkinson, S. T. 1982）や西田（1984年）は，産業用市場をターゲットとする生産財における顧客の技術革新アイデアの源を得るには，顧客との密接な関係を構築し，市場ニーズで評価されるアイデア発想をもとに活動することが重要としている。生産財に関する市場は，今日でも同様なアプローチが用いられている[65]。最も古典的方法であるが，基本的な方法と言える。

---

[64] 本区分はジョンら（Johne, F. A. et al. 1988）のアイデア発想活動分析を参考に分類した。
[65] 某産業機械メーカでは，工場における生産設備等の環境改善機器の新製品開発時には，その分野で積極的に工場環境改善活動を展開している自動車メーカー（特定顧客）とアライアンスを組み，顧客の工場改善グループの改善アイデアを収集し，問題点をインタビュー調査してその技術的裏づけデータを提供し，顧客とともに新たな新製品のためのアイデア発想を行っている。その特定顧客における改善提案に基づく試作品を，工場内で試験し，その結果をもとにさらに顧客とともに改善を施し，ドミナント新製品として市場へ投入している。

図表 3-1　アイデア発想活動の強化

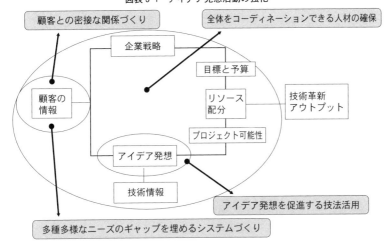

出所：ベーカら（Baker, N. R. et al. 1980）に筆者加筆。

(2) 多種多様なニーズのギャップを埋めるシステムづくり

本項目は，顧客と市場ニーズを如何に理解するかを明確化するもので1980年代から，今日に至るまで多くの研究がなされている。

アレンら（Allen, C. H. et al. 1986）は，技術革新を目指す企業体のアイデア発想には，トップマネジメントとマルチファンクショナル組織の機動的なシステマチックアプローチが大切であるとしている。そして，新製品の性能やその他解決テーマを諸問題と捉え，技術的克服可能性を明らかにするために，克服ギャップとして認識する方法を提案している。顧客が要求する情報を「徹底した探索」，「信憑性の探索」，「新たな発見（アイデア発想）行動」といった綿密に計画されたシステムによって確認するのである。その結果を受けてトップマネジメントの意思決定を容易にすることを強調している。

次にソングら（Song, X. M. et al. 1996）とクーパー（Cooper, R. G. 1999）では，成功する新製品開発活動は，首尾一貫して顧客と市場ニーズを理解することに注力していくことを指摘している。前者論文では，米国・EU・日本の788社を対象にして，成功したプロジェクトと失敗したプロジェクトの新製品開発準備活動の熟成度や文化的相違の影響等を調査している。

さらにプラハードら (Prahalad, C. K. et al. 2003) は，ペースメーカの遠隔モニタリングシステムの事例を挙げ，今日の価値創造は顧客中心でも，企業中心でも，製品中心でもなく顧客を巻き込んだ上で，顧客と企業間の相互作用から生まれる経験をベースとした協創を生かすシステム作りを提案している。

ピーターら (Peter, A. K. et al. 2004) が編纂した製品開発ツールブックでは，ヒッペル (Hippel, V. E. 1986, 1998, 1999) を引用し，ブレークスルーアイデアは，その75%以上が，リード顧客からの情報であることを指摘し，リード顧客と抜き差しならぬ関係を構築して，顧客の声ややり方を利用して顧客の暗黙知を理解するシステム構築が，重要であるとしている。

このことは，産業用市場をターゲットとする生産財の (1) 項「顧客との密接な関係づくり」と本質的には，同じ考え方のアプローチを取るものである。この方法は，オーソドックスな方法として，実施されてきているが，近年，批判的な見解も示されている[66]。

(3) アイデア発想を促進する技法活用

ホースト (Horst, G. 1983) は，アイデア発想技法[67]（ブレーンストーミング法・ブレーンライティング法・シネクティクス法・形態分析法）を活用して，発想対象内容の熟知度合いでメンバーを分けた上で，実際に近いテーマで分析を行った。その結果，自由連想技法（ブレーンストーミング法・ブレーンライティング法）は，内容をよく理解した者が，使用すると有効であること，類比発想技法（シネクティクス法）やチェックリスト技法（形態分析法）は，内容を知らない者からよく知っている者までが，幅広く使用すると有効であることを明らかにしている。

アルトシュラー (Altshuller, G. 2002) は，問題解決法として過去の出願特許をデータベースとしたTRIZの技術的分野への適用の有効性を論じている。そのアプローチは，「発明は，矛盾の解決である」，「新しい原理発見解決以外

---

[66] 今日，クリステンセン (Christensen, C. M. 1997) (Christensen, C. M. 2003) によれば，リード顧客からの情報に基く持続的イノベーションだけでは，企業競争に負ける可能性を指摘し，破壊的イノベーションを実現できる別の顧客への対応の必要性を指摘している。しかしながら，アイデア発想の強化策としては，市場のリード顧客情報を基としたアプローチが，最も定着した考え方の1つである。

[67] アイデア発想技法の詳細は，高橋 (2002年) が詳しい。

は，過去の発明で解決できる」，「発明には，パターンがある」，「技術発展には，パターンがある」の4原則を見出して理論を体系化している。

この分野の強化策は，ほとんど研究がなされて来なかった。取り分け，技術者を対象にしたアイデア発想技法の研究は，TRIZ を除いてほとんど行われて来なかった[68]。

(4) 全体をコーディネーションできる人材の確保

ベーカら（Baker, N. R. et al. 1980）は，顧客情報をもとに企業戦略と技術データベースからアイデア発想し，リソースの割付ができ，技術革新をアウトプットできる人材の確保が大切であるとの認識の下，アイデア発想能力フローモデルを提案している。クーパー（Cooper, R. G. 1984）は，技術革新を伴う新製品を誕生させることのできる人材が，市場情報と技術情報との間の相互作用や均衡関係を確保するために，どのような行動を取るかについて検討している。企業内の技術的スキルベースを持ち合わせ，独創性のある最高の新製品アイデアを創始する行動を実現することが大切であるとしている。ただし，新製品は，ニーズプル活動を有機的に融合できなければならないとしている。

ライスら（Rice, M. P. et al. 2001）は，技術洞察と機会確認の間の開始ギャップを埋めることが大切との認識のもとに分析したところ，高い確率で，全体をコーディネーションできる人材が，この技術洞察と機会確認のギャップを埋める活動を行っている事を明らかにしている。技術革新を念頭においた本内容に関する先行研究は，あまり多くない。そこで巻末資料2に示す通り，我が国のファジーフロントエンド活動のための人材育成実態を調査することとする。

以上から，アイデア発想強化策は，①顧客情報を如何に咀嚼しアイデア発想へ生かすかと，②自社内技術情報[69]を十分熟知した上でどのように市場ニーズとの融合を図れるかに尽きる。ただし，先行研究では，市場ニーズや顧客情

---

[68] 技術開発における TRIZ に関しては，中川（2001年）がある。なお，植田ら（1998年）では，研究技術者にインタビューをして，発想転換をもたらす3つの事柄（視点の転換，類推，予期せぬ発見への注目）を見つけたとしているが，技法として体系的に，まとめていない。

[69] 一部，社外技術情報も存在する。

報に関する検討は，行なわれてきたが技術情報に関する掘り下げた検討は，あまりなされて来なかった[70]。

なお製品開発ツールブック（Peter, A. K. et al. 2004）では，全く異なる技術分野からの新たなアイデア発想を導くためには，企業が，次の9点を実施することが重要であると指摘している。この内容は，アイデア発想活動の技術革新促進要因である。

1) 社員を勇気づける組織文化
2) インセンティブ制度
3) 顧客やサプライヤーとのネットワーク
4) 評価を受けるための公式のアイデアコーディネート規則制定
5) 現在のビジネス範囲以外やまたがる領域で発生するアイデアを利用するメカニズム
6) アイデア発想内容と高付加価値を簡単に測定できる目標（期間・アイデア数ほか）
7) 技術者のジョブ・ローテーション
8) コミュニケーションコアー能力メカニズム
9) アイデアを沢山出すために異種のスタイルを包含する組織

4. ファジーフロントエンドの活動とその成果測定に関する先行研究

ファジーフロントエンドの活動とその活動成果を分析した先行研究は，カハラナら（Khurana, A. et al. 1998）の定義が発表されてから研究されることが多くなった。大きく分けると2つに分類される。1つ目は「ファジーフロントエンド活動」と「市場に投入された新製品の成果（利益等）」の関係，2つ目は「ファジーフロントエンド活動」と「ファジーフロントエンド活動自身の成果（採用アイデア数等）」の関係である。なお，これ以外に製品開発活動の時間生産性を，ファジーフロントエンド活動も含めて分析したものがある

---

[70] コバーン（Coburn, M. M. 1999）によると，技術競争によって飛躍的に技術レベルを上げようと努力する過程での技術情報収集は，研究開発の活動初期と具現化期では異なるとしている。初期の技術情報は，個人関係者からの情報や既存特許が有効で，具現化期の技術情報は，専門家による討議情報や工学的探索が有効としている。

(Cooper, R. G. et al. 1994, Flint, D. J. 2002, Kim, J. et al. 2002)[71]。1つ目の成果分析では，例えば，クーパーら（Cooper, R. G. et al. 1995）は，新製品として市場に投入された103プロジェクトを対象に売上額や開発額から成功68プロジェクトと失敗35プロジェクトに分類して12の比較項目で分析している。その結果，ファジーフロントエンドのプロジェクト活動時に「優位性を求めた新製品」や「差別化を意識した新製品」や「新製品のコンセプトを鮮明化したプロジェクト」が，技術成功レートでも，総合的成功レートでも高い数値となり，技術水準や利益額で勝るとしている。コーエンら（Koen, P. et al. 2001）は，23社について，新製品を発売した数の多少で，多い企業を高いイノベーション群とし，中間の企業を中間イノベーション群とし，少ない企業を低いイノベーション群に分けてファジーフロントエンド活動の行動の熟達レベルで評価を行なった。その結果，高いイノベーション群に属する企業では，「機会の捉え方」や「アイデア選択」や「技術開発プロセス」の熟達度が際立って高かったとしている。製品開発ツールブック（Belliveau, P. et al. 2004）の定義の3つの内「機会」と「アイデア」の2つの要素が卓越している企業であることが示されている。

　2つ目の成果分析では，例えば，レイナーセン（Reinertsen, D. G. 1999）は，活動当初に発想したアイデア150件を良いアイデア群（50件）と悪いアイデア群（100件）に区分し，活動後，どのようになったかを分析している。良いアイデア群は約20％が具現化までの検討が容認されるアイデア群になり，悪いアイデア群は約2％しか容認されるアイデア群には入らなかったとしている。なお，市場に投入された最終製品の成功レート（事前に予想した利益水準）の高さとは，必ずしも一致しないとしている。

　以上，ファジーフロントエンド活動とその活動成果について概説した。粟津（2002）によれば，研究開発マネジメントのあり方と成果との結びつきに関する研究は，以下の理由から難しいと述べている。成果を企業経営実績に貢献する必要があるが，①結果を実績値として捉えづらいこと，②経営実績への寄与にはタイムラグがあること，③研究開発管理が，閉鎖的なために必要なデー

71　本研究では時間生産性は直接扱わないので，時間生産性について文献の詳細は記述しない。

タ採取が困難であることを上げている。その結果，実務研究には，困難性が伴うと指摘している。前述した3文献においてもファジーフロントエンド活動の成果測定の代理変数としてフィットしたものであるかは少し疑問の点もある。すなわち，ファジーフロントエンドにおける活動と成果測定は，ある仮定条件での層別されたグループ（群）間の相対的な比較しかできない宿命にある。なお，製品開発段階活動についての成功要因分析は，多数の文献が紹介されている（例えば Balachandra, R. et al. 1997, Brown, S. L. et al. 1995, Cooper, R. G. et al. 1993[72]）。

5. 我が国におけるファジーフロントエンドの活動に関する先行研究

日本企業の研究開発段階の活動は，外国（米国・EU）企業のそれに較べると，研究開発活動の閉鎖性度合いが高い[73]。従って，技術革新を伴うファジーフロントエンド活動の実態を詳細に調査した研究はあまりない。ソングら（Song, X. M. et al. 1996）は，米国と EU と日本の 788 社についてファジーフロントエンド活動の実態調査研究を行っている。おそらく，これが，最も規模が大きくかつ日本企業も対象に行なわれた最初の研究と思われる。しかし，この研究の日本企業データの信憑性について，長平ら（2005年）は，調査当時の日本の状況から判断して正確な回答であったか疑問であるとしている。また

---

[72] Balachandra, R. ら（1997年）文献では，19件の先行研究レビューが行なわれており，成功要因を環境，市場，R&D 組織，技術の各要素の因子に分けて分析している。しかし組織や市場に関わる因子数が多いが技術分析の因子数は少なく，過去余り検討されてきていないことが記述されている。一方，Brown, S. L. ら（1995年）文献では，11因子25項目を取り上げ，市場に投入された最終製品の成果に至る関係を連関図にまとめている。①プロジェクトの生産性と②市場に投入された最終製品のコンセプト効果と③市場動向の3つの要素が重要としている。なお②最終製品のコンセプト効果とは，市場ニーズに合致し，際立った技術を備えたコンセプトとしている。Cooper, R. G. ら（1993年）文献では，製品の優位性で上・中・下に分け初期の開発行動やプロジェクト定義や市場や技術の各品質をもとに成功程度を比較している。それによると優位性の高い場合には低い場合に較べて，すべての項目の数値が高く，さらに，市場投入2年後の市場シェアーも高いことを示している。

[73] 例えば，上場企業の有価証券報告書に研究開発費用を別枠で記載することが義務づけられたのは，平成11年度（1999年度）からである。それまでは活動の全容さえも公開されてこなかったのである。また平成11年度の科学技術白書によれば民間企業が負担する研究費は，国家全体の研究費の日本は75.5%，米国が65.1%，ドイツが61.9%，英国が49.5%，フランスが48.3%である。すなわち民間企業が負担する率が，高ければ必然的に活動内容をオープンすることはまずあり得ないと推測できる。従って，日本においてはクローズド度合いが高いと思われる。

ソングら自身の報告内容からも,そのことが伺えるとしている。他には,長平ら(2005年)では,「成功する新製品を開発するための調査開発マネジメント手法に関するアンケート調査報告書」がある。この調査データを使い,ヘルシュタットら(Herstatt, C. et al. 2004)は日独の活動比較を行っている。この中で,アイデア発想活動は,日本では,個人で行うのに対して,ドイツでは,マネージャークラスの集団で行なわれているという興味深い結果も報告されている。また長平ら(2005年)の調査報告書を基にして研究・技術計画学会(現研究イノベーション学会)の年次学術大会で,高橋(2004年)が,発表を行っている。その内容は,イノベーションの程度を予め設定した基準で活動タイプを3つに分け,プロジェクトの成功有無を分析し,いずれも成功確率が高いと結論付けている。それ以外では,ファジーフロントエンド活動の研究であることを言明した形での文献が見当たらない[74]。先行研究から,我が国においては,ファジーフロントエンド活動に関する実態の把握を目的とした実証分析が,極めて少ないことがわかった。

第2節 創造的活動のマネジメントに関する先行研究レビュー

1. 創造性評価因子に関する先行研究

創造性評価因子の分析研究は,1950年代に盛んに行なわれた。ギルフォード(Guilford, J. P. 1959)は,50種類を超える多面的な創造性テストを軍人に実施し,テスト得点間の相関分析から創造性評価因子を抽出した。その結果,6つの因子「問題を受け止める能力(問題への敏感さ)」,「思考の円滑さ(流暢性)」,「独創性」,「思考の柔軟さ(柔軟性)」,「完成へ工夫する能力(綿密性)」,「再構成する能力(再定義力)」が,明らかになったと述べている[75]。時

---

[74] 例えば,齋藤(2004年)は,ファジーフロントエンド活動と言明していないが,ファジーフロントエンド活動と考えられる。その内容は,研究開発フロー&ストックダイヤグラムを作成し,その動機ノードと開発始動ノードフェーズに分け,その活動を技術蓄積と資源と顧客の各ポテンシャルで比較分析している。その活動開始には動機があり,市場劣勢挽回や独自技術製品の実現が相対的比率で高いと指摘している。その他,Ishimatsu, H. et al.(2004)などがある。

[75] 穐山貞登(1962年)によるとギルフォードの分析過程では,さらに「分析力」,「総合力」,「透

期を同じくして，バークハート（Burkhart, R. (1958)）は，「問題に対する感受性」，「円滑さ」，「柔軟さ」，「独自性」，「再構成する能力」，「抽象力」，「まとめ」，「直感」の8因子を抽出している[76]。その後シャペロ（Shapero, A. 1985）は「流暢性」，「独創性」，「柔軟性」，「あいまいさに対する寛容性」，「遊び心」，「高い知能（IQ）」の6因子を抽出している。これらに共通する因子は「問題への敏感さ」，「流暢性」，「柔軟性」，「独創性」の4因子である。その他の一致しない因子は，創造性を行う個別テスト内容による相違やそもそもの研究仮説の立て方の違いからくるものである。なお，シャペロ（Shapero, A. 1985）の「高い知能（IQ）」因子に関しては，ギルフォードは，創造性評価因子ではないとの見解を示している。恩田（1969年）は，小中学生を対象とした知能テストと学科テスト（国語・算数・社会・理科）と創造性テストとの結果の相関分析からいずれも相関性は認められるものの，創造性テスト結果と知能テスト結果は，最も相関性が低く，従来の知能テスト結果では測定できない側面を創造性テスト結果がカバーしているものとしている[77]。したがって，ギルフォードと同様の見解を示している。

2. 研究技術者の創造性発揮を促進するマネジメントに関する先行研究

　研究技術者の創造性発揮を促進するマネジメントに関する先行研究は，組織論の立場からの論文が多い。例えばステーナ（Steiner, G. A. 1965）は，創造性を喚起する組織の特徴を分析している。促進要因として「情報交換がオープンなこと」，「外部接触の促進がなされていること」，「アイデア評価の内容の判定ルールがあること」，「管理が厳格化されていないこと」，「自律性が専門家に与えられていること」，「リスクに対する対応が寛大なこと」，「従業員の仕事意欲を喚起する環境があること」を上げている。アレン（Allen, T. J. 1977）は，ゲートキーパーなる人物が組織内に存在し，非公式な接触により外部ネット

　　徹力」を因子として上げていたが，上記文献では含まれていない。
[76] 本内容は文献が古く見つけることができなかったために穐山貞登（1962年）を参照した。
　　なお，バークハートやシャペロは学生や属性を決めない社会人に関して創造性評価因子分析研究を行っている。
[77] ただし創造性評価因子の内「柔軟性」は知能的因子（論理的学習能力）と比較的高い相関が認められ，「柔軟性」が論理的学習能力に関連性がある因子としている。

ワークからの情報を容易に届けるだけでなくその技術的内容まで突っこんでサポートすることが生産性向上に役立っていることを明らかにしている。守島 (1998年) は，創造性を作業の自律性，情報の多様性，コンピタンス，評価処遇短期性の4要因に分け満足程度を分析している。その結果，「情報の多様性」，「コンピタンス」が正の有意性を示すことを明らかにしている。サムスターンら (1991年) は，研究開発部門のための創造的開発に関する実態調査の中間報告として，創造性開発に寄与する要因を個人要因とグループ要因と環境要因とマネジメント要因の4つに分けて分析し，活性化された研究組織は，研究技術者とその部門トップとのアンケート結果が一致していることを明らかにし，研究開発部門内の意思疎通ができているとしている。石川 (2000年, 2002年) は，研究業績を上げるためには，必要な情報を効果的に獲得することが重要との認識のもと，内部，外部，プロジェクトの各コミュニケーションに関して研究し，企業内業績である特許出願件数は，内部コミュニケーションが重要であることや研究技術者が，内部コミュニケーションと外部コミュニケーションを同時に高頻度で行うことは，困難なことを明らかにしている。製品開発ツールブック (Peter, A. K. et al. 2004) は，前述したとおり，アイデア発想の技術革新の促進要因を9つ挙げている (本書 p. 50)。開本 (2006年) は，業績を論文数で捉え，高い業績集団と低い業績集団に分け，伝統的なモチベーション分析を実施し，高い業績集団は内発的モチベータ刺激がモチベーションにつながらないことや外発的モチベータ刺激が有効であることを明らかにしている。その他，研究技術者を対象としたものではないが，日本企業を対象とした創造性研究がある[78]。

以上，創造性評価因子と創造性発揮を促進するマネジメントに関する先行研究をレビューしたが，研究技術者の創造性評価因子と特許出願件数の多少との関係についての先行研究は見当たらない。

---

[78] 井口 (1992年) では，日本のゼネコン1社を対象 (852名アンケート調査) に研究を行っている。それによると個人の創造性要因は，職場の環境要因とは，あまり相関がないことや集団主義による行動規範が原因と思われる不満因子 (付き合い残業等) があることや過程要因 (創造性を発揮する発想技法の活用や失敗の教訓が活かされている) があることを明らかにしている。

第4章

本研究の分析枠組み

　本章では，研究を進める上での枠組みを明確にする。そのため，まず技術革新を伴うファジーフロントエンドプロジェクト活動を3事例説明し，活動成立条件を確認した上でファジーフロントエンド活動の定義を明確にし，プロジェクト活動使命，メンバーの役割，行動，活動評価等に言及する。次に，(I)プロジェクトマネジメントの行動分析と(II)アイデア発想の情報源分析と(III)産業別の特徴分析と(IV)研究技術者の創造性資質評価の4項目について研究することを明らかにする。

　(I)プロジェクトマネジメントの行動分析では，プロジェクトマネジメント行動指針が市場に投入された最終製品評価（技術の革新性・優位性）に与える影響を分析する。(II)アイデア発想の情報源分析では，アイデア発想やコンセプト創出のための情報源が市場に投入された最終製品評価（技術の革新性・優位性）に与える影響を分析する。(III)産業別の特徴分析では，顧客意識と技術支援の相違条件での市場情報や技術情報の取得行動について分析する。(IV)研究技術者の創造性資質評価では，プロジェクトに参画する研究技術者の創造性資質と特許出願件数の関係性について分析する。

第1節　新製品の開発前段階における活動の実際と業績評価

1. 最先端技術研究開発と新製品の開発前段階における活動の実際

　本研究で扱う技術革新を伴う新製品の開発前段階におけるプロジェクト活動について，インタビュー調査（巻末資料1.）で明らかになったK社の「超高

速応答フォトダイオード」の活動[79]を図表 4-1 に示す。若干，技術発展の内容を説明する。1960 年代にレーザーが発見され，1970 年代に「レーザーの室温連続発信技術」や「光記録技術」が研究された。その結果，1980 年代にそれら技術により回折格子を用いた光スペクトラムアナライザーや OTDR，光パルス発生器，光パワーメータなどが次々と開発され製造販売された。本分野の次の技術として「コヒーレント光通信技術」が注目された。この技術が確立

図表 4-1　超高速応答フォトダイオードの新製品開発を開始する前段階活動の事例

項目		国家プロジェクト	K 社内　製品開発前段階活動			
製品群 (製品化までの期間)		基礎研究（参考） 86 年～92 年	分光技術装置 93 年～94 年	光計測技術装置 94 年～97 年	PD 技術装置 98 年～2000 年	通信用モジュール 98 年～03 年
目標	帯域	10GHz 以上	10GHz 以上	10GHz 以上	10GHz 以上	50GHz 以上
	感度	1.5μm	2.1μm	2.1μm	2.5μm	2.1μm
主活動	アイデア発明	理想的構造設計 光吸収層薄く	格子定数の異なる材料で結晶成長	エレメント無欠陥	格子定数の異なる材料で結晶成長	理想的構造設計 光吸収層薄く
	製品コンセプト形成	最適実験装置選択 構造設計プロセス 技術の検証 デバイス評価	光吸収層分析	アレイ化技術と化合物半導体の技術融合	詳細不明	詳細不明
アウトプット	プロジェクト計画設定	（プロジェクト報告書あり）	分光分析計の受光素子の計画書	光波モニターの計画書	分光分析計の受光素子の感度波長領域拡大化計画書	超高帯域性能モジュールの計画書
FFE 活動組織と FFE 活動期間		基礎技術推進センター＋民間 5 社（共同研究）	研究所中心に 7 名のチーム 約 9 ヶ月	超音波電子化チーム支援＋現チーム 約 12 ヶ月	研究所中心の別チーム 約 5 ヶ月	研究所中心の別チーム 約 5 ヶ月
特許出願件数 (指数表示)		100/6 年間	92/5 年間 (93 年度～97 年度)		225/6 年間 (98 年度～03 年度)	
年平均出願（指数表示）		100 指数表示	110 指数表示		225 指数表示	

出所：インタビュー調査をもとに筆者作成。

---

[79] 本活動は，研究所が，事業部に働きかけ実施したプロジェクト活動である。この形態の活動が増えている。例えば，Richard, S. R. et al. (1996) によれば，IBM 研究所では，業績に直接貢献する部門との認識で活動がなされている。なお上記の内，分光技術装置が，本研究の事例としてインタビュー調査を実施している。(インタビュー調査は，2003 年 10 月 11 日と同月 25 日に，K 社関係者 6 名の方と行なった。)

されれば、光の波の周波数や位相を利用し無中継伝送距離が伸び、一本の光ファイバーで送れるチャンネル数が増えるのである。これを実現するためにコヒーレント光に使う波長である 1.3 ～ 1.5μm 帯の光の周波数，位相，振幅，偏向などを正確に測定する光素子が，必要になる。そのために 1986 年に，当時の通産省と郵政省の特認法人基盤技術研究促進センターが 70％を出資し，関係電子部品メーカー 5 社が残りを負担し，6 年間の期限付き（86 年～ 92 年）で「コヒーレント光通信技術」の基礎研究が行われた。最先端技術の産官共同プロジェクトである。

基礎研究に参画した K 社は，この成果を踏まえ，1993 年以降 11 年間にわたり「コヒーレント光通信技術」の更なる技術革新と社会貢献を目指して，製品化を前提とする新製品の開発前段階でのプロジェクト活動を都合 4 回行なっている。（現在も継続中と思われる。）その結果が，図表 4-1 である。技術革新を伴うファジーフロントエンド活動の主活動である「アイデア発想」や「製品コンセプト形成」は図表 4-1 からわかるとおり，技術的な表現で埋めつくされていることがわかると思う。多くの場合は，このような技術的着想が求められるのである。しかも全く新たな着想が必要になることが，多く存在する[80]。この一連のプロジェクト活動内容の内，最初の分光技術装置のインタビュー調査で検証すると下記 3 点が明らかにされた。

1) プロジェクト構成メンバーと役割

分光技術装置プロジェクトでは，7 名のメンバーが携わっている。アンケート調査項目である① 市場・技術情報収集，長期トレンド洞察，② 事業戦略（技術戦略）との整合，（技術戦略），③ アイデア発想，④ 製品コンセプト形成の 4 つの機能をうまく分担していることがわかった[81]。具体的には①市場・技術情報収集，長期トレンド洞察では，その分野の基幹技術への洞察力や調査力に長けた 2 名（入社 15 年目と 16 年目）が活躍している。②事業戦略（技術戦略）との整合では，研究部門の部門長と部長および担当者（入社 14 年目）が，役

---

[80] 例えば 1993 年から開始した分光技術装置の最初のコンセプト創出は，W 氏の当時としては常識はずれの提案「格子定数の異なる材料で結晶を成長させてみたらどうか」が採用され実験，理論付け，試作，技術検証が行われたのである。

[81] これ以外に ⑤ プロジェクト計画書の設定があるが当然行なわれる活動であり，ここでは除いた。

割をきっちり行っている。とりわけ，部門長は，参入市場を選定する理由として社会動向で伸びると想定される市場であることや，本分野は最先端技術力が必要なことを明確に意識しメンバーに説いて廻っていることがわかった。③アイデア発想は，脚注80のW氏（入社16年目）が，独創力に秀でており，基礎研究の国家プロジェクトにも参画している。④製品コンセプト形成には，入社7年目の若手が物性原理の理論的な理解力や現状技術の知識を豊富に持っている。メンバーの専門性も重要だがさらに，7名に共通した事項は，挑戦意欲が旺盛で，かつ好奇心が強いという傾向が認められる。

なお，リーダーから「技術の流れと人の流れを一体化するリエゾン力が決め手であった。」との発言がなされた。その具体的内容を問うと「基礎研究を進めた研究者（W氏と思われる）が，製品化を目的としたプロジェクトと同期したサイクルで綿密な連携を持ちつつ，自らの責任を自覚し，更なる発展基礎研究を遂行し，その枠組みでファジーフロントエンドプロジェクトが機能したことが良かった。」であった。なお，本プロジェクト活動当時のプロジェクトメンバーの平均年齢は約38歳である。

2) 研究成果と特許出願件数状況

K社が，本分野で出願した特許数は相当な数になる[82]。本関連で，1987年度～1992年度の6年間に出願した件数を100（基準指数）とすると，次の1993年度～1997年度の5年間に92となり，次の1998年度～2003年度の6年間に225となる。すなわち，目標とする技術水準が超高感度（2.1μm→2.5μm）と超広帯域性能（10GHz以上→50GHz）となる1998年度～2003年度に飛躍的に伸びていることがわかる。インタビュー調査時サブリーダから「研究で確立した基礎技術が，製品化をするために努力する過程で製品化のための新たな着想が牽引役となって，さらなるイノベーションを起こすことが見て取れる。」との発言がなされた。技術の複合化は無論のこと，より高い技術融合により，高いイノベーションが達成される。その結果として特許出願件数が，飛躍的に伸びるのである。

3) 市場要求仕様が技術レベルを上げる

---

82 公開することを拒否されたために，図表4-1では本関連で1987年度～1992年度に特許出願した件数を100とし，基準指数化してまとめてある。

本プロジェクト（分光技術装置）の場合には，我が国の国家プロジェクトの基礎研究が，実施されている最中である1989年に米国で開発された光増幅器の技術によって光伝送距離の向上が実現されてしまい，コヒーレント光通信の研究は，当初の用途開発目標を失い，暗礁に乗り上げた形となっていた。従って，本研究に携った基礎研究者は，新たな用途がないかを模索する必要があった。K社内の事業部門への積極的な技術PRと密接な人的連携を進めていた。その結果，1993年11月に事業部門より「超高感度波長領域を0.6から2.1μmまで拡大して分光分析計の受光素子として実用化したい」との要請を受けた。その結果，研究部門を中心としたファジーフロントエンドのプロジェクト活動が，開始されたのである。このような状況下で，脚注80で述べたW氏の常識外の提案がなされたのである[83]。無理とも思える事業部門からの要求仕様がなければ技術レベルを上げる行動は起きなかったのである。事業部門からの要請が新たな技術革新をもたらす切っ掛けを作り出したのである。

2. 本プロジェクトの市場に投入された新製品の評価

本プロジェクトは世界で初めて開発に成功し，高性能センサーとして世に紹介され高い評価を受けた。その結果，第41回大河内記念賞[84]を受賞（1995年）している[85]。また，2001年に計測自動制御学会で技術賞を受賞している。

---

[83] 基盤材料と同じ格子定数で結晶を成長させた従来の光吸収層では，1.5μm近辺から急激な感度低下が始まる。W氏は，この現象をすでに基礎研究で認識していたので無謀とも思える提案をしたのである。すなわち，事業部からの高い仕様が提示されなければ，このようなブレークスルーは，採用されなかったのである。なお，後日K社CTO（チーフテクニカルオフィサー）から次のコメントをいただいたことが印象深い。「事業部要求は，超高感度波長領域の拡大のみであったが，その時点で超広帯域性能が，現状水準であり幸運であった。」意味深い言葉である。なぜならば，両方の性能のクリティカルな条件が示されていたならば，このような結果にはならず，失敗していた可能性があったのである。その後，約6年後に通信用モジュールとして超高感度波長と超広帯域性能の両方の性能を満足する画期的な製品が，生まれたのである。技術にはそれを実現する醸成期間が，必要なのである。

[84] 大河内記念賞とは，理化学研究所の第三代所長，故大河内正敏博士の業績を賛え，1954年に創立され，毎年，生産工学・生産技術・多量生産方式の実施等に関して特に優れた業績を挙げた個人または事業体に贈られる。大河内賞には記念賞・技術賞・生産特賞・生産賞の4部門があり，記念賞は中でも最も栄誉のある賞とされている。

[85] 本プロジェクトは，大河内記念賞受賞以外に発明協会主催全国発明表彰で発明賞の受賞を受けている。

写真 4-1　単結晶シリコンレゾナントセンサー（K社ホームページより）

　技術革新を実現する過程の技術を分類すると，筋の良い技術と悪い技術が存在する[86]。本超高速応答フォトダイオードは筋の良い技術[87]であると思われる。技術を実用化し市場へ投入された新製品を対象として社会貢献を評価する各種賞は，まさしくこの筋が良いことが審査の基準となっていると筆者は考えている（巻末資料6参照）。

　ファジーフロントエンド活動の全容を記述した図表2-6のインプット活動（市場・技術情報収集，長期トレンド洞察，事業戦略（技術戦略）との整合）は，主活動（アイデア発想，製品コンセプト形成）のアイデア発想の情報源として重要である。技術の革新性を表彰する学会の技術賞や技術の実用化を表彰

---

[86] シャープの元副社長の浅田篤氏は，電卓事業の副事業部長時代に液晶モニターを電卓に始めて搭載した方である。1972年に電卓「エルシーメイト EL-805」に搭載した。当時，ライバル会社の役員から浅田は狂ったと言われたと伝説的話が伝えられている。その時，浅田氏はこんな言葉を残している。「それが筋の良い技術であるから採用した。」後日，筆者は浅田氏と直接話す機会があり，なぜ搭載したかと聞いたことがある。その時，浅田氏は気負う様子も無く淡々と技術的メリットを論理的に説明してくれた。その中で経営的視点での話がすごく印象に残っている。シャープは，当時松下電器からブラウン管をOEM供給してもらいテレビ生産を行っていた。何とか自前技術開発が必要だと考えていた。その1つが液晶ディスプレーであった。研究所の片隅で悪戦苦闘しているのをみて，まだ市場投入は，無理だと思ったが思い切って載せるべく研究所に技術委託をした。（この行動は，事業部門からの要請行動である。）当時は，まだ薄型ではなかったが直感的に近未来に薄くできると確信した。少なくとも蛍光薄型表示板より薄くできると思った。

[87] 筋のよい技術＝筋のよいコンセプトと置き換えると，久里谷（1999年a）によると，筋のよいコンセプトとは，新たなコンセプトが現存せず，自社にとって比較的容易に達成できるコンセプトを見つけ出すこととしている。具体的な見つけ方も記載されている。

する貢献賞[88]を受賞した多くの新製品群をみると，このインプットの情報分析活動をきっちり行っていることがわかる。なお，長期的な技術戦略を決定するためには，シャープの元副社長の浅田氏（脚注86）やK社CTO（脚注83）の経営陣としての洞察力や判断力が，ファジーフロントエンドのプロジェクト活動を含む 研究開発を成功に導く原動力になるのである。

本研究でインタビュー調査を実施した16プロジェクトに関しては，K社事例と同様な技術革新がなされたことを確認したが，詳細は本書に紹介できない。本事例に近いものが多く存在することを記述しておきたい。なお，巻末1資料にそのインタビュー調査の概要を示す。

第2節　プロジェクト活動の定義と使命と活動の評価

1. ファジーフロントエンドにおけるプロジェクト活動

ファジーフロントエンドにおけるプロジェクト活動が，どのように行われているかについてまず整理する。プロジェクトが形成されるには，明確な目的が必要であり，第2章第2節（脚注45）で述べたとおり，以下の4つの条件が揃っていることが前提となる。

①製品コンセプトを決める目的のために結成された活動であったこと
②製品企画書（フィジビリティー&プロジェクト計画書）の作成がなされたこと
③アイデア発想活動が併行して行われていたこと
④活動の前提となる事業戦略や長期トレンド分析など経営計画からのインプットが明確にあったこと

したがって，自然発生的に行なわれた，いわゆる隠れ研究や研究部門の自主研究ではない。事業部門からの要請を前提とするアプローチであるところが，本研究対象である。

---

[88] 日本においては，脚注84の大河内記念賞以外にも多くの実用化貢献賞に関する表彰制度がある。最も古いものは発明協会賞で97年間続いている。大河内記念賞は62年間，市村産業賞は48年間継続して実施されている。詳細は巻末の巻末資料6を参照。

第2節 プロジェクト活動の定義と使命と活動の評価

以下，消費財と生産財の実施例をもとに，それぞれについてこの活動のアウトラインを説明し，上記の4つの条件が整っていることを確認する。（なお，文章末尾のカッコ内の数字は，上記の4つの条件のいずれかを示す。）

まず，消費財の事例（田中・小林 1995年）として1988年秋から5ヶ月間行なわれた松下電器のテレビ「画王」のプロジェクトを取り上げる。当時の全社の経営目標は，5%の経営利益を確保することが定められていた（④）。その実現のために，中核事業であったテレビ事業部では「グローバル10計画」を推進し，松下の世界シェアを10.4%に引き上げることが大きな目標であった（④）。その実現のために，当時の山脇事業部長は，既存テレビのマイナーチェンジだけでは実現できないと考え「究極のテレビ」を開発し発売する意志を明確にした。当時（88年秋）の日本市場は，20インチが，全体の7割を占めていた。27インチ以上の大画面テレビにシフトし，画面の平面化や鮮明度，音質の飛躍的改善等7つの課題を明示し，89年2月までに技術的可能性を検討するようにファジーフロントエンドにおけるプロジェクト[89]へ指示した（①）。本プロジェクトは，図表4-2に従い，経営方針や事業部目標を受け止め，技術検討（キーテクノロジーの醸成）を含むアイデア発想と製品コンセプト形成の活動を行った（③）。その後，本プロジェクトの新製品開発企画書（②）をもとにして，89年4月に「100万台／年発売，標準価格18万円，機能20%アップ，部品点数30%削減」を柱とする技術的可能性も加味したV500モデル計画が発足し開発プロジェクトが開始された。その結果，90年10月に新製品として発売された。

次に，生産財の事例として筆者自身が関わった1997年秋から約4ヶ月間行われたインバータ付ラインポンプ[90]のプロジェクトを取り上げる。某産業機械メーカーは，本製品を含めグローバル生産が進み，機能部品は世界中で一箇所生産に切り替えていた。その結果，新たな技術革新を伴う技術戦略や事業戦

---

[89] 筆者が，1993年に別の事業部企画責任者経由で当時のプロジェクトメンバーを確認したところ，事業部企画部門，本社生産技術本部，研究所部員がフルタイムメンバーとなり，その他，関係会社研究開発者や販売関係者が，随時参加する形で行われた。

[90] 某産業機械メーカーの世界戦略製品として最高効率点運転で省エネルギー化を実現できることをセールスポイントとした製品で，発売後約5年が経過していた。プロジェクトは更なる販売数量のアップを見込み，大幅なコスト削減によるプライスダウンを狙いとしていた。

図表 4-2 消費財「画王」のファジーフロントエンドにおけるプロジェクト活動

	本部方針 →	アイデア発想 →	コンセプト形成 →	開発された技術
行動	経営方針をもとに具現化	方針の技術的可能性検討（機能展開）	最終製品イメージ形成	コンセプト対応技術の創出
具体的な内容例（一部）	〈方針のブレークダウン〉 1. 目や耳に優しい 2. 操作がしやすい 3. 環境に配慮を 〈経営指標は聞けず〉	〈機能展開して検討〉 1. 映像や音へのこだわり 2. システム性・操作性考慮設計 3. 環境配慮（LCA）	〈企画書に盛り込まれた一節例〉 フラットな画面で見やすく自然で美しい色が出せ、オーディオ時代に応えられる優れた音質と安心してお使えいただける……	〈技術的可能性チェック項目〉 1. スーパーフラットブラウン管採用重トーン・ドームスピーカ採用 2. マイコン・セルフチェック機構採用 3. 樹脂材料の変更

注：上記のコンセプト形成までが，ファジーフロントエンドのプロジェクト活動内容である。
出所：インタビュー調査をもとに筆者作成。

略を練り実行する前には，必ずファジーフロントエンドにおけるプロジェクト活動が必要になった。本ケースの場合には，胴体等主要材料をステンレス製からロストワックス鋳鋼製へ変換するかどうかの検討である[91]。事業部長の指示のもと工場で活動が行われた。プロジェクトメンバーは工場長，設計部門責任者，生産技術研究部門・調達部門・VE部門の各部員で構成された。なお海外での試作のために海外子会社社長他が随時加わった。グローバル戦略目標で本ポンプを含め新たな売上目標が，明示されていた（④）。1998年2月までにその実現可能性と採算の向上検討が事業部長から指示された（①）。その活動は，まず現製品の部品の調達状況やその個別採算チェックから行なわれ，併行して生産技術研究部門の協力のもと，ロストワックス鋳物製ポンプの機能試作を海外工場で実施した。試作品の出来上がりが，余り良くなかったことから更なるアイデア発想や新たな技術的検討を加えた（③）。またインバータの性能向上の可能性も検討された。これらをもとに新たなコンセプトで新製品をまとめるには，どのような技術戦略や生産戦略を練るかを検討した。その結果は，新製

---

[91] 当時，内圧が15キログラム／平方センチメートルかかり，しかも2重薄肉ケーシングのロストワックス鋳造製法は，きわめて難しい技術分野であった。その技術的可能性の実現検討や製品への適用による世界中の連結会社や関係子会社の採算を含めたトータル事業効果の見極めが必要であった。

品開発企画書にまとめ事業部長へ報告した（②）。それに基づき，ロストワックス鋳鋼製への切り替えが決定された。その後，シリーズ検討開発プロジェクトが編成され約6ヶ月検討がなされ，耐久試験等の新製品発売の準備活動が，進められ1999年春に新製品が発売された。

上記で説明した2つの事例は異なる製品であるが，4つの条件が満たされており，ファジーフロントエンドにおけるプロジェクト活動と考えられる[92]。2つの事例は，新製品ではないが，その製品に組み込まれている要素技術は，革新的な新技術が盛り込まれている。従って，その実用化の技術可能性や採算検討が必要となり，開発プロジェクトの開始前にリスクを回避する目的でファジーフロントエンド活動が行なわれたのである[94]。

写真4-2　生産財「インバータ付ラインポンプ」のファジーフロントエンドにおけるプロジェクト活動前後の製品[93]

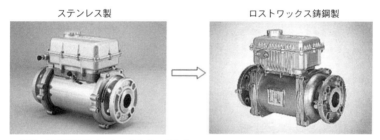

出所：某産業機械メーカーのカタログより。

---

[92] 説明可能事例として紹介した2事例は，本研究の対象100プロジェクトには，含まれていない。ただし，両事例とも，筆者が実施したパイロットスタディーの事例である。

[93] 本ケースの場合には，ファジーフロントエンドのプロジェクト活動で試作を行い，その結果を踏まえてアイデア発想が行なわれた。写真4-2の活動後写真は，その試作機である。従って市場に投入された最終製品のものではない。消費財も含め，今日ではファジーフロントエンドのプロジェクト活動といえども試作を行うケースがある。これは，脚注94のオーバーラッピング・プロセスとみる見方もあるが，技術可能性を試作で検討しなければ，その先の検討ができない場合に試作したのであり，オーバーラッピング・プロセス活動ではない。

[94] この活動を第2章第1節のオーバーラッピング・プロセスの実施と解釈しコンカレントエンジニアリング活動とみる見方も存在するが，本活動は，その後本格的な開発活動がなされたことやそもそも，実用化の技術可能性や採算検討が主活動であり，オーバーラッピング・プロセス活動の目的である活動期間の短縮化ではない。

2. 本研究を進める上でのファジーフロントエンドのプロジェクトの定義

　本研究では，図表4-3に示す5つの機能を持った活動をファジーフロントエンド活動と定義する。第2章の図表2-6で説明した5機能であり，第3章の先行研究レビューの第1節2項で提示した5タイプの定義の1つカハラナら（Khurana, A. et al. 1998）をまとめたものである。本研究のインタビュー調査16プロジェクト（K社超高速対応フォトダイオード事例ほか）やパイロットスタディー46プロジェクト（松下電器のテレビ画王事例と某産業機械メーカーのインバータ付ラインポンプ事例ほか）の活動で本定義を検証した。その結果より，実際に行われている活動と良く合致していることが確認されている。したがって本研究を進める上での活動定義として最適と考える。なお，脚注62に記載されているとおり，本定義が参考としたカハラナら（Khurana, A. et al. 1998）は，ファジーフロントエンド活動の先行研究でよく引用されていることが判明しており，本研究を実施する上で，引用することにふさわしいと判断される。

図表4-3　ファジーフロントエンドのプロジェクトの定義

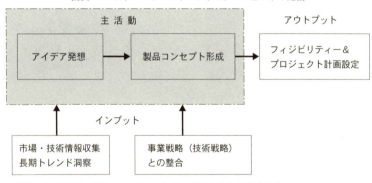

出所：カハラナら（Khurana, A. et al.（1998））をもとに筆者作成。

3. プロジェクト活動使命とプロジェクト構成メンバーの役割

　ファジーフロントエンドのプロジェクト活動使命は，「フィジビリティー＆プロジェクト計画設定」のために「市場・技術情報収集，長期トレンド洞察」と「事業戦略（技術戦略）の整合」を情報源として「アイデア発想」と「製品コンセプト形成」を行うことにある[95]。

プロジェクト構成メンバーの役割は，上記活動を行うために集められたメンバーであり，5つの機能を個々に分担したり，全員で検討したりする[96]。通常，技術革新が伴う場合には，構成メンバーとして研究技術者が入るケースが多い[97]。技術革新を実現するためのファジーフロントエンドのプロジェクト活動では，技術的着想の多くが，これら研究技術者から発想されることが多いためである。なぜならば，平素からプロジェクト活動対象に近い技術分野の研究や開発を手がけており，技術的克服アイデアに関する技術情報を多く持っているためである[98]。

4. プロジェクトチームのマネジメント行動分析と活動の技術評価

企業でのファジーフロントエンド活動は，通常業務活動とは別にプロジェクトチームが組まれるのが一般的である[99]。従って，本研究の進め方は，このプロジェクトチームのマネジメント行動の分析を行うことが，有効な手段であると考える。その方法は2通りある。1つ目は，プロジェクト活動の中身まで踏み込んだ「プロジェクトの内なる行動」を分析する方法と2つ目は，「プロジェクトが関わり合うプロジェクトチームの外との行動」を分析する方法がある。本研究では，後者を選択する。理由は，前者がテーマによって活動内容が千差万別であり，その活動を分類体系化することは容易でないと判断されるからである。一方，後者は，テーマにより若干の違いがあるものの大きな枠組みで捉えられればファジーフロントエンド活動に共通した新たな知見が見出されるも

95　本研究ではカハラナら（Khurana, A. et al. 1998）の定義をベースに考える。なおカハラナらの定義ではアイデア発想もインプットとして扱っているが，本研究のインタビュー調査およびパイロットスタディーから，図表4-3が，より現実的なモデルと考えた。

96　チーム活動で情報を共有することはごく当たり前に行なわれているが，久里谷（1999年b）によると，創造力もまた共有することが可能としている。そのためには，視点の転換を理解しやすいように構造化や再構造化が重要としている。

97　前項の2事例の場合には「画王」事例が，研究所部員と関係会社研究開発部員，「インバーター付きラインポンプ」事例が，生産技術研究開発部員が関わっている。

98　筆者は，ファジーフロントエンドのプロジェクト活動のコーディネーション業務を数多く実践したが，経験的に研究技術者の創造性資質に負うところが大きいことを感じてきた。従ってメンバーの人選は，重要な問題である。

99　通常6～8名でプロジェクトチームが編成される。場合によっては3～4名のグループ編成の場合もあるがこれも含める。一般的にファジーフロントエンドのプロジェクトは少人数で行なわれることが多い（パイロットスタディーおよび本インタビュー調査より）。

のと思われる。

　次に、プロジェクトマネジメント活動の成果である技術評価を何で測定するかである。経営者の立場に立てば、市場に投入された最終製品の売上高、シェア、利益率であろう。しかし、開発活動を分析した藤本ら（2000年）は、成功と見做されるパフォーマンスを売上高、シェア、利益率で評価すると、開発活動以外の要因に左右される可能性が大きいとして、新たに開発パフォーマンスなる指標を提示し、成功の有無をリッカート・タイプの5点スケールで測定している[100]。その結果、これら指標の内、製品技術要因の項目である顧客満足度・総合的品質と製品性能・機能では、成功分析平均値が高い値であるのに対し、非製品技術要因の項目である開発工数・コスト、開発期間、製造品質、製造コストでは、相対的に低い値であった。また、ファジーフロントエンド活動を分析した長平ら（2005年）は、利益、売上、シェア、競争優位性、顧客満足等の指標を提示し、成功指標を目標の達成との観点でリッカート・タイプの7点スケールで測定している[101]。その結果、競争優位性、顧客満足では、目標の達成平均値が高い値であるが、利益、売上、シェアでは、相対的に低い値であった。長平は、価格に関係する利益、売上、シェアは、価格設定が経営的判断で決まるために低くなったとしている。この結果は、藤本ら（2000年）の指摘した開発活動以外の要因に左右されるとの見解と一致する。このことから、技術評価の指標としては製品性能・機能や顧客満足や競争優位性が、評価指標として適当であると考えられる。

　以上、本研究では、ファジーフロントエンドのプロジェクト活動の外との関わりにおけるマネジメント行動と市場に投入された新製品の技術評価との関係を明らかにすることとする。なお、技術革新を伴う新製品の市場に投入された技術評価は、ファジーフロントエンド活動以外の要因に左右されないことと技術レベルをできるだけ客観的に評価することを満たした指標で測定する。

---

[100] 開発パフォーマンスなる指標として顧客満足度・総合的品質、開発工数・コスト、開発期間、製品性能・機能、製造品質、製造コストを提示している。

[101] 新製品開発プロジェクトの成功指標として、そのほかに活動の期間や資金や人員や活動満足度等を合わせて提示している。

5. アイデア発想の強化策としての情報源と活動の技術評価

第3章第1節3項で，4つの切り口で先行研究を検討した。その結果は，「顧客情報を如何に咀嚼しアイデア発想へ生かすか」と「自社内技術情報を十分熟知した上でどのように市場ニーズ（市場情報）との融合を図れるか」の2点に集約された。すなわち，顧客情報と技術情報と市場情報を如何に的確に収集し，活用するかであると言える。

アレン（Allen, T. J. 1977）は，図表4-4に示すとおり，研究開発を1つのシステムと捉え，技術の情報処理の観点で研究技術者のコミュニケーション研究を行っている。技術の情報処理とは，外部と内部の情報源をインプットとし，技術の具現化作業により，新たな有形な情報（製品やサービス）を形成するとしている。本研究では，このシステムを活用し，プロジェクト活動のアイデア発想の強化策としての情報源とその結果である技術評価の関係を明らかにすることとする。なお，活動評価は，3項で述べたと同様に，ファジーフロントエンド活動以外の要因に左右されないこと及び技術レベルをできるだけ客観的に評価することを満たす指標で測定する。

図表4-4　技術の情報処理

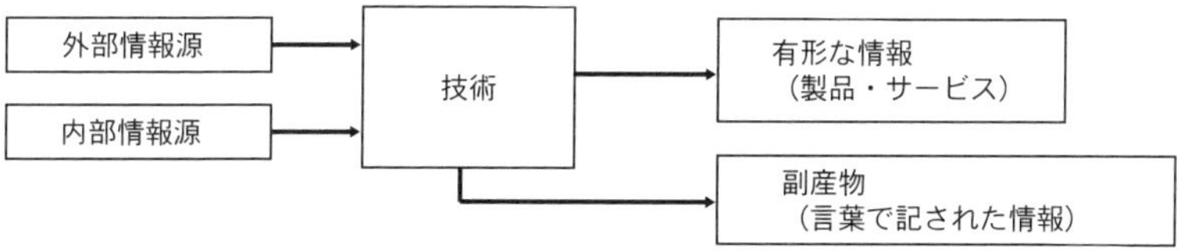

外部情報源 → 技術 → 有形な情報（製品・サービス）
内部情報源 →   → 副産物（言葉で記された情報）

出所：アレン（Allen, T. J.（1977））に筆者加筆。

6. 研究技術者の創造性資質と活動評価

技術革新を伴うファジーフロントエンドにおけるプロジェクトの創造的活動は，言うまでもなく「アイデア発想」と「製品コンセプト形成」である。

通常，「アイデア発想」活動における初期の革新的技術着想の抽出は，チームメンバー個々人が行い，その後，チームメンバー全員で各着想を吟味していく。さらに「製品コンセプト形成」活動に入ると，チームメンバー全員で分析・検討が行われる。「アイデア発想」活動の革新的技術着想が，その後の「製品コンセプト形成」活動のコンセプト取りまとめの核をなすものである。

従って，第2節第3項の脚注98で述べたとおり，プロジェクト活動の成否は，プロジェクトに参画する研究技術者の創造性資質によるところが大きい。その理由は，創造性資質の高い研究技術者は，革新的技術着想をもたらす可能性が高く，結果として期待される成果をもたらすことが想定されるからである。そのために，研究技術者の創造性資質を把握することが重要となる。

次に，研究技術者の活動評価を何で測定するかである。技術革新を伴う新製品を生み出す核となる技術は，通常，特許出願[102]という形で具現化され，新規性と進歩性が明らかになった時点で特許取得となる。研究技術者は，このファジーフロントエンドのプロジェクト活動に参加するだけではなく，普段は基礎研究や実用化研究等を行っているのである。従ってそれら活動から生み出されている特許出願行為を創造的活動の評価とすることはごく自然である。以上，本研究では，プロジェクトチームに参画する研究技術者の創造性資質とその結果である特許出願件数の関係を明らかにすることとする。

7. ファジーフロントエンドにおける活動分析と評価

ここまで，ファジーフロントエンドにおけるプロジェクト活動の実施事例を説明した上で，プロジェクト活動使命とプロジェクト構成メンバーの役割，さらにプロジェクトチームのマネジメント行動と活動評価，アイデア発想活動の強化策としての情報源と活動評価，研究技術者の創造性資質と活動評価を順に説明した。ここではどのように本研究を進めるかの全体の枠組みを図表4-5で説明する[103]。

---

[102] 本来，特許取得がなされ，はじめて企業にとってその技術価値が生まれるわけである。しかしながら，特許取得までには，異議申し立て期間があり，その異議申し立て内容によっては，取得までに相当な年月を要することが多くある。そこで，一般的には技術の評価を行う時点は，特許出願時期とすることが多い。例えば石田ら（2000年，2002年）の「研究者に対する調査」においても出願した特許の件数を測定指標として採用している。

[103] ニチラ（Nihtila, J. 1999）は，新製品開発における組織マネジメントについて，ケーススタディーの研究（3企業の5プロジェクト）を実施している。そのインタビュー調査方法は，一般情報源，組織構造，メカニズム，成功の4点で行っている。これは，先行研究が比較的少ない分野（基盤が乏しい）の研究に方向性を与えるものである。従って，ニチラに習い，一般情報源としては，プロジェクトが対象とする新製品を生み出すアイデア発想情報源(Ⅱ)，組織構造としてはプロジェクト(I)とその構成メンバーである研究技術者(Ⅳ)の存在，メカニズムとしてはプロジェクトマネジメント行動指針(I)と研究技術者の資質(Ⅳ)，成功要因としては，市場に投入された最

第2節 プロジェクト活動の定義と使命と活動の評価　71

図表4-5　プロジェクト活動の分析と活動の評価

《PART I》

創造的プロジェクト活動分析

(I) プロジェクト マネジメント 行動分析	(II) アイデア 発　想 情報源分析	(III) 産業別 特徴分析

集団的創造性の評価　↓

市場に投入された最終新製品の評価
技術の革新性（革新：漸進）
技術水準の優位性（断然トップ，トップ，同等）

市　場　投　入

《PART II》

創造的研究技術者資質分析

(IV) 研究技術者
　　 創造性資質
　　 評　　価

個人的創造性の評価　↓

特許出願件数
（多：少）

市　場　公　知

注：ファジーフロントエンド活動の重要機能分析でアイデア発想が重要な場合に(IV)分析を実施する。
出所：筆者作成。

　図表4-5に示す(I)～(IV)の4つの分析は，ファジーフロントエンドを把握するための(I)プロジェクトマネジメント行動分析と(II)アイデア発想情報源分析と(III)産業別特徴分析と(IV)研究技術者創造性資質評価である。(I)は，プロジェクトチームが実施するマネジメント行動の取り組み姿勢に関する問題，(II)が，プロジェクトチームまたはプロジェクトメンバーが入手する情報源収集の取得姿勢に関する問題，(III)が，異なる産業間での活動の相違点や共通点に関する問題，(IV)が，研究技術者の創造性資質に関する問題を取り扱うことにする。(I)と(II)と(III)が，集団的創造性に関する評価を行うことを意図し創造的プロジェクト活動分析と称し，(IV)が，個人的創造性に関する評価を行うことを意図し創造的研究技術者資質分析と称する。

終製品の技術評価と特許出願件数の関係性分析を行うことで研究を進める。なお，(III)の産業別特徴分析も合わせて行う。

企業における創造性に関する問題を分析する場合には，集団（組織）と個人（構成員）の2面から検討することが，一般的である。例えば，川喜田ら（1983年）では，創造的仕事の必要性を集団と個人で捉え，そのそれぞれの目的を，集団は最善の結果を果たすこと，個人は充足感がやる気の原点となることとし，両者の関係性を説明している。一方，穐山（1962年）では，創造性問題がしばしば個人と社会（集団概念よりさらに広い概念）との対立構造を生むとし，個人の創造性行動は社会性概念の観点で再考する必要があるとし，モレノの「自発性」→「創造性」→「文化蓄積」を取り上げ，個人的な精神活動である創造性を社会性で捉える必要性があるとしている。以上より，企業における創造性の研究が集団の立場と個人の立場の両面で捉える必要があることを示唆している。すなわち，ファジーフロントエンドの「アイデア発想」や「製品コンセプト形成」活動は，集団的分析評価と個人的分析評価の観点で創造性を多面的に分析評価することが求められる。

次に，集団的創造性に関する技術評価は，4項で述べたとおりファジーフロントエンド以外の要因に左右されないものとする。そこで，市場投入された新製品の評価は「技術の革新性」と「技術水準の優位性」といった技術と直接的接点のある評価基準を活用することとする。一方，個人的創造性に関する評価は，6項で述べたとおり「技術の新規性と進歩性」が，測れる特許出願の件数を評価基準とすることとする。

湯川ら（1973年）は，日本教育心理学会のシンポジウム「科学研究の立場から創造性開発方途」で，湯川秀樹が，「科学的技術研究の立場から教育界のみならず産業界においても，自由にものを考える能力を持たせること，発見の喜びや仕事の達成の喜びを体験させること，そして何が価値のあることかやどういうことをしたら価値あることになるかを，常時考える力を身につけることが肝要だ。」との認識を示している。この湯川の科学的技術研究の立場からの価値あるものとは，本研究で取り扱う技術革新を伴う新製品では，「技術の革新性，技術水準の優位性，技術の新規性，技術の進歩性」といったものになると思われる。

以下，第3節〜第6節で，それぞれ(I)プロジェクトマネジメント行動分析，(II)アイデア発想情報源分析，(III)産業別特徴分析[104]，(IV)研究技術者創造性資質

評価について詳細内容を述べる。

《PART Ⅰ： 創造的プロジェクト活動分析》
第3節　プロジェクトマネジメントの行動と市場投入された新製品評価の関係分析

(Ⅰ)プロジェクトマネジメント行動分析の研究枠組みを示す（図表4-6及び図表4-7参照）。プロジェクトマネジメント行動指針8項目が，市場に投入された最終製品評価に与える影響を分析する。

図表4-6　プロジェクトマネジメント行動分析の研究枠組み

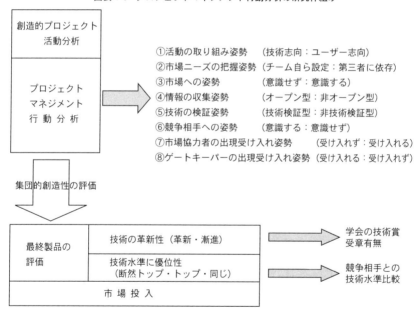

注：① から ⑧ の各姿勢の後に記載された内容が，比較した項目である。
　　なお，各括弧内の左側に記載の項目が，技術革新を実現したプロジェクトで優位であると仮定した項目である。
出所：筆者作成。

104　なお，(Ⅲ)産業別特徴分析（第5節）は，本章第3節及び第4節で分析する調査データと，さらに本調査のためにアンケートで収集したデータをもとに，分析するものである。

1. プロジェクト活動の行動区分と変数設定

各独立変数群と従属変数は，下記の通りである。

独立変数群：① 活動の取り組み姿勢（技術志向か　ユーザ志向か），② 市場ニーズの把握姿勢（自ら設定するか　第三者（顧客や自社技術者）に依存するか），③ 市場への姿勢（市場を意識するか　しないか），④ 情報の収集姿勢（オープン型か　非オープン型か），⑤ 技術の検証姿勢（技術検証型か　非検証型か），⑥ 競争相手への姿勢（競争相手を意識するかしないか），⑦ 市場協力者の出現受け入れ姿勢（受け入れるか　受け入れずか），⑧ ゲートキーパーの出現受け入れ姿勢（受け入れるか　受け入れずか）（図表4-7の記号①～⑧に符合している。）

従属変数：下記の2つの評価で行う。

1) 「技術の革新性」は，学会の技術賞の受賞有（革新新製品）と受賞無（漸進新製品）に分け判別する。
2) 「技術水準の優位性」は，活動後の優位性が，「更なるトップ水準（断然トップ）」と「自社がトップ水準（トップ）」と「他社と同水準（同等）」で分け判別する。

図表 4-7　プロジェクト行動の外部との関わり（独立変数①～⑧）

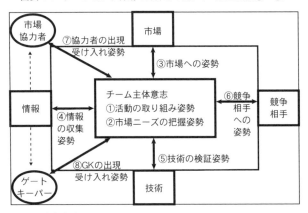

出所：筆者作成。

以下，個々の独立変数について，その内容を明確にする。
①活動の取り組み姿勢（技術志向か　ユーザ志向か）

多数の先行研究で検討がなされている。例えば，織畑ら（Orihata, M. et al, 2000a, 2000b）は，商品開発戦略の枠組みとして「市場の受容性」と「技術の革新」の2軸から「市場の受容性」が大きく「技術の革新」が小さい領域を「市場主導」と称し，また「技術の革新」が大きく「市場の受容性」が小さい領域を「技術主導」と称し，各内容の分析を行っている。織畑らの過去文献の調査によると「市場主導」は，顧客のニーズをつかむ必要があり，ユーザ志向の行動を取る[105]。一方，「技術主導」は，技術革新を伴う場合が多く，ニーズを満足される状況は，メーカーのシーズレベルにより決まるとしている[106]（織畑 2001年）。すなわち，技術志向の行動を取る。プロジェクトマネジメントの行動分析の1つ目は，活動の取り組み姿勢が，技術志向か，ユーザー志向かを明らかにする。

②市場ニーズの把握姿勢（チーム自ら設定するか　第三者に依存するか）

ウールリッチら（Ulrich, K. T. et al. 2000）は，当事者が自らコンセプトを解釈してその後，関係者の同意を求める場合と関係者に直接表明してもらう場合があるとしている。

図表4-8　市場ニーズの把握姿勢の分析区分検討

	第3者に依存する	自ら設定する
ニーズ	A 顧客が表明する	B コンセプトを表明し顧客の同意を得る
シーズ	C 自社技術者が表明する	D 自社技術情報をもとにコンセプトをまとめ技術者の同意を得る
主体	プロジェクト以外の第三者の介在	プロジェクトが主体的に取り組む

出所：ウールリッチら（Ulrich, K. T. et al. 2000）をもとに筆者作成。

この考え方をもとに図表4-8を作成し，市場ニーズ洞察把握の分析を行うこ

105　コトラー（Kotler, P. 1991）によるとユーザ志向は顧客満足と喜びを与える目的で有効としている。
106　山之内（1992年）によると市場創造と技術創造の共鳴の視点で技術部門を加えた戦略があるとしている。

ととする。

プロジェクトマネジメントの行動分析の2つ目は，市場ニーズの把握姿勢が，自ら設定する（B＋D）か，第三者に依存する（A＋C）かを明らかにする。

③市場への姿勢（市場を意識するか　しないか）

プロジェクトマネジメントの行動分析の3つ目は，市場への姿勢が，最終製品が投入されるであろう市場をイメージとして意識したか，しなかったを明らかにする。

④情報の収集姿勢（オープン型か　非オープン型か）

④項と⑤項は，技術革新を生み出すマーケティング戦略と技術戦略に関する行動姿勢である。実証的観点での適切な先行研究が見当たらないため，パイロットスタディーをもとにデスカッションを行い，図表4-9の連関図にまとめた。初期段階のコンセプト創出で「新事業分野の特定」を行うと，「現有既存技術」そのものでは対応できずに，外部に存在する「未保有既存技術」を収集し，「戦略的技術特定」で理論的実証を検討しなければならないケースが多く

図表4-9　技術革新を生み出すマーケティング戦略と技術戦略の関係

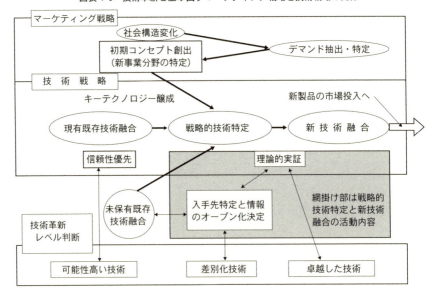

出所：パイロットスタディーをもとに筆者作成。

存在する。すなわち，新規性が高ければ高いほど情報の収集姿勢は，入手先特定と情報のオープン化を余儀なくされるものと想定される。そこで，プロジェクトマネジメントの行動分析の4つ目は，情報の収集姿勢が，オープン型か，非オープン型かを明らかにする。

⑤技術の検証姿勢（技術検証型か　非検証型か）

図表4-9の連関図によると技術検証姿勢は「新技術融合」のために理論的実証が必要になる。その目的は差別化技術や卓越した技術を実現する必要があるためと認識される。そこで，プロジェクトマネジメントの行動分析の5つ目は，技術の検証姿勢が，技術検証型か，非検証型かを明らかにする。

⑥競争相手への姿勢（競争相手を意識するか　しないか）

ポーター（Porter, M. E. 1980, Porter, M. E. 1985）の競争戦略では，5つの競争要因を挙げている。その中で本内容は，市場に投入される最終製品の競争相手を意識するかどうかである。開発段階以降の活動では，市場に投入される最終製品の具現化が目的なので市場に存在する競争相手を意識しないことは，まずあり得ない。しかし，ファジーフロントエンドの活動になると意識できる場合とできない場合，さらに，できてもしない場合が存在する。そこで，プロジェクトマネジメントの行動分析の6つ目は，競争相手への姿勢が，競争相手を意識するか，しないかを明らかにする。

⑦市場協力者の出現受け入れ姿勢（受け入れる　受け入れず）

ヒッペル（Hippel, V. E. 1988）では，市場の協力者は驚くほど多彩な顔ぶれで，また画一的な場面はほとんどないとしている。具体的にはユーザー，サプライヤー，インフラ供給者，他のメーカー等企業を取り巻くあらゆる関係者との接点が見えてくる。従って，ゲートキーパー同様に促進要因として十分検討に値するものと思われる。そこで，プロジェクトマネジメントの行動分析の7つ目は，市場協力者が出現した場合の受け入れ姿勢が，受け入れるか，受け入れないかを明らかにする。

⑧ゲートキーパーの出現受け入れ姿勢（受け入れる　受け入れず）

アレン（Allen, T. J. 1977）は，研究開発活動の社内支援者をゲートキーパーと称しその重要性を研究データで示している。ゲートキーパーの出現による情報交換行為は，非公式組織であり，明確なミッションで結ばれた人的ネッ

トワークではない。アレンによればゲートキーパーは，外部情報（文献や外部ネットワーク）に精通し，単に情報の在り所を伝えるだけに留まらず，文献内容を要領よく説明できる力量を備えており，ゆくゆくは管理職に登用されることが多いことを言明している。このことから，相当広範囲な支援が行われるものと思われる。従って，活動の促進要因として，十分検討に値するものと思われる。そこで，プロジェクトマネジメントの行動分析の8つ目は，ゲートキーパーが出現した場合の受け入れ姿勢が，受け入れるか，受け入れないかを明らかにする。

2. 新製品の技術レベル評価基準

本研究では，新製品の技術評価基準として，図表4-10の4つの評価項目を準備し検討する[107]。結論として，市場に投入された最終製品の技術評価は，①「技術の革新性」を学会の技術賞の受賞有無で評価し，③「技術水準の優位性」を競争企業との活動後の技術水準と比較し「断然トップ」，「トップ」，「同等」で評価する。以下，個々の代理変数について，その内容を明確にする。（なお，この2つを技術レベル評価基準とした理由は脚注110を参照）

「技術の革新性」の評価は，技術革新を伴う新製品を対象とするので，①学会の技術賞の受賞有無が，最も妥当性のある指標である。なぜならば，学会の研究領域で新たな発見や発明による新規性や斬新性が評価対象となるからである。ただし，2つのバイアスがかかることが考えれる。1つ目は，学会によっては，受賞までに時間を要する場合がある[108]。2つ目は，境界領域の技術分野や最新の技術分野では，学会での技術評定者がおらず，表彰対象から外されてしまい，受賞機会を失う恐れがあることである。検証のために，②技術の実用性を評価する大河内記念賞，市村産業賞，発明協会賞の受賞有無も合わせてアンケート調査し検証した。その結果，図表4-11に示すとおり，②技術の実用性に関する賞を受賞後に，①学会の技術賞をもらったケースが2件あり

---

107 第4章2節4項の先行研究レビューを考慮し決定した。
108 通常，特許の出願後に学会発表がなされることが一般的である。従って学会表彰時期が遅くなる傾向にある。学会賞の申請は，自薦や他薦で行なわれる。なおその内容の新規性が高い場合には，他薦が多い。また，学会発表を行なわない場合も存在するが，革新性が高い場合においては，そのようなケースは少ないものと想定される。

表彰時期の遅れたものが確かにある（図表4-11のケース1参照）。さらに，筆者が，②のみ受賞した27プロジェクト（図表4-11のケース3）を仔細に精査したところ，①学会の技術賞をもらってもおかしくないものが，2件存在した。筆者の考え方を踏襲した場合には，上記のバイアスが，かかっているものが4％（4件）ある。この程度であれば評価基準としては妥当なものと思われる。従って，以下の検討では，「技術の革新性」の評価は，学会の技術賞の受賞有無で判別する。なお，学会の技術賞は，学会の有識者の技術評価であり，技術の革新性を評価できる指標として客観性は高いと判断できる。

図表4-10　新製品の技術水準評価基準の検討

技術評価内容	代理変数	備考
①技術の革新性	学会の技術賞の受賞有無	受賞は革新新製品，非受賞は漸進新製品として区分する。
②技術の実用性[109]	大河内記念賞・市村産業賞・発明協会賞の受賞有無	大河内・市村・発明のいずれか受賞，非受賞で区分する。
③技術水準の優位性	新製品の技術水準が活動前後で競争企業と比較してどのレベルかの3段階評価	活動後の水準をもとに断然トップ，トップ，同等で区分する。
④技術の新規性・進歩性	特許出願件数	出願件数

出所：筆者作成。

図表4-11　新製品の技術水準評価基準の検討結果

ケース	①　学会の技術賞の受賞有無	②　大河内記念賞・市村産業賞・発明協会賞の受賞有無	該当件数	備考（ケース3は筆者が判定）
1	有	有	10	ほぼ同時期に受賞：5件，①が先：3件，②が先：2件
2	有	無	12	
3	無	有	27	①を受賞してもよいもの2件
4	無	無	51	

注：ほぼ同時期とは，2年以内に両賞を受賞したものである。なお，上記100プロジェクト（本研究対象分析データ）は，すべて最終製品として市場投入されている。
出所：筆者作成。

---

[109] 発明・発見が，製品化され，市場で有用な機能を発揮するまでには，多くの時間を要することが知られている（Rosenberg, N. 1976, 内田1974年）。製品化され市場へ投入され，一定の評価を受けるまでを実用化過程と呼び，その結果，市場で対象製品が売れ出し，顧客に認められる水準になった状態を実用化と呼ぶこととする。今回，実用化の有無は，大河内記念賞，市村産業賞，発明協会賞を受賞した場合に実用化されたと見做す。詳細は巻末資料6を参照。

80　第4章　本研究の分析枠組み

　次に，競争相手との「技術水準の優位性」も重要である。そこで，③「技術水準の優位性」を，活動前後それぞれの競争相手との技術水準比較（優・同・劣）で評価し，その結果をもとに図表4-12に示す方法により3段階で評価することとする。今回の100プロジェクトのアンケート調査では図表4-12に示すA～Eの5通りのパターンがあった。そこで，プロジェクト後の優位性が，「更なるトップ水準（断然トップ）」と「自社がトップ水準（トップ）」と「他社と同水準（同等）」で分け，その優位性の程度をそれぞれ3，2，1とする[110]。

図表4-12　技術水準の優位性評価

	断然トップ	トップ		同　等	
	A	B	C	D	E
自社が優位な領域（更なるトップ）	後↑前				
自社がトップ水準		後↑前	後↑前		
他社と同水準				前→後	後↑
他社に劣る領域					前
	3	2		1	

注：上記の「前」とは活動前を示し，「後」とは活動前を示す。
出所：筆者作成。

110　秋庭ら（1986年）の製品評価の評価因子分析法を適用する。キャッチアップ型開発からフロントランナー型開発に移行していることを考慮して活動後の優位性評価基準をもとに3区分に設定している。なお本評価基準は，他社同等品との相対的評価であり，比較時期と評価項目によりその評価が変わる可能性がある。なお企業でよく用いられる評価基準の1つである。なお，①技術の革新性（学会の技術賞受賞有無）や②技術の実用性（大河内記念賞等の実績賞受賞有無）と③技術水準の優位性との関係を本研究対象分析データで分析してみたところ，図表4-10の③の断然トップ，トップ，同じの3区分は，①の受賞有無とほとんど無関係であることが判明した。すなわち「技術の革新性」と「技術水準の優位性」とは異なる評価基準であり，異なる技術評価基準と考えられる。

3：活動前が「自社がトップ技術水準」で，活動後が「更なるトップ技術水準」の場合
 2：活動前が「他社と同技術水準」または「他社に劣る技術水準」で，活動後が「自社がトップ技術水準」の場合
 1：活動前が「他社と同技術水準」または「他社に劣る技術水準」で，活動後が「他社と同技術水準」の場合

以上より，本プロジェクトマネジメント行動分析では，ファジーフロントエンド活動の取り組み姿勢と市場に投入された新製品の「技術の革新性」と「技術水準の優位性」の程度を把握することが重要と考えられる。

3. 関係分析のポイント （図表4-6）

　本分析は，1項の8つの独立変数と2項の2つの従属変数との関係を明らかにすることを目的としている（図表4-6）。開発段階以降での分析は，先行研究において，多くの検討がなされてきた。しかし，ファジーフロントエンドでの分析は，ほとんど行なわれて来ていない。そこで，プロジェクトが外部と関わる8つの行動を設定し，技術の革新性や技術水準の優位性に与える影響を分析することとする。

第4節　プロジェクト活動に必要なアイデア発想情報源と新製品評価の関係分析

　(Ⅱ)アイデア発想情報源分析の研究枠組みを示す（図表4-13及び図表4-14参照）。アイデア発想やコンセプト形成のための情報源が市場に投入された最終製品評価に与える影響を分析する。
　多角的情報収集の必要性に関しては，マルツツら（Maltz, E. et al. 2000）が，研究開発部門と製造部門の情報交換ツールとその内容についての比較を行なっている。その結果によると研究開発部門は，自社内の報告書やメールでの文章情報を好んで選択すること，電話ほかの会話情報からの情報ツールは，製造部門に較べ少ないこと，さらにすべての情報媒体からの情報を収集している

こと，また自社内での情報交換は，製造部門のそれと較べて頻繁であることが判明したとしている。このことからもわかるとおり，研究開発部門は，多くの情報を収集する必要性から，収集する中味の濃い効果的な情報（質の高さ）は，自社内から集め，収集する具現化に役立たせるための技術情報は，情報の活用し易さを考え文章化したものを集める傾向があると推測される。そこで，独立変数として A.「中味の濃い効果的情報」と B.「具現化に役立つ技術情報」を選択する。さらにジョリー（Jolly, V. K. 1997）によれば，市場投入する新製品を生み出すためには，市場をイメージしてアイデアを発想することが，重要との認識が示されている[111]。そこで，C.「市場形成に役立つ市場情報」も必要である。以上から，A.「中味の濃い効果的情報」，B.「具現化に役立つ技術

図表4-13 アイデア発想情報源分析の研究枠組み

創造的プロジェクト活動分析

アイデア発想情報源分析

A. 中身の濃い効果的な情報
 4：自社内情報（自社事業部情報）
 3：公知の情報（他社製品・公知特許情報等）
 2：社外文章情報（学会・大学・調査会社の文章情報）
 1：社外口コミ情報（非公式な業界口コミ情報等）

B. 具現化に役立つ技術情報
 4：加工不要な社内情報（開発済技術や不具合対策情報）
 3：加工必要な社内情報（自社コアー技術活用情報等）
 2：社外既存情報（世の中にある新材料・新技術情報等）
 1：社外新規情報（世の中にある新技術情報等）

C. 市場形成に役立つ市場情報
 3：単一既存・複数既存（市場形成済み）
 2：周辺市場・新市場（市場形成されている周辺）
 1：市場意識せず

集団的創造性の評価

最終製品の評価
 技術の革新性（革新・漸進） → 学会の技術賞受賞有無
 技術水準の優位性（断然トップ，トップ，同じ） → 競争相手との技術水準比較
 市場投入

出所：筆者作成。

111　ジョリー（Jolly, V. K.（1997））は，新たな技術的な価値の構築のために第1フェーズで技術市場（技術を武器に新たな市場を制覇するの意味）の絞込みのためにイメージフェーズが，必要と力説している。本研究のアンケート設問では，この「イメージした」の言葉を適用する設問形式とする。

情報」，C.「市場形成に役立つ市場情報」を選択する。

1. プロジェクト活動に必要なアイデア発想情報源区分と変数設定

各独立変数と従属変数は下記の通りである。

 独立変数群：A．中味の濃い効果的情報，B．具現化に役立つ技術情報，
     C．市場形成に役立つ市場情報

  （各情報は，具体的な内容を3ないし4段階に分け把握する。）

 従属変数 ：第2節の分析と同様に，下記の2つの評価で行う。

   1) 「技術の革新性」は，学会の技術賞の受賞有（革新新製品）と受賞無（漸進新製品）に分け判別する。
   2) 「技術水準の優位性」は，活動後の優位性が，「更なるトップ水準（断然トップ）」と「自社がトップ水準（トップ）」と「他社と同水準（同等）」で分け判別する。

以下，個々の独立変数についてその内容を明確にする。

図表4-14　プロジェクト行動の外部との関わり（独立変数A～C）

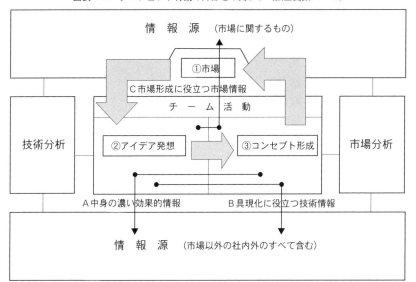

出所：上記の枠組みは，櫻井（2000年）とKhurana, A.ら（1998年）をもとに筆者作成。

A 中味の濃い効果的情報

中味の濃い効果的情報とは,「信頼性(信憑性)」と「密度(中味の濃さ)」で把握し,情報内容の確認ができるかどうかの条件も加味する。その質の程度を4段階に区分する。

　4:自社内情報(自社事業部情報)
　3:公知の情報(他社製品・公知特許情報等)
　2:社外文章情報(学会・大学・調査企業の文章情報)
　1:社外口コミ情報(非公式な業界口コミ情報等)

B 具現化に役立つ技術情報

革新技術を生み出す源泉となる具現化に役立つ技術情報とは,具現化に即活用可能か[112]で把握し,技術コンセプトを具現化するためのノーハウが情報に含まれているかどうかで決まる。その役立つ程度を4段階に区分する。

　4:そのまま活用できる社内情報(開発した自社技術や既存製品の不具合・苦情対策情報等)
　3:活用するため加工が必要な社内情報(自社コアー技術や戦略特許情報等でそれをもとに開発が必要)
　2:社外既存情報(世の中にある新材料や新技術や技術提携先のノーハウ等で,社外情報源であることから詳細なノーハウまでは収集できない。)
　1:社外新規情報(世の中の新技術動向情報や自社ステークフォルダーからのイノベーション情報等で,社外情報源であることから詳細なノーハウまでは収集できない。)

C 市場形成に役立つ市場情報

市場形成に役立つ市場情報とは,「市場形成状況」と「市場規模」で把握し,その役立つ程度を3段階に区分する。

　3:単一の既存市場や複数の既存市場からの情報(市場形成済みの明確な市

---

[112] 一般的に技術情報は,原理や方法がわかってもその具体的製造方法や要素技術の組み合わせによる不具合の克服方法(例えば,不具合・苦情情報をもとにその技術克服のための対策技術がこれにあたる)といった,いわゆる技術ノーハウまでが,鮮明にならないと実用に供することはできない。

場情報)
2：既存周辺市場や調査可能な市場からの情報 （ほぼ把握可能な市場情報）
1：市場を意識せず（全く把握できず，市場イメージすら明確にできない市場情報）

アンケート調査時には，上記 A．中味の濃い効果的情報とB．具現化に役立つ技術情報とC．市場形成に役立つ市場情報は，上記で分けた各段階ごとにさらに1つ～3つの具体的情報内容を文章化し設問とする[113]。

A．中味の濃い効果的情報とB．具現化に役立つ技術情報の具体的情報内容の決定には，アレン（Allen, T. J. 1977）の図表4-2をもとに図表4-15を作成（コミュニケーションシステム区分は，アレンの考え方を適用）し検討した。なお，図表4-15の「中味の濃い効果的情報」と「具現化に役立つ技術情報」欄に記述されている数字は，巻末資料4のアンケート調査票の設問番号を示す[114]。

図表4-15 アレンのコミュニケーションシステム区分と具体的情報内容

コミュニケーションシステム区分		具現化に役立つ技術情報	中身の濃い効果的情報
外部情報源	文献＊	—	1, 5
	ベンダー	4	4
	顧客	7, (9)	2
	その他の外部情報源	1, 6, 8	6, 7
内部情報源	技術者（個人）	2, 5	3
	プロジェクト△	3, 9	3
	人的経験	—	—
	個人経験	—	—

＊印部分は内部文献もあるがアレンは外部のみを対象とした。
△印部分は事業部を含むとした（筆者拡大解釈）。
出所：筆者作成。

---

113 Aは7設問，Bは9設問，Cは6設問とし，複数回答をしてもらう（2～3個を選択）。その回答結果の最上位にある情報の程度指数を採用する（詳細は第5章第1節を参照）。なおA，B，C共，その他の設問を付け，被験者に不足情報を求めたが，記載はなかった。
114 「中味の濃い効果的情報」は本研究アンケート調査票の設問2-9，「具現化に役立つ技術情報」は設問2-7，「市場形成に役立つ市場情報」は設問2-8に対応する。

2. 新製品の技術レベル評価基準

図表 4-10 の ① と ③ で判定する。

1) 「技術の革新性」は，学会の技術賞の受賞有（革新新製品）と受賞無（漸進新製品）で判別する。
2) 「技術水準の優位性」は，活動後の優位性が，「更なるトップ水準（断然トップ）」と「自社がトップ水準（トップ）」と「他社と同水準（同等）」に分け判別する。（図表 4-12 参照）

3. 関係分析のポイント（図表 4-13）

本分析は，1項の3つの独立変数と2項の2つの従属変数の関係を明らかにすることを目的としている（図表 4-13）。開発段階以降での分析は，先行研究において，多くの検討がなされてきた。しかし，ファジーフロントエンドでの分析は，ほとんど行なわれて来ていない。ファジーフロントエンドの中味の濃い効果的情報，具現化に役立つ技術情報，市場形成に役立つ市場情報が，技術の革新性や技術水準の優位性に与える影響を分析することとする。

第5節　産業別（加工組立型産業技術と素材型産業技術）の特徴分析

(Ⅲ)産業別特徴分析の研究枠組みを示す（図表 4-16 参照）。

本節では，第3節の「プロジェクトマネジメント行動と市場投入された新製品評価の関係分析」および第4節の「プロジェクト活動に必要なアイデア発想情報源と新製品評価の関係分析」の各アンケート調査データと産業別特徴分析の追加アンケート調査データを元に，産業別（加工組立型産業技術と素材型産業技術）の特徴分析を行う。

1. 研究の枠組みと分析内容

本節では，加工組立型産業技術と素材型産業技術の産業間比較を行う（Sakurai, et al. 2006）。以下では，産業別（加工組立型産業技術と素材型産業技術）の特徴分析の研究枠組みを説明する（図表 4-16 参照）。

産業別の分類は、例えば藤本ら（2000年）では、産業間の新製品開発研究において、9つのケースを対象製品として選び、その生産工程の特性で加工組立系とプロセス系とその他に区分している。加工組立系は、自動車や家電やコンピューターの各産業で、プロセス系は、合成樹脂や医薬やゲームの各産業で、その他が、ゲームソフトとアパレルの各産業としている。本研究の区分では、加工組立型産業技術が、この加工組立系であり、素材型産業技術がプロセス系に対応している。

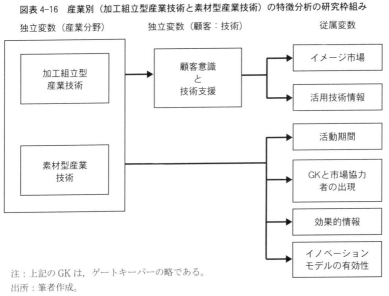

図表4-16　産業別（加工組立型産業技術と素材型産業技術）の特徴分析の研究枠組み

注：上記のGKは、ゲートキーパーの略である。
出所：筆者作成。

図表4-16に示すとおり、「顧客意識」と「技術支援」の関係における「イメージ市場」と「活用技術情報」との特徴を明らかにするとともに、さらに、産業別の「平均活動期間」「ゲートキーパー出現と市場協力者出現」「中味の濃い効果的情報収集」「イノベーション創出製品化モデルの有効性検証」も合わせて調べることで、産業間の差異を明確にする。

2. 産業別区分および顧客意識と技術支援の区分と変数設定

各独立変数と従属変数は下記の通りである。

独立変数群：産業分類（加工組立型産業技術，素材型産業技術）
　　　　　活動分類（顧客意識，技術支援）
従属変数群：イメージした市場，活用技術情報，平均活動期間，GK（ゲートキーパー）と市場協力者の出現，中味の濃い効果的情報，イノベーション創出製品化モデル（図表2-3）の有効性

以下，個々の独立変数についてその内容を明確にする。

1) 加工組立型産業技術と素材型産業技術で分類

産業分類は，アンケート調査を行った企業の法定登記上の業種区分は採用せず，各プロジェクトの内容が，加工組立型産業技術か，素材型産業技術かで分類する[115]。

①加工組立型産業技術：機械系要素技術，電気電子系要素技術，機械系システム技術，電気電子系システム技術の場合
②素材型産業技術　　：素材・材料系技術の場合

2) 顧客意識と技術支援の区分

「顧客意識（高い：低い）」と「技術支援（研究：開発）」で分類する。

①顧客意識の高いと低いの判別は，市場ニーズの設問で分類する。具体的には

　「市場ニーズを把握してから対応」の場合，顧客意識が高い
　「シーズや技術水準を明確にする」の場合，顧客意識が低い

とする。

②技術支援（研究と開発）とは，ファジーフロントエンドのプロジェクト活動が開始される時点で「研究志向で開始する」か，「開発志向で開始する」かである。第1節で説明した「K社超高速応答フォトダイオード」の事例

---

[115] プロジェクトの内容は，巻末資料4のアンケート調査票の設問2-1の記述内容により判別する。なお，分類は9つ（機械系要素技術，電気電子系要素技術，化学・医薬系技術，素材・材料系技術，ソフトウェア系技術，機械系システム技術，電気電子系システム技術，生産・製造技術（製法・成型・表面処理他），構造設計技術（建設工法・土木工法他））とし，2名で個々のプロジェクトの実施名称と技術種類と技術分野内容から判断する。なお2名が一致しない場合には，アンケート記載当事者に確認した上で区分した。なぜ，法定登録上の業種区分を採用しなかったのかと言うと，例えば，対象プロジェクトの実施企業が，法定登記上で素材系産業分類であっても，対象プロジェクトは，加工組立型産業技術分類に入るものが存在した。その企業にとっては，新規事業の開始を意味している。なお脚注127では，法定登記上の業種区分を示す。

は，前者の事例である。それは，市場にまだ製品が存在せず，事業部からの要請を受けて研究部門が中心となり開始しているからである。一方，第2節で説明した「松下電器産業のテレビ画王」事例や「某産業機械メーカーのインバータ付きラインポンプ」事例は，後者の事例である。すでに既存製品があり，市場も存在する条件下で更なる改革・改善を志向するために事業部の企画部門や開発部門が中心となってスタートしている[116]。この違いはどのようなパターンで活動が行われたかの設問で分類する。具体的には図表2-3のイノベーション創出製品化モデルの

　　「左サーキットから開始」の場合：技術支援（研究志向で開始）

　　「右サーキットから開始」の場合：技術支援（開発志向で開始）

とする。

以下，従属変数群について説明する。

3. 従属変数の基準

①イメージした市場

　下記5つとする。

　　1つの既存市場，複数既存市場，既存の周辺市場，新市場，全く把握できず

②活用技術情報

　下記3つとする。

　　社内技術情報（既存情報），社外既存技術情報，社外新規技術情報

③産業別の平均活動期間

　ここでの活動とは，ファジーフロントエンド活動から製品が市場に投入されるまでの全期間を差す。従って，図表2-3のイノベーション創出製品化モデルの左右サイクル活動期間をアンケート調査で把握し，そのデータを活用する。

---

[116] 一概に，市場にまだ製品が存在しない場合が，「研究志向で開始する」で，既存製品がある場合が，「開発志向で開始する」とは言えない。既存製品であっても，全く新たなモデルチェンジ（原理に遡る改革や改善等）は「研究志向で開始する」場合もあるし，市場にまだ製品が存在しなくても類似製品が存在し「開発志向で開始する」場合もあり得る。どちらの支援を受けて活動するかは，経営判断（通常，事業部長方針）で決定される。

④産業別のゲートキーパー出現と市場協力者出現の受け入れ姿勢
　　第4章第3節の⑦と⑧と同じ内容とする。
⑤産業別の中味の濃い効果的情報収集
　下記3つとする。
　　文章情報，検証情報，会話情報
⑥産業別のイノベーション創出製品化モデルの有効性検証
　　イノベーション創出製品化モデル（櫻井 2000 年）が，新製品や新技術の製品化活動で役立ったかを検証する。

4. 特徴分析のポイント（図表 4-16）

　本分析は，加工組立型産業技術と素材型産業技術の産業間比較を行う（図表 4-16）。そのために，ファジーフロントエンドにおける顧客意識（高い，低い）と技術支援（研究志向で開始，開発志向で開始）のマトリックスモデルをもとに，イメージした市場や情報収集した技術情報が何かも明らかにする。さらに平均活動期間，活動の支援者出現，効果的な情報の違いを分析する。上記以外に，「アイデア発想」活動の重要性を確認するために，本章第2節2項で述べたファジーフロントエンドの5つの活動の重要機能分析を明らかにする。詳細は，第5章の第5節に内容と調査方法を示す。

《PART Ⅱ：創造的研究技術者資質分析》

第6節　研究技術者の創造性資質と特許出願件数の関係分析

　⑷研究技術者創造性資質評価の研究枠組みを示す（図表 4-17 参照）。アイデア発想活動に参画する研究技術者の創造性資質評価と特許出願件数の関係を分析する。

1. プロジェクト活動に参画する研究技術者の創造性資質区分と変数設定

各独立変数と従属変数は下記の通りである。
　独立変数群：① 創造性資質因子 A（流暢性・柔軟性・独創性），② 創造

図表4-17 研究技術者の創造性資質と特許出願件数の関係分析

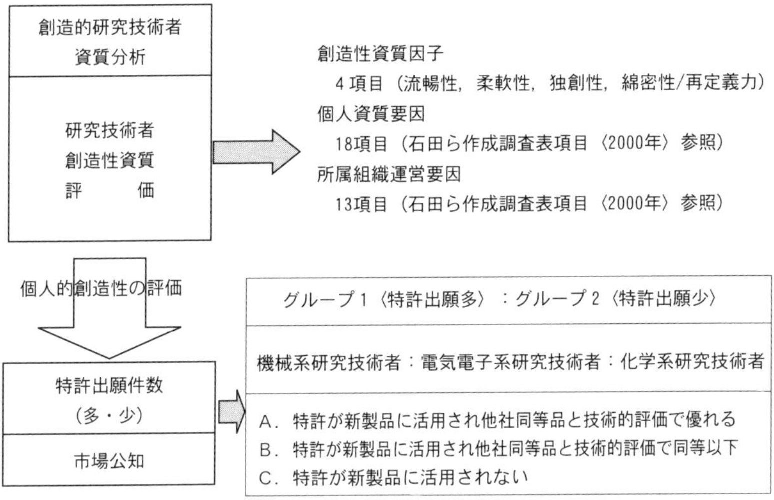

```
┌─────────────────┐
│  創造的研究技術者  │        創造性資質因子
│    資質分析      │           4項目（流暢性，柔軟性，独創性，綿密性／再定義力）
├─────────────────┤        個人資質要因
│   研究技術者     │  ⇒       18項目（石田ら作成調査表項目〈2000年〉参照）
│   創造性資質     │        所属組織運営要因
│     評　価       │           13項目（石田ら作成調査表項目〈2000年〉参照）
└─────────────────┘
        │個人的創造性の評価
        ▼
┌─────────────────┐      ┌──────────────────────────────────────────┐
│  特許出願件数    │      │ グループ１〈特許出願多〉：グループ２〈特許出願少〉│
│    （多・少）    │  ⇒  │ 機械系研究技術者：電気電子系研究技術者：化学系研究技術者│
├─────────────────┤      │ A．特許が新製品に活用され他社同等品と技術的評価で優れる│
│    市場公知      │      │ B．特許が新製品に活用され他社同等品と技術的評価で同等以下│
└─────────────────┘      │ C．特許が新製品に活用されない│
                          └──────────────────────────────────────────┘
```

出所：筆者作成。

性資質因子Ｂ（綿密性／再定義力），③個人の資質（18項目評価とする。巻末資料5アンケート調査票を参照），④所属組織運営（13項目評価とする。巻末資料5アンケート調査票を参照）

従属変数　：特許出願件数の多いグループ1と特許出願件数の少ないグループ2で判定。なお各グループは特許が新製品に活用されたかどうかと専門分野別（機械系技術者・電気電子系技術者・化学系技術者）にドリルダウンしてある。

以下，個々の独立変数についてその内容を明確にする。

①発想テストによる創造性資質因子Ａ分析

ギルフォード（Guilford, J. P. 1959）は，創造性資質について，問題への敏感さ，流暢性，独創性，柔軟性，綿密性，再定義力の6つの因子をあげている。この論文に触発され多くの研究者が，創造性資質の検査方法を考案し，被験者の創造性開発の検証に役立てようとした。例えば早稲田大学創造性研究会では，言語性テスト（用途・原因推定・標題付け）と非言語性テスト（4点描写・想像力・図案発見）を組み合わせたTCT創造性資質検査法が考案された（寺

澤ら 1999 年)。今日まで万人が認める創造性に対する明確な定義はなされておらず,創造性資質の検査方法もデファクト化されたものは未だ存在しない。従って,創造性資質に関する評価の検査方法をどのように決定するかは,自ら決める問題である。そこで,筆者はできるだけ評価に主観が入らない言語性テストを採用し,かつ被験者がテストを受け入れやすい用途テストに絞ることとした。高橋(1998 年)で用途テストを活用したケースが報告されており,この方法を採用することとする。この方法では,ギルフォードの 6 因子の内,流暢性,独創性,柔軟性の 3 つの因子の評価が可能である。厳密性を考慮すれば,さらに多面的な創造性資質の評価が必要と考えられるが,多忙な被験者である研究技術者に多くのテスト時間を強いることはできないと判断した。

②連想テストによる創造性評価因子 B 分析

　櫻井(1987 年,1989a 年)は,某機械メーカーでの実証研究として研究技術者 75 名を対象に基本動詞(連想刺激語)をもとに強制連想テストを実施した。連想した言語(反応語)を単純,結果,手段,原理,飛躍の 5 つの連想に分類した結果と被験者の特許出願件数の相関性を分析した。その結果,特許出願件数の多い者は,少ない者と比較し連想した全言語(反応語)の内,手段連想と原理連想を合わせた言語件数の割合が高いことを発見した。研究業務に従事した年数が 10 年の被験者を特許出願件数で分類し,10 件以上の特許出願件数集団は,単純連想+結果連想 45％,手段連想+原理連想 33％,飛躍連想 22％に対して,3 件未満の特許出願件数集団は,単純連想+結果連想 64％,手段連想+原理連想 16％,飛躍連想 20％であることを示している。このことから,機械系研究技術者は,手段連想や原理連想に優れた人材に育成することが,必要と論じている (Sakurai, K. 1988)。一方,アレン (Allen, T. J. 1977) の研究技術者の情報処理モデルでは,研究技術者が必要な情報を手に入れるために記号化された情報を物理的に解釈したり,翻訳したりして言語情報を収集し,そこから有形化(製品を生み出すこと)を実現するとしている。すなわち,研究技術者に要求されることは,自然科学で発見された事象を社会に貢献できる技術にまで高める仕事が課せられている。そのために,根本原理を把握し,その具現化のためにあらゆる可能性技術を検証して行くのである。その際,手段連想や原理連想が役立つものと考えられる。すなわち,櫻井(1988 年)の連想

テストは，ギルフォード（Guilford, J. P. 1959）の綿密性と再定義力を評価できるテストと判断できる。ここでいう綿密性と再定義力の解釈は，次の通りである。

綿密性　　：筋が通った考え方であること[117]
再定義力：様々な使用法や機能を発見できること

筆者は，上記した連想テストが綿密性や再定義力を評価する有効な方法の1つであると考えている[118]。

以上から，上記発想テスト（①記載）と連想テスト（②記載）を実施することで，ギルフォードの6因子の内，流暢性，独創性，柔軟性，綿密性，再定義力の5つの因子評価が可能である。なお残る1因子である「問題への敏感さ」は問題そのものの発見能力因子であり，実践的課題に関しての発見能力をテスト形式で把握することは，簡単にはできないものと思われる。

③個人の資質要因分析

研究技術者自身の資質に関する調査は，研究技術者用としては余り見ない。そこで2000年に科学技術庁科学技術政策局の依頼により作成された「創造的研究成果を促す研究者の人材マネジメントのあり方に関する調査」のアンケート調査表（石田ら作成調査表 2000年）の10ページの問11を踏襲して設問と

---

[117] 思いつきのアイデアレベルでは，技術革新は成し遂げられないことが多い。思いつきのアイデアを具現化するために，綿密性や再定義力が，重要となる。その具体的な内容は，例えば，近藤（2000年）によれば，技術革新を実現するためには，概念形成プロセスの後に，制約条件（状況の具現化）が必要であり，その概念操作技法を習得することが大切であると言明している。また，丸島（2002年）では，特許取得に至るまでの戦略的検討時にも，コンセプトイメージを明確にすることが必要であるとしている。

[118] 従来，創造性開発分野での連想分類は，接近・類似・対比の3区分に分けることが多く，その分類目的は，主に連想刺激語と反応語との相対的関係を分析するためであった。一方，具体的課題（例えばマーケティング分野）解決を目的とする連想テストでは，連想刺激語から連想した反応語を連想識別することで消費者分析や自然言語解析分析や意味認知分析等に用いられてきた。さらに，近年連想力の重要性がハードコンピュータ分野で再認識されてきた。柴田（2006年）では，脳細胞類似の機能を持つ高機能デバイス回路やシステムの研究開発分野で連鎖想起回路なる概念が示されている。すなわち，人間の神経回路を0－1回路で忠実に模擬することは，限界があり，本来人間が持っている「連想力」を工学的回路設計に生かす新たな試みである。すなわち，連想力が情報（人間の持つ脳や外部記憶媒体にある情報）を高速で正確に認識し判断や新たな知見を生み出す原動力であると解釈されるわけである。従って，本節の関係分析のような課題解決プロセスと課題実現の関係性を取り上げる研究を行う時には，連想力テストを活用して分析することが有効と考える。

した。但し19設問中1設問をカットして18設問とした。カットした設問以外は，すべて本人の性格に根ざす資質である。（カットした設問は「今の職場をやめても仕事はみつかると思う」である。）なおリッカート・タイプの5点スケールで測定する。

④所属組織運営要因分析

研究技術者の所属する組織の運営に関する行動パターン分析で最初に綿密な実証研究を行なったのは，おそらくアレン（Allen 1977）と思われる。アレンは技術管理を情報の流れの管理と位置づけ，ゲートキーパーと呼ぶ情報感受性の強い人々の活用が有用であると結論づけた。また，アイデア源としての技術文献に関する研究や研究所内のコミュニケーションの研究を深めた。その後多くの学者が研究を行っている。例えば，本研究に近い石川（2002年）では，特許出願のような社内業績に関係する事柄は，内部コミュニケーションが重要であることを，実証研究で明らかにしている。これらの先行研究では，マネジメントの因子分析を実施するために多くの設問が準備され，技術者の属性情報との相関関係を分析していく。従って行動パターンを決定する因子を予め準備する必要性がある。そこで，本研究の所属組織運営に関する設問は，2000年に科学技術庁科学技術政策局の依頼により作成された「創造的研究成果を促す研究者の人材マネジメントのあり方に関する調査」のアンケート調査表（石田ら作成調査表 2000年）の2ページの問1を踏襲して13設問とした。13設問中，外部コミュニケーション関係設問が4件，内部コミュニケーション関係設問が4件，プロジェクトコミュニケーション関係設問が5件で，バランスよく設問が設定されている。なおリッカート・タイプの5点スケールで測定する。

以下，従属変数についてその内容を明確にする。

2. 新製品の技術確保のための特許出願件数評価基準

特許出願件数の多少（多いグループ1と少ないグループ2）で判定する。

1) 特許出願件数多少分類の基準

特許出願件数は，件数の多い・少ないでグルーピングしてデータ分析する。グループは2分類とし，グループ1は特許出願件数の多いグループとし，グループ2は特許出願件数の少ないグループとする。区分けの境界は，各被験者

の［過去の特許出願件数／対象部門[119]勤続年数］が［対象事業部門平均1人当たりの年間特許出願件数］の2倍以上をグループ1とし，それ未満をグループ2とした。なお本式で求めた数値を特許倍率と命名し以下文章中で使用する。

2) 専門分野の分類

専門分野の分類は，被験者ごとに特許出願経験者には特許出願時の技術分野で分類し，機械系技術者，電気電子系技術者，化学系技術者の3専門分野に分類する。特許出願が全くない者は，調査先企業の本調査取りまとめ役の人が，現在の所属部署での業務内容を基に分類する。

なお，3専門分野以外の分野の技術者は除外する。なお，電気電子系分類へ制御に関連するソフトウエア・プログラム設計技術者が含まれ，化学系分類に材料技術者が含まれる。

3) 特許の新製品活用状況

特許が，新製品または新技術に活用された有無と他社同等品と比較し優れているか否かで，下記3つに分類する。

Aは出願した特許が新製品又は新技術に活用され他社同等品と比較し優れていた場合

Bは出願した特許が新製品又は新技術に活用され他社同等品と比較し同等以下の場合

Cは出願した特許が新製品又は新技術に活用されなかった場合

3. 関係分析のポイント（図表4-17）

本分析は，1項の4つの独立変数（①～④）と2項の特許出願件数の従属変数との関係を明らかにすることを目的としている（図表4-17）。先行研究では，研究組織のあり方と研究技術者の特許出願件数との関係性について検討されてきている。しかし，研究技術者の創造性資質と特許出願件数との関係性があるかの分析は見当たらない。従って，これら創造性資質要因（含み因子）と特許出願件数と，どの程度関係性があるか分析することとする。

---

[119] 対象部門とは，特許出願を行なえる可能性のある部門（一般的には，技術部門（研究・開発ほか））を差す。アンケート調査票（巻末資料5）では技術に関わる業務としている。

第5章

新製品の開発前段階のプロジェクト行動と市場に投入された新製品の技術的革新性・優位性との関係（PART I）

　本章では，研究の枠組みを確認した後に調査方法と調査回収状況を説明し，以下4点について分析を行う。①プロジェクトマネジメントの行動分析，②アイデア発想情報源分析，③産業別の特徴分析，④プロジェクト活動の重要機能分析を行う。

　革新新製品を生み出す促進要因行動は，技術的独創性を意識，市場ニーズを自ら設定，市場を意識せず，市場協力者の出現を受け入れず，ゲートキーパーの出現を受け入れるの5項目であった。また，情報提供者の受け入れ姿勢が，チーム活動の取り組み姿勢よりも市場に投入された最終製品の技術評価に影響することがわかった。

　アイデア発想情報源に必要な情報と市場に投入された最終製品の技術評価には相関性が存在し，技術の革新性や優位性を生み出す要因は，市場形成に役立つ市場情報よりも，むしろ中味の濃い効果的情報や具現化に役立つ技術情報であることがわかった。

　産業別特徴の相違点は，加工組立型産業技術がいろいろな市場との関わりをイメージするが，素材型産業技術は既存または周辺市場しかイメージしないこと等である。共通点は，事業規模を明確にする必要性から市場情報の取得パターンが同じこと等である。

　プロジェクトマネージャーが認識しているプロジェクト活動の重要機能は，製品コンセプト形成，事業戦略（技術戦略）との整合，アイデア発想，フィジビリティー＆プロジェクト計画設定，市場・技術情報収集・長期トレンド洞察

の順であることがわかった。また，革新新製品を誕生させたプロジェクトは，漸進新製品であったプロジェクトと比較し，アイデア発想をより重要と認識していることがわかった。

第1節　詳細な研究枠組みと調査方法と調査回収状況

1. 詳細な研究枠組み

すでに，詳細な研究枠組みは，第4章第3節で説明してある。ここでは，アンケート調査票に記載されたプロジェクト活動が，研究対象のファジーフロントエンドのプロジェクトであるかをどのように判断したかを説明する。そのためにアンケート設問から下記条件をチェックする[120]。

①製品コンセプトを決める目的のために結成された活動であったこと
②製品企画書（フィジビリティー&プロジェクト計画書）の作成がなされたこと
③アイデア発想活動が併行して行われていたこと
④活動の前提となる事業戦略や長期トレンド分析など経営計画からのインプットが明確にあったこと

さらに念のために，該当設問には「商品化[121]意思決定前（左サーキット）

---

[120] 巻末資料4のアンケート調査票の設問2-10で，ファジーフロントエンドのプロジェクト活動であるかをチェックする。その方法は，ファジーフロントエンドのプロジェクトチーム活動の重要な機能を縦軸に配列し，横軸に記載のプロジェクト主要メンバー5名（A～E）がどの機能を担ったかを○印をしてもらった。重要な機能とは，①「商品コンセプト創設」，②「基本仕様の設定と提案書作成」，③「アイデア創出・アイデア収集」，④「情報収集，長期トレンド洞察と事業戦略との整合，技術戦略策定」である。これらすべての機能にプロジェクトメンバーのいずれかが関わっていること（設問2-10の1項～6項）を持って，ファジーフロントエンドのプロジェクト活動が実施されたものと認定した。そのアンケート結果のみを本データとして使用した。

[121] アンケート調査票の記載は，「商品化」の名称で統一したが，本書では，商品の言葉を製品に言い換えている。本来の言語の意味の違いはあるのだが，商品（経済概念では交換に供する目的で生産した財物）と製品（製造した品物）をイコールと考えた。一般的に商品の表現がテレビ等家電品の消費財をイメージし，製品が生産財をイメージすることから，今回の対象プロジェクトが生み出すモノは，家電品から生産品，さらに装置やシステム技術まで含まれることから商品が持つイメージでは，誤解をまねくと判断し製品の言葉に統一した。本来ならばアンケート調査時も，製品表現が適切だったかも知れないが，商品の概念（＝経済概念では交換に供する目的で生産し

の段階で」と断り書きを記し，アンケート回答者にファジーフロントエンドの活動であることの確認を求めた。なお，アンケート票には，第2章第1節で説明した図表2-3の内容説明文を記載し，ファジーフロントエンドの活動をイメージしてもらっている。従ってアンケート回答者が開発段階のプロジェクトと勘違いする可能性は，極めて低いと判断している[122]。

2. 調査方法

以下に属性情報調査方法について，① 調査企業の選抜，② 実施プロジェクト名／製品や技術種類／同分野の記載，③ 市場に投入された新製品の「技術の革新性」と「技術の実用性」の把握，④ プロジェクト活動前後の競合企業との「技術水準の優位性」の順番で説明する。

①調査企業の選抜

対象企業は，1部上場企業を中心に1407事業所の研究開発部門に依頼する。本研究では，具体的なプロジェクト名を記載し，そのプロジェクト関係者にアンケートを記載いただくために，下記関係諸団体の了解を得て研究開発部門の方々に直接調査票を送付する。配布先とは，社団法人科学技術と経済の会「明日の経営を考える会」と株式会社日本能率協会コンサルティング「研究開発関係フォーラム参加者」と研究・技術計画学会の各会員である。なお，重複は，排除した。

②実施プロジェクト名／製品や技術種類／同分野の記載

本プロジェクトでは，プロジェクトがいつ頃行われたかを検証することと個々のプロジェクトでの意思決定行動を明らかにすることを目的に，実施したプロジェクト名，製品や技術種類，同分野を記載してもらう。さらに，活動期間や技術責任者が活動内容のチェックを行った回数を記載してもらう。

③市場に投入された新製品の「技術の革新性」と「技術の実用性」の把握[123]

世の中でどのように評価されたかを下記分類で選択と記述を併用して実施す

　　た財物) で使用したものである。
122　ファジーフロントエンドのプロジェクトであるかの認定は，脚注120で行なった。回収アンケートの内，5件が，認定されなかった。
123　「技術の実用性」の評価基準は，大河内記念賞，市村産業賞，発明協会賞の受賞有と受賞無で分類する。なお，別に市場投入されたことで実用化されたと解釈する見解もある。

る。
1. 発明協会主催全国発明表彰受賞（具体的：発明賞・恩賜賞・　　　　）
2. 学会技術賞表彰受賞（　　　　　　　　　　　　　　　　　　　　）
3. 業界の表彰受賞（具体的：大河内記念賞・市村産業賞　　　　　　）

以下，参考に記載してもらう。

4. マスコミの表彰受賞　（日経BP技術賞　　　　　　　　　　　　　）
5. その他表彰受賞　（　　　　　　　　　　　　　　　　　　　　　）
6. 特に表彰はない

④プロジェクト活動前後の競合企業との「技術水準の優位性」の順番[124]

プロジェクト活動前とプロジェクト活動後における自社製品が競争企業と較べて優，同，劣かを，それぞれ5段階スケールのリッカート・タイプ質問で行う。

1. 明らかに優れていた　2. 優れていた　3. 同程度　4. 劣っていた
5. 明らかに劣っている

上記の属性情報に関する質問を被験者のアンケートによって行う。なお，下記の属性に関しても調査する。

回答者氏名，会社名と所属と連絡先，所属役職，現職場の経験年数，会社業種*，会社規模（売上額）*，研究開発費*，会社規模（従業員数）*，研究・開発体制（3分離型・2分極型・事業部権限委譲型・その他）*，所属部署の業務確認（2設問）*，所属部署の人数・階層・役職確認（3設問）*，CTOの存在確認*（*部は選択型設問で，無印部は記述型設問である。詳細は巻末資料4のアンケート調査票を参照。）

次に第4章第3節で個々に説明した8項目（①～⑧）の独立変数のアンケート質問内容とその判定基準を概説する。下記設問文章は，パイロットスタディー活動時のインタビュー調査内容（巻末資料3）をもとに，アンケート調査票にまとめた（詳細は，巻末資料4のアンケート調査票を参照）。

---

[124] 「技術水準の優位性」は優（1か2）・同（3）・劣（4か5）に分け，活動前と活動後を明らかにし，さらに予め決めた方法で点数化して評価する。秋庭ら（1986年）の製品評価の評価因子分析法を適用する。（詳細は，第4章第3節2項で説明した方法である。）

①活動の取り組み姿勢［技術志向（①-1）とユーザ志向（①-2）］の比較分析

　4設問を準備し技術志向かユーザ志向かを判定する。技術志向有の判別は「設問1：技術的独創性を持つことを常時意識」に回答した場合とする。またユーザ志向有の判別は以下3設問のいずれかまたは複数が有る場合とする。「設問2：顧客価値向上を優先，設問3：市場評価者を事前決定，設問4：新市場の誰が反応するか考慮」。なおユーザ志向設問が3通りあるのは，市場を意識する時には，対象となる製品や技術の違いにより，ユーザ行動が異なるためである（コトラー（Kotler, P. 1991）。本アンケートでは，複数回答を可としているので，両方の志向に有の回答も存在する可能性があるとし，その場合には被験者に問い合わせ確認することとする[125]。

②市場ニーズの把握姿勢［チーム自ら設定（②-1）と第三者に依存②-2］］の比較分析

　4設問を準備しチーム自ら設定か第三者に依存かを判定する。チーム自ら設定の判定は，「設問1：市場に対して新たなコンセプト提案を行う」と「設問2：社内シーズや技術水準を明確化」のいずれかに回答した場合とする。また，第三者に依存の判定は「設問3：まず市場ニーズを把握してからが，絶対条件」と「設問4：企業内の技術ポテンシャルを問うことが先決」のいずれかに回答した場合とする。複数回答を可としているのでチーム自ら設定と第3者に依存の両方に回答する可能性があるが，結果としてはいなかった。

③市場への姿勢［市場意識しない（③-1）と市場意識する（③-2）］の比較分析

　6設問を準備し市場意識の有無を判定する。市場意識しないの判定は「設問1：明確な販売先や市場規模調査等を意識していなかった」に回答した場合とする。また市場意識するの判定は以下設問のいずれかまたは複数が有る場合とする。「設問2：単一既存市場，設問3：複数既存市場，設問4：周辺市場，設問5：自社営業部門調査市場，設問6：外部調査企業への依頼調査市場」。複数回答を可としているので市場意識の有無両方に回答する可能性があるが，結果としてはいなかった。

125　矛盾回答は，4％であり，被験者に問い合わせ確認を行った。なお設問ごとに5～10段階スケールで行うリッカートタイプ質問があるが，今回は特定のプロジェクトを対象に，プロジェクト関係者によるアンケートであることから，YESかNOかで選択してもらう方式とした。

④情報の収集姿勢［オープン型（④-1）と非オープン型（④-2）］の比較分析

「あらゆるネットワークを利用して動向調査」の設問を準備し判定する。有るの場合にはオープン型，無印の場合には非オープン型であると判定する。

⑤技術の検証姿勢［技術検証型（⑤-1）と非技術検証型（⑤-2）］の比較分析

「理論的技術検証のできない場合には先に進まず」の設問を準備し判定する。有るの場合には技術検証型，無印の場合には非技術検証型であると判定する。

⑥競争相手への姿勢［意識する（⑥-1）と意識しない（⑥-2）］の比較分析

2設問を準備し，常に意識したか意識しなかったかを判定する。「設問1：常に競争企業を意識していた」「設問2：競争企業の技術水準，調査等を一切行わなかった」の2設問である。設問1が有るの場合か設問2が無印の場合には，常に意識したとし，設問1が無印の場合か設問2が有りの場合には，意識しなかったと判別する。矛盾がある場合には被験者に問い合わせ確認することとするが，結果としてはいなかった。

⑦市場協力者の出現受け入れ姿勢［受け入れず（⑦-1）と受け入れる（⑦-2）］の比較分析

「市場調査対象者（内容評価者）へ具体的内容を開示したことがよい結果を生んだ」の設問を準備し判定する。有るの場合には「受け入れる」とし，無印の場合には「受け入れせず」と判定する。

⑧ゲートキーパーの出現受け入れ姿勢［受け入れる（⑥-1）と受け入れず（⑥-2）］の比較分析

「活動を加速する推進者（ゲートキーパー）が出現し良かった」の設問を準備し判定する。有るの場合には「受け入れる」とし，無印の場合には「受け入れせず」と判定する。

次に，第4章第4節で個々に説明したA，B，Cの独立変数のアンケート質問内容とその判定基準を概説する。

A　中味の濃い効果的情報

　　4項目に対し，7設問を準備し，脚注113により判定する。

 4：自社内情報（自社事業部情報）

―自社事業部（他の事業部でも可）からの情報
　3：公知の情報（他社製品や特許情報等）
　　　―他社商品のティアダウン（分解し内容分析）情報（実機検証・他社技術情報等）
　　　―公知の関連特許・実用新案情報（他社特許や関連特許の分析情報等）
　2：社外文章情報（学会・大学ルート情報や調査企業の文章情報等）
　　　―関係学会や大学ルートから入手したドキュメント情報（文献や解説資料等）
　　　―市場調査会社による依頼事項の調査ドキュメント情報（市場動向や売れ筋情報等）
　1：社外口コミ情報（非公式な口コミ情報等）
　　　―関連分野の事業関係者からの非公式な口コミ情報（関係業界会合等からの情報）
　　　―関連分野以外の事業関係者からの非公式な口コミ情報（無関係な業界会合等）

B　具現化に役立つ技術情報
　　4項目に対して，9設問を準備し，脚注113により判定する。
　4：そのまま活用できる社内情報（開発した自社技術・既存製品の不具合・苦情対策情報等）
　　　―過去開発していた自社要素技術をもとにその再活用検討（既存技術の棚卸）
　　　―既存商品の顧客から入る不具合情報や苦情情報（主に技術的な情報）の検討
　3：活用するため加工が必要な社内情報（自社コアー技術・戦略特許情報等でそれをもとに開発が必要）
　　　―自社コアー技術をもとに新たな原理発明や微細化加工技術などの検討
　　　―自社特許の洗い出しによる新特許戦略からの技術テーマ検討
　2：社外既存情報（世の中にある新材料・新技術や技術提携先のノーハウ等）
　　　―世の中にすでにある新素材・新商品・新技術の利用可能性の検討
　　　―新技術保有企業との技術提携やアライアンス（同盟）関係構築の検討

1：社外新規情報（世の中の新技術動向情報や自社ステークフォルダーからのイノベーション情報等）
　　—自社を取り巻く顧客・業者・代理店等のイノベーターからの技術情報の検討
　　—特定顧客からの情報（顧客との直接的接触で知り得た知見）の検討
　　—世の中の新技術動向情報の検討
C　市場形成に役立つ市場情報
　　3項目に対して，6設問を準備し，脚注113により判定する。
3：単一の既存市場や複数の既存市場からの情報（市場形成済みの明確な市場情報）
　　—1つの既存商品市場を漠然とイメージしていた
　　—複数の既存商品市場の集合体を漠然とイメージしていた
2：既存周辺市場や調査可能な市場からの情報（ほぼ把握可能な市場情報）
　　—既存市場の周辺市場をイメージしその市場への参入可能性を自部門で調査した
　　—新商品・新技術のために全く市場がつかめず自社営業部門で調査した
　　—新商品・新技術のために全く市場がつかめず外部調査企業に依頼し調査した
1：市場を意識せず（全く把握できず，市場イメージすら明確にできない市場情報）
　　—この段階では明確な販売先や市場規模等を意識していなかった

　次に，第4章第5節で個々に説明した各独立変数のアンケート質問内容とその判定基準を概説する。
① イメージした市場
　5項目に対して，各々1設問を準備し，選択した設問に対応する項目を回答結果とする。
　　1つの既存市場
　　　—1つの既存商品市場を漠然とイメージしていた
　　複数既存市場

―複数の既存商品市場の集合体を漠然とイメージしていた
　既存の周辺市場
　　　―既存市場の周辺市場をイメージしその市場への参入可能性を自部門で調査した
　新　市　場
　　　―新製品・新技術のために全く市場がつかめず自社営業部門で調査した。または新商品・新技術のために全く市場がつかめず外部調査企業に依頼し調査した
　全く把握できず
　　　―この段階では明確な販売先や市場規模等を意識していなかった

② 活用技術情報

　3項目に対して，8設問を準備し，選択した設問に対応する項目を回答結果とする。

　社内技術情報（既存情報）
　　　―自社のコアー技術をもとに新たな原理発明や微細化加工技術などの検討
　　　―過去開発していた自社要素技術をもとにその再活用検討（既存技術の棚卸）
　　　―自社特許の洗い出しによる新特許戦略からの技術テーマ検討
　　　―既存商品の顧客から入る不具合情報や苦情情報（主に技術的な情報）の検討
　社外既存技術情報
　　　―世の中にすでにある新素材・新商品・新技術の利用可能性の検討
　　　―新技術保有企業との技術提携やアライアンス（同盟）関係構築の検討
　社外新規技術情報
　　　―自社を取り巻く顧客・業者・代理店等のイノベーターからの技術情報の検討
　　　―世の中の新技術動向情報の検討

③ 産業別の平均活動期間

　第4章第5節3項と同じ内容とする。

④　産業別のゲートキーパー出現と市場協力者出現の受け入れ姿勢
　第5章第1節2項の⑦と⑧と同じ内容とする。
⑤　産業別の中味の濃い効果的情報収集
　3項目に対して，7設問を準備し，選択した設問に対応する項目を回答結果とする。
　文章情報
　　―自社事業部（他の事業部でも可）からの情報
　　―関係学会や大学ルートから入手したドキュメント情報（文献や解説資料等）
　　―市場調査会社による依頼事項の調査ドキュメント情報（市場動向や売れ筋情報等）
　検証情報
　　―他社商品のティアダウン（分解し内容分析した）情報（実機検証・他社技術情報等）
　　―公知の関連特許・実用新案情報（他社特許や関連特許の分析情報等）
　会話情報
　　―関連分野の事業関係者からの非公式な口コミ情報（関係業界会合等からの情報）
　　―関連分野以外の事業関係者からの非公式な口コミ情報（無関係な業界会合等）
⑥　産業別のイノベーション創出製品化モデルの有効性検証
　イノベーション創出製品化モデル（櫻井 2000 年）が，新製品や新技術の製品化活動で役立ったかを「製品化活動を振り返ることができたか」の設問で検証する。選択式とし，リッカート・タイプの4点スケールで測定する。
　（1．スムーズにできた　2．できた　3．どちらともいえない　4．できなかった）

3. 調査回収状況と研究データの属性値

　調査は，2003 年 8 月 15 日から 9 月 16 日まで，1407 事業所に依頼し，有効回答数は 131 通（回答率 9.3%）であった[126]。アンケート全項目へ記載がない

もの（但し，一部属性値の無回答は良しとした。）やファジーフロントエンドのプロジェクト条件を満たしていないアンケート結果は，機械的にはずし，100プロジェクトで結果をまとめた。100プロジェクトの内訳は，上場企業68社（81プロジェクト）と非上場企業19社（19プロジェクト）である[127]。なお上場企業は東証1部が66社と ジャスダックが2社である。アンケート回答者は，本プロジェクト活動の当事者または関係者であり，現在96％が管理職

図表5-1　100プロジェクトの属性値（1）　企業業績や規模および研究開発体制

年間売上額〈単体：億円〉		研究開発費〈単体：億円〉		従業員数〈単体：人〉		研究開発体制		CTOの職位	
200未満	16件	10未満	28件	300未満	13件	3分離	31件	副社長クラス	15件
200以上500未満	13	10以上20未満	6	300以上1000未満	14	2分極	40	上席役員クラス	54
500以上1000未満	12	20以上50未満	11	1000以上3000未満	30	事業部権限委譲	20	事業部単位	16
1000以上2000未満	19	50以上100未満	14	3000以上5000未満	14	その他	7	事業部単位合議制	13
2000以上5000未満	11	100以上200未満	16	5000以上1万未満	10	無回答	2	その他	2
5000以上1兆円未満	15	200以上300未満	3	1万以上3万未満	14				
1兆円以上2兆円未満	2	300以上500未満	7	3万以上	4	注記：上記3分離とは本社・研究所・事業部，2分極とは本社・事業部を示す。			
2兆円以上4兆円未満	7	500以上1000未満	4	無回答	1				
4兆円以上	1	1000以上2000未満	5						
無回答	4	無回答	6						

出所：アンケート調査をもとに筆者作成。

126　本調査は，経済産業省平成14年度補正予算事業技術経営プログラム等開発委託事業（経済産業省／三菱総合研究所）により実施したものである。研究テーマは「民間企業における企画創造的な技術マネージャー育成に関する調査」で菅澤ら（2004年）調査報告書の調査票データによるものである。
127　業種区分では，電気機器25％，化学13％，輸送用機器8％，機械8％，情報通信機器7％，精密機器6％，建設6％，金属製品5％，ゴム製品4％，食料品4％，繊維製品3％，非鉄金属3％，其の他8％。

図表5-2　100プロジェクトの属性値（2）　アンケート被験者に関する値

被験者所属部署		部署役割（業務機能）		被験者役職	
本社	26名	研究企画管理	32名	一般	0名
中央研究所	29	基礎研究	3	係長	4
基礎研究所	3	応用研究	10	課長	26
事業部研究所	4	設計／製品開発	26	部長	36
事業部開発部門	18	要素開発	4	事業部長（技術のみ）	8
事業部設計生産部門	4	コスト研究	1	事業部長（採算含む）	6
事業部プロジェクト部門	1	研究開発計測・実験	5	事業部長以上	9
事業部事業企画部門	5	生産設計	1	CTO	7
事業部マーケティング部門	2	市場調査	1	その他	3
その他	7	販売企画	3	無回答	1
無回答	1	無回答	14		

出所：アンケート調査をもとに筆者作成。

である。100プロジェクトは，1985年～1997年にファジーフロントエンドのプロジェクト活動を行い，その後，開発設計活動後1990年代に市場投入されたことを全数確認した。その他100プロジェクトの属性値を図表5-1と図表5-2にまとめる。なお図表5-1属性値は，2002年度実績値である。

第2節　新製品の開発前段階のプロジェクト行動と市場に投入された新製品の技術的革新性・優位性との関係

1. プロジェクトマネジメント行動指針8項目が市場に投入された新製品の評価に与える影響分析結果

各集計結果をもとにクロス分析を行った後，カイ2乗検定を実施した結果を図表5-3に示す。有意確率基準は　＊＊＊印が1％水準で有意，＊＊印が5％水準で有意，＊印が10％水準で有意にあると判定した。また8項目の相関マトリックスを図表5-4に示す。

図表5-4より「活動の取り組み姿勢」と「市場ニーズの把握姿勢」，「活動の取り組み姿勢」と「ゲートキーパーの出現受け入れ姿勢」，「市場協力者の出現受け入れ姿勢」と「ゲートキーパーの出現受け入れ姿勢」に弱い相関性が見受

図表 5-3　行動指針 8 項目が市場に投入された最終製品評価に与える影響の分析結果

プロジェクトマネジメント行動	上段は独立変数（括弧内はデータ数）／　中・下段は従属変数			
** ① 活動の取り組み姿勢	技術志向　（48）		ユーザ志向　（52）	
	革新新製品	漸進新製品	革新新製品	漸進新製品
	16（33.3％）	32（66.7％）	6（11.5％）	46（88.5％）
② 市場ニーズの把握姿勢	チーム自ら設定　（64）		第3者に依存　（36）	
	革新新製品	漸進新製品	革新新製品	漸進新製品
	17（26.6％）	47（73.4％）	5（13.8％）	31（86.2％）
* ③ 市場への姿勢	意識せず　（10）		意識する　（90）	
	革新新製品	漸進新製品	革新新製品	漸進新製品
	5（50.0％）	5（50.0％）	17（18.9％）	73（81.1％）
④ 情報の収集姿勢	オープン型　（17）		非オープン型　（83）	
	革新新製品	漸進新製品	革新新製品	漸進新製品
	4（23.5％）	13（76.5％）	18（21.7％）	65（78.3％）
⑤ 技術の検証姿勢	技術検証型　（11）		非技術検証型　（89）	
	革新新製品	漸進新製品	革新新製品	漸進新製品
	2（18.2％）	9（81.8％）	20（22.5％）	69（77.5％）
⑥ 競争相手への姿勢	意識する　（47）		意識せず　（53）	
	革新新製品	漸進新製品	革新新製品	漸進新製品
	12（25.6％）	35（74.4％）	10（18.9％）	43（81.1％）
** ⑦ 市場協力者の出現受け入れ姿勢	受け入れず　（86）		受け入れる　（14）	
	革新新製品	漸進新製品	革新新製品	漸進新製品
	22（25.5％）	64（74.4％）	0（0％）	14（100％）
* ⑧ ゲートキーパーの出現受け入れ姿勢	受け入れる　（43）		受け入れず　（57）	
	革新新製品	漸進新製品	革新新製品	漸進新製品
	13（30.2％）	30（69.8％）	9（15.8％）	48（84.2％）

注：＊＊は5％水準で有意，＊は10％水準で有意にある。
出所：アンケート結果をもとに筆者作成。

けられる。他は，ほとんど相関性は見当たらない。

2. 個別の問題ないしは固有問題である場合の関係分析

　図表5-3の結果より，④「情報の収集姿勢」と⑤「技術の検証姿勢」と⑥「競争相手への姿勢」は独立変数の違いが，市場に投入された最終製品評価にあまり影響されないことがわかる。これらは，プロジェクトごとの個別問題または固有問題であることが想定される。例えば，図表4-9に示すとおり④「情報

第2節　新製品の開発前段階のプロジェクト行動と市場に投入された新製品の技術的革新性・優位性との関係　　109

図表5-4　行動指針8項目の相関マトリックス

		平均値	標準偏差	1	2	3	4	5	6	7
1	活動取り組み	0.52	0.502							
2	市場ニーズ把握	0.36	0.482	0.220*						
3	市場への姿勢	0.90	0.302	0.080	0.042					
4	情報の収集	0.17	0.378	-0.045	-0.062	-0.027				
5	技術の検証	0.11	0.314	0.018	-0.131	0.117	-0.159			
6	競争相手	0.47	0.502	0.022	0.003	0.114	-0.159	-0.075		
7	協力者受け入れ	0.14	0.349	0.157	0.118	-0.058	-0.106	0.042	-0.033	
8	GK受け入れ	0.43	0.498	-0.298**	-0.062	-0.047	0.037	0.017	-0.170	-0.350**

注：＊＊は5％水準で有意，＊は10％水準で有意にある。
出所：アンケート結果をもとに筆者作成。

の収集姿勢」行為（オープン化するか否か）が発生するのは，新事業分野の特定化がなされること，現有保有技術だけでは対応できないことが明白になること，未保有既存技術の存在が明確であること等の条件が揃った場合で，さらに未保有既存技術の入手が必要と判断が下った時の意思決定姿勢の問題である。従って，オープン化するか否かが，革新新製品か漸進新製品を決める要因ではないのである。その都度の状況次第で決まる個別の問題である。また，⑤「技術の検証姿勢」についても，新技術融合で差別化技術や卓越した技術に仕立てることが，得策かどうかの判断を行う時の意思決定姿勢の問題である。従って，技術の検証の有無が，革新新製品か漸進新製品を決める要因ではないのである。④「情報の収集姿勢」と同様に都度の条件下での個別の問題である。すなわち，その時点における状況判断の相違で，意思決定が変わり，その結果として④「情報の収集姿勢」と⑤「技術の検証姿勢」の行動は，変化するのである。一方，⑥「競争相手への姿勢」は，市場投入する新製品に対する競争相手の製品との技術レベル差による固有の問題であり，極端に言えば競争相手が存在しない，またはほとんど無視してよい場合と競争相手が無限に近い形で存在する場合があり，その差は，市場へ新製品が投入される時点での競争相手の存在の問題であり，都度の条件下での固有の問題である。

3. プロジェクトの主体的意思問題である場合の関係分析

図表5-3の①「活動の取り組み姿勢」，②「市場ニーズの把握姿勢」，③「市

場への姿勢」，⑦「市場協力者の出現受け入れ姿勢」，⑧「ゲートキーパーの出現の受け入れ姿勢」の5項目は，プロジェクトマネジメント行動が，市場に投入された最終製品評価へ与える影響が鮮明である。これらの行動は，大きく分けて2グループに分けられる。プロジェクト活動におけるチームの主体的意思の問題（能動的問題としてのチーム活動の取り組み姿勢）と主体的対応をするものの第三者の出現を待つことが前提となる問題（受動的問題としての情報提供者の受け入れ姿勢）とである。前者の能動的問題は，①「活動の取り組み姿勢（技術的独創性を意識する）」と②「市場ニーズの把握姿勢（市場ニーズをチーム自ら設定）」と③「市場への姿勢（市場を意識しない）」である[128]。

図表5-5「チーム活動の取り組み姿勢」と「情報提供者の受け入れ姿勢」と「技術評価」との関係分析

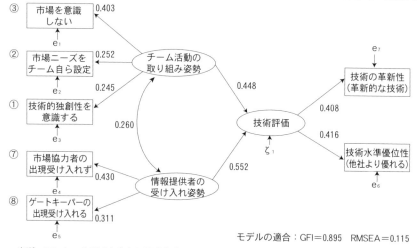

出所：アンケート調査をもとに筆者作成。

一方，後者の受動的問題は，⑦「市場協力者の出現受け入れ姿勢（市場協力者の出現受け入れず）」と⑧「ゲートキーパーの出現受け入れ姿勢（ゲートキーパーの出現受け入れる）」である。ここで，パス図（多重指標モデル）を作成し，共分散構造分析を行う。新たな潜在変数として「チーム活動の取り組み姿勢

---

[128] 各プロジェクトマネジメント行動項目の括弧内記述内容は，革新新製品を生み出す促進要因を記述した。図表5-5のパス図内に記載した内容は，この括弧内のみ記載する。

(能動的問題)」と「情報提供者の受け入れ姿勢(受動的問題)」と「技術評価」を設けることとする。結果を図表5-5に示す。なお数字は標準偏回帰係数を示す(共分散構造分析の詳細な数値結果は,巻末資料7を参照)。

「チーム活動の取り組み姿勢」と「情報提供者の受け入れ姿勢」と「技術評価」との間には関係性が認められる。技術の革新性や優位性を実現するには,「チーム活動の取り組み姿勢」よりもむしろ「情報提供者の受け入れ姿勢」が影響することがわかる。「チーム活動の取り組み姿勢」では,③ 市場を意識しない,② 市場ニーズをチーム自ら設定する,① 技術的独創性を意識するの順番で影響力を持つ。「情報提供者の受け入れ姿勢」では ⑦ 市場協力者の出現受け入れずが ⑧ ゲートキーパーの出現受け入れるよりも影響程度が高いことがわかる。また,技術評価では,「技術の革新性」と「技術水準の優位性」とが同程度の値となっている。一般的には「技術水準の優位性」は,競合製品が存在する場合の相対的な技術水準の比較であるのに対し,「技術の革新性」は,絶対的な技術水準の比較であることから,後者の「技術の革新性」がより技術の評価基準として妥当性があると見られてきた[129]。今回の結果から,技術評価の結果は,意に反し,両評価基準とも同じことがわかった。

ここで,ファジーフロントエンドのプロジェクト活動の行動姿勢について,製品コンセプト形成の観点で分析する。英国規格 BS EN 12973:2000 (British Standard) によると,製品コンセプト形成の機能には,ユーザ関連機能と製品関連機能があるとし,前者のユーザ関連機能は,ユーザのニーズや希望を満たすため,何をしなければならないか,つまる目的(What for?)を明確にすることであり,後者の製品関連機能は,ニーズに対する回答に考えるための内部活動であり,例えば,原理や物理現象を具現化したもの,検討中や開発中の解

---

[129] 本田技研工業のCTOであった元常務岩倉信弥氏(現多摩美術大学 理事・学科長)は,講演会(2001年11月8日)の中で,ホンダがF1に参戦した理由の1つとして,本田宗一郎が生前,話されていたことは,「技術者は,競合メーカーとの「技術水準の優位性」を主張するが,その優位性評価項目そのものが,比較対照として有効であるかは,誰も証明できない。そこで,F1レースに参戦して実際にレースに勝つこと(絶対的な技術水準の比較)こそが,技術の最終評価基準だ。」と述べたと言明されている。本技術評価の基準である「技術の革新性」と「技術水準の優位性」は,前者が,本田宗一郎のいう絶対的な技術水準の比較(F1レースでの勝負結果)であり,後者が,技術者自身が決めた相対的な技術水準の比較であると考えられる。今回の結果からは,相対的な技術水準であっても,絶対的な技術水準と同等な評価を行うことは可能であるといえる。

決策構造の具現化したもの，解決策を深めるためまたは製品の性能を分析することを可能にするもの等としている。この活動は，方法（How?）の具現化である。今回の技術革新を伴うファジーフロントエンドのプロジェクト活動行動は，この後者の使命を果たすための行動である。製品関連機能を実施するための行動が取られるのである。したがって，図表5-5に示す共分散構造分析結果からわかるとおり，「市場を意識しない」，「市場ニーズをチーム自ら設定する」，「技術的独創性を意識する」，「市場協力者の出現受け入れず」，「ゲートキーパーの出現受け入れる」の行動が取られるのである。すなわち，企業内部の活動を主体的に行うことになるものと思われる。

　本事例として例えば，三重野（1998年）によれば，技術を中核となす企業とは，「企業規模の大小に関わらず，特化した専門技術分野で世界的な水準を持っている企業」と定義して，この定義にあてはまる企業経営者からの話や企業訪問した内容が紹介されている。例えば，日本真空技術（株）の事例では，創業当初から経営者は，将来は，真空技術が必要な時代が来るとの確信のもと技術開発型で経営が進められている。その活動は，新たな真空にかかわる基幹技術を開発し，個別の顧客に対応する段階でさらに必要な洗練化技術を生み出すプロセスを取っている。具体例では，従来の冷蔵・冷凍システムを使用しない真空冷却技術を利用した高原野菜の鮮度を落とさない輸送冷却方法の実用化が紹介されている。このケースの場合には，事業部からの「長野県下の農協から新鮮な野菜を東京に届けたらきっと新たな市場が開拓される」との潜在ニーズをもとに，現有する自社技術をもとに技術検討チーム（ファジーフロントエンドの活動）が発足し，「自社の基本技術である真空冷却技術から新たなその具現化技術」の検討がなされた。そのチームの使命は，英国規格BS EN 12973:2000の「製品関連機能」の具現化方法の検討である。その際，新たな市場探索や市場協力者の出現による受け入れは行わずに，自らの社内ポテンシャルでその具現化のための検討を行っている。すなわち，他社との差別化や優位性を確保するためにこのような行動がなされるものと思われる。

4. 統計的有意性のある4設問の検討

　統計的検証で有意性のある①活動の取り組み姿勢と③市場への姿勢と⑦

図表 5-6　統計的有意性のある 4 設問の検討

No	組み合わせ	① 活動の取り組み姿勢(技術志向)	⑧ ゲートキーパーの出現受け入れ姿勢(受け入れ)	⑦ 市場協力者の出現受け入れ姿勢(受入れず)	③ 市場への姿勢(意識せず)	技術の革新誕生(革新新製品)
1	1個	○				33.3%**
2			○			30.2%*
3				○		25.5%**
4					○	50.0%**
5	2個	○	○			39.3%**
6		○		○		36.4%***
7		○			○	83.3%***
8			○	○		30.2%*
9			○		○	80.0%***
10				○	○	62.5%**
11	3個	○	○	○		39.3%**
12		○	○		○	83.3%***
13			○	○	○	80.0%***
14		○		○	○	80.0%***
15	4個	○	○	○	○	80.0%***

注：＊＊＊印が1％水準で有意，＊＊印が5％水準で有意，＊印が10％水準で有意にある
出所：アンケート結果をもとに筆者作成。

市場協力者の出現受け入れ姿勢と⑧ゲートキーパーの出現受け入れ姿勢についてその組み合わせからどのような傾向があるか分析した（図表5-6）。

4つの設問の組み合わせで1個より2個，2個より3個，3個より4個と組み合わせが，増えるほど革新新製品が誕生する確率は向上する。なお，今回の調査データでは，①活動の取り組み姿勢と⑧ゲートキーパーの出現受け入れ姿勢のデータは，分析した2要素（「技術志向」：「ユーザ志向」と「GK出現」：「GK出現せず」）が均衡しているのに対し，⑦市場協力者の出現受け入れ姿勢は「市場協力者の出現受け入れず」が「市場協力者の出現受け入れ」を大きく上回っていることと③市場への姿勢では，逆に「意識せず」が「意識する」を大きく下回っていることから，図表5-4の関係分析より③市場への姿勢，①活動の取り組み姿勢，⑧ゲートキーパーの出現受け入れ姿勢，⑦市場協力者の出現受け入れ姿勢の順番で，革新新製品が誕生する確率の感度が高くな

る。従って，本研究データからは③≫①＞⑧≧⑦順番で革新新製品が生まれる率が高いことがわかった。「③ 市場への姿勢」と「他の姿勢（①，⑧，⑦）」との組み合わせでは，すべて 62.5％以上の革新新製品が生まれている。

5. 関係分析の新たな知見（図表 5-3，図表 5-5，図表 5-6）
―「チーム活動の取り組み姿勢」と「情報提供者の受け入れ姿勢」と「技術評価」の関係―

本節の分析結果は，図表 5-3 に示すとおりである。すでに 1 項から 3 項で説明したとおり，クロス集計した 8 項目のプロジェクトマネジメント行動指針の内，5 項目（①～③と⑦と⑧）の姿勢が革新新製品との関わりがあることがわかった。一方その他 3 項目（④～⑥）の姿勢が革新新製品との関わりが希薄であることがわかった。前者 5 項目については，下記が言える。

1) ① 活動の取り組み姿勢の「技術志向グループ」は「ユーザ志向グループ」に比較して革新新製品を生み出す比率が約 3 倍である。
2) ② 市場ニーズの把握姿勢の「チーム自ら設定するグループ」は「第 3 者（顧客または自社技術者）に依存するグループ」に比較して革新新製品を生み出す比率が約 2 倍である。
3) ③ 市場への姿勢の「意識せずグループ」は「意識するグループ」に比較して革新新製品を生み出す比率が約 2.7 倍である。
4) ⑦ 市場協力者の出現受け入れ姿勢の「市場協力者の出現を受け入れずグループ」は「市場協力者の出現を受け入れるグループ」に比較して革新新製品を生み出す比率が極めて顕著（∞）である。
5) ⑧ ゲートキーパー（GK）の出現受け入れ姿勢の「GK の出現受け入れグループ」は「GK の出現受け入れずグループ」に比較して革新新製品を生み出す比率が約 2 倍である。
6) チームの主体的意思の問題（能動的問題としてのチーム活動の取り組み姿勢（①②③））と第三者の出現を待つ問題（受動的問題としての情報提供者の受け入れ姿勢（⑦⑧））とに分けられることがわかった。

2 因子間の関係性だけから早計に結論を導く出すことはできない。そこで図表 5-5 に示すパス図（多重指標モデル）を作成し共分散構造分析を行った。そ

の結果から下記が明確になった。

7) 受動的問題（⑦⑧）が，能動的問題（①②③）よりも革新新製品を生み出す原動力になっていることがわかった。このことは，最終目的が，技術革新を伴う新製品を誕生させることである場合には，受動的問題である⑦市場協力者の出現受け入れ姿勢や⑧ゲートキーパー（GK）の出現受け入れ姿勢が重要であることを示している。

8) 受動的問題では，社内のゲートキーパーの出現が促進因子であり，市場協力者の出現が抑制因子であることがわかった。ファジーフロントエンドのプロジェクト活動の目的が，製品コンセプト計画書を策定することであるから必然的に競争相手は無論のこと，市場関係者へその動静を察知されないことが肝要である（ヘンダーソン（Henderson, B. D. (1979))）。従って市場に近い人物との接触は，極力少なくすることが，企業内部で決定されているものと思われる。

9) 次に，能動的問題である③市場を意識しない，②市場ニーズをチーム自ら設定，①技術的独創性を意識するの3つが重要となる。ただし，3項目には，影響度合いに差があり，最も影響度合いがあるのは③市場を意識しない，であることがわかった。

図表5-6から，下記が明確になった。

10) ③市場への姿勢，①活動の取り組み姿勢，⑧ゲートキーパー（GK）の出現受け入れ姿勢，⑦市場協力者の出現受け入れ姿勢の順番で革新新製品を誕生させる確率が高いことが判明した。なお，ファジーフロントエンドのプロジェクト活動が，行われた時期や活動内容（テーマ，競争相手の有無，技術克服水準のハードルの高さ，企業の戦略優先順位，市場や技術の動向等）により異なるものと想定される。したがって，本傾向が，必ずしも絶対的なものではない。

第3節 新製品の開発前段階のアイデア発想情報源と市場に投入された新製品の技術的革新性・優位性との関係

1. アイデア発想情報源が市場に投入された最終製品評価に与える影響分析結果

図表5-7にアイデア発想情報源の相関マトリックスを示す。「中味の濃い効果的情報」と「具現化に役立つ技術情報」との間に弱い相関が見られるが，他はほとんど相関性は見当たらない。

図表5-7　アイデア発想情報源の相関マトリックス

	情　報　源	平均値	標準偏差値	1	2
1	中味の濃い効果的情報源	2.77	0.875		
2	具現化に役立つ技術情報	3.02	0.816	0.247 *	
3	市場形成に役立つ市場情報	2.55	0.657	0.064	0.036

注：*は，10％水準で有意にある。
出所：アンケート調査結果をもとに筆者作成。

次に，アイデア発想情報源が市場に投入された最終製品の技術評価に与える影響について分析する。独立変数A．中味の濃い効果的情報，B．具現化に役立つ技術情報，C．市場形成に役立つ市場情報の3情報を潜在変数「必要情報」とし，従属変数「技術の革新性」と「技術水準の優位性」を潜在変数「技術評価」とし図表5-8に示すパス図（多重指標モデル）を作成し，共分散構造分析を行った。図表5-8にその結果を示す。なお数字は標準偏回帰係数を示す（共分散構造分析の詳細な数値結果は，巻末資料7を参照）。

結果より，ファジーフロントエンドのプロジェクト活動における必要情報と市場に投入された最終製品の技術評価には，高い関係性が認められる。技術革新を生み出す新製品においては，「市場形成に役立つ市場情報」よりもむしろ「中味の濃い効果的な情報」や「具現化に役立つ技術情報」が有効に活用されていることが認められる。

図表5-8に示す潜在変数である「必要情報」と「技術評価」との間には，極めて高い相関性がある。しかしながら，前者の「必要情報」の収集は，ファジー

フロントエンドでのプロジェクト活動であり，後者の「技術評価」は，市場に投入された最終製品の評価である。したがって，これらの間には，企業内活動として，開発活動，設計活動，生産準備活動，生産活動，さらに発売後の販売活動が存在し，俄かにその相関性を容認できるものではない。

図表 5-8　アイデア発想情報源が市場に投入された最終製品の技術評価に与える影響

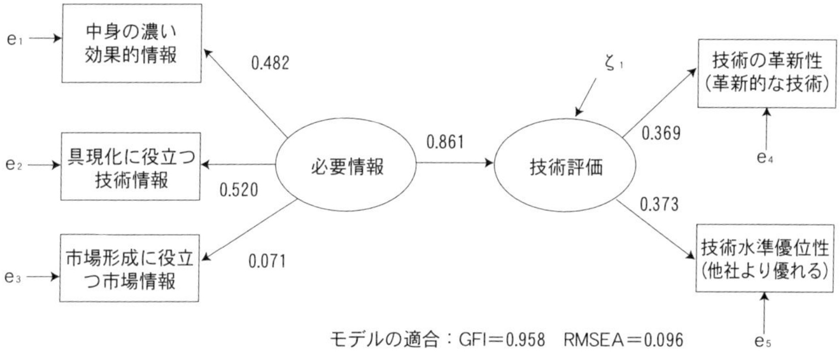

- 中身の濃い効果的情報 → 必要情報：0.482
- 具現化に役立つ技術情報 → 必要情報：0.520
- 市場形成に役立つ市場情報 → 必要情報：0.071
- 必要情報 → 技術評価：0.861
- 技術評価 → 技術の革新性（革新的な技術）：0.369
- 技術評価 → 技術水準優位性（他社より優れる）：0.373

モデルの適合：GFI＝0.958　RMSEA＝0.096

出所：アンケート調査をもとに筆者作成。

　まず，第4章第1節2項で説明した筋の良い技術と技術の革新性（学会の技術賞を受賞した新製品）についての関係性を説明する。筆者は，脚注86で述べたとおり，シャープの元副社長である浅田氏ご本人から，筋の良い技術に関してお話を直接聞くことができた。その内容を要約すると，「筋の良い技術」の技術とは，「新たな着想」を実現する基本となる「技術コンセプト」を差す。その技術コンセプトとは，実用化に向けた具現化活動の中で，最短の時間で，最大の性能を実現することができた場合が，筋の良い技術だったとなる。そこで，図表5-9に示す「新たな着想」段階で，ファジーフロントエンドのプロジェクトはこれから次々に起こるであろう具現化する過程での克服しなければならない技術に関する課題解決内容を予測し，その解決時間を最短にできる技術コンセプトとなり得るかを見極めることである。取り分け，技術の革新性が高い場合においては，①克服すべき技術改善事項が多数出現することや，②市場投入がなされる直前の段階で，市場からの新たな要求が多数出てくることである。それらのすべてを見通す必要がある。したがって，ファジーフロントエン

ドのプロジェクトリーダーは，それら状況を「新たな着想」段階で洞察し，どのような根本的な技術原理や達成手段を採用するべきかの方針を立てておくことが必要である[130]。

図表 5-9 「筋の良い技術」と「技術の革新性」について

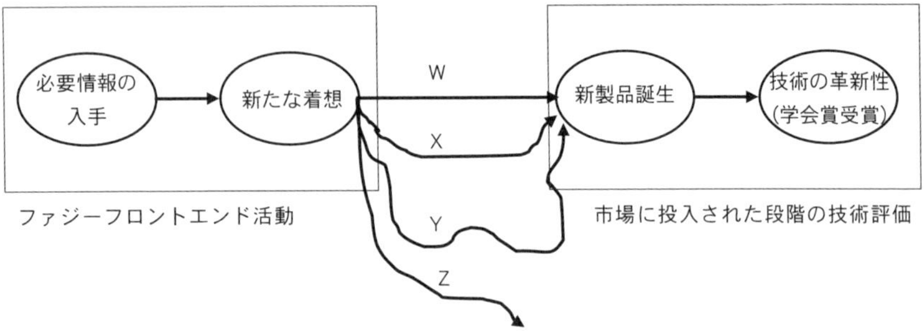

必要情報の入手 → 新たな着想 → W, X, Y, Z → 新製品誕生 → 技術の革新性（学会賞受賞）

ファジーフロントエンド活動　　　　　　市場に投入された段階の技術評価

出所：筆者作成。

図表 5-9 で示す通り，「新たな着想」から「新製品誕生まで」の間で，開発が頓挫する経路 Z にならないようにし，少しでも理想経路 W に近づくべく努力することが大切となる。一般的に　最短の理想経路 W の場合には，寄り道しない分，市場投入機会がもっとも早くなる。また，技術革新がシンプルにでき上がることが多く，技術の革新性がより高くなる。そうするためには，筋の良い技術を生み出すための「新たな着想」を生み出す源泉となる必要情報の入手が，キーとなるのである。以下，インタビュー調査を行ったプロジェクトで検証作業を試みることとする。

以下，本研究対象プロジェクトでインタビュー調査を行った 16 ケースの内，技術の革新性が高い 6 プロジェクト（革新新製品の誕生）で検証することとす

130　シャープの液晶ディスプレーの本格的スタートは，1987 年に，当時の辻社長がオプト元年を宣言したことに始まる。その約 1 年前に，液晶ディスプレーの開発技術方式の大転換を行っている。その内容は，当時，他社も研究開発していた量産化に向くとされた「ノーマリー・ブラック方式」を止め，技術的には難しく量産にも不向きと思われていた「ノーマリー・ホワイト方式」を採用したのである。その方針決定は，近未来には，画質の鮮明度合いが重要となるとの経営判断があったからである。結果的にシャープは，開発当初，乗り超える技術障壁は高かったが，回り道することなく技術醸成を図ることができた。一方，他社は遠回りをせざるを得なかった。その結果だけではないが，シャープが，技術的優位性を実現できたのである。

第3節 新製品の開発前段階のアイデア発想情報源と市場に投入された新製品の技術的革新性・優位性との関係　119

る。6プロジェクトとも「中味の濃い効果的情報」と「具現化に役立つ技術情報」は，ともに4段階中，4か3である。なお，インタビュー調査した残りの10プロジェクト（技術の革新性が漸進新製品）は，4プロジェクトが，「中味の濃い効果的な情報」と「具現化に役立つ技術情報」とも2や1であり，その他6プロジェクトは，「中味の濃い効果的な情報」と「具現化に役立つ技術情報」のいずれか一方が4か3であるが，他方は2か1である。

　まず，第4章第1節で説明したK社プロジェクトを取り上げる。K社では「中味の濃い効果的情報」や「具現化に役立つ技術情報」としてK社研究者W氏が参加した国家プロジェクトからの基礎研究成果情報が生かされている。なお，両情報とも4段階中4レベルである。その基礎研究の中の各種実験から得られた知見から，その後の新たな着想（脚注80）が誕生し，筋の良い技術醸成が可能となったのでいる。この内容は自社内情報ではないが，国家プロジェクトに参加して，質の高い「中味の濃い効果的情報」と「具現化に役立つ技術情報」が得られたと解釈できる[131]。その結果，世界初めての高性能センサーを開発できたのである。

　F社プロジェクトでは，発売当時，世界初の新製品を世に出している。そのF社では「中味の濃い効果的情報」や「具現化に役立つ技術情報」が，ともに4段階中4レベルの情報を収集し，社内のTG活動（巻末資料1参照）により，過去の自社内クレーム解決情報を丹念に分析した上で新たな着想（新塗布テープ材料）が誕生している。次に，G社では，「中味の濃い効果的情報」や「具現化に役立つ技術情報」が，ともに4段階中3レベルの情報を収集した上で，新たな着想（新規総合エンジニアリング）を生み出すために，シックスシグマ活動やTRIZなどの発想に役立つ技法を活用している。さらにプロジェクトメンバー人選時に，社内情報源を多く持つ人物を集めるために，技術者人事データーベースを使い，複数職場を体験している研究開発者を複数人集めている。

---

[131] 国家プロジェクトであり，その研究成果のほとんどの内容は公開される。さらに，プロジェクトに直接参画したW氏は，実験過程のすべてのプロセスを実践したことから得られるノーハウや質の高いノーハウ（例えば，材料生成過程の現象やその生成に至る実験過程の試行錯誤から学んだこと等）を知り得たのである。この場合のように，社外情報であっても，その情報に直接関わった人物がプロジェクト活動に参画した時には，社内情報に匹敵する効果的情報や具現化に役立つ技術情報が得られるのである。

ファジーフロントエンドのプロジェクト活動は，身近な体験情報源をもとに，独創性のあるアイデアを創造することだと言い切っている。次に，H社では，「中味の濃い効果的情報」や「具現化に役立つ技術情報」が，4段階中，前者が3レベルで，後者が4レベルの情報を収集し，初期活動で，プロジェクトメンバーだけでなく，異質な研究開発部門中心のメンバーによるアイデア出し会議や異部門合同合宿を行い新たな着想（新暗証技術）を生み出している。なおH社の新製品は，インタビュー後，事業が大きく成長し，日本発のオリジナル製品となり世界市場で業界トップシェアをキープしている。I社では，「中味の濃い効果的情報」や「具現化に役立つ技術情報」が，4段階中，前者が4レベルで，後者が3レベルの情報を収集している。I社では，事業化までの期間が設定されており，その期間設定目標が活動の緊迫感を作り出し新たな着想（新センシング技術）を生み出す原動力となっている。特にファジーフロントエンド活動のリーダーには着想力のある者を人選し，そのリーダーに活動のすべての権限が委譲されていることが特徴である。リーダーの人選が鍵だと言い切っている。J社では，H社と同様なレベルの情報を収集している。当初，我が国の学会から冷ややかな目で見られていたが，事業化を前提とした技術検証を行うために，自社の過去実験データの丹念な分析や解析から，新たな市場の形成が可能な企画書を纏め上げ，新たな実現可能性の高い着想（バクテリア方式）を生み出すことに成功している。その結果，その後，国内の学会からも高く評価される技術となった。以上のインタビュー調査内容だけから，図表5-8および図表5-9の検証ができたと断言できないが，技術の革新性が評価されている6プロジェクトの共通点は下記3点である。

(1) 「中味の濃い効果的情報」や「具現化に役立つ技術情報」とも，4段階中4か3段階の情報を収集している。
(2) 収集した必要情報をもとに，筋の良い新たな技術着想を生み出すために，発想技法や企業内ルール（TG活動や異部門合同合宿等）を駆使して独創性のある着想を生み出そうと努力している。
(3) さらにプロジェクト活動メンバー（含むリーダー）の人選にも多大な配慮がなされている。

以上のような取り組みが切っ掛けとなって，図表5-9に示した理想に近い最

短経路 W での活動がなされているものと思われる。その結果として，技術の革新性が生まれてくるものと考えられる。なお，アンケート結果より，6 プロジェクトを実施した企業には，副社長クラスないしは上席役員クラスの CTO （チーフ・テクニカル・オフィサー）がおり，プロジェクトチーム編成に尽力し，チームメンバーを勇気づける働きかけをよく行っていることがわかった。このような経営的側面からの十分な支援もまた重要である。

2. 関係分析の新たな知見（図表 5-8）
　　―プロジェクト活動に必要なアイデア発想情報源と新製品評価の関係―

1) アイデア発想情報源になくてはならない「必要情報」と市場に投入された最終製品の「技術評価」には，高い相関性が存在する。このことは，ファジーフロントエンドの活動開始時に，必要情報である「中味の濃い効果的情報」や「具現化に役立つ技術情報」や「市場形成に役立つ市場情報」の何を収集すべきかをプロジェクトチーム内で，きっちり取り決めてから行動することが重要であることを示している。

2) 技術の革新性や競争他社との技術水準の優位性を確保する新製品を誕生させるためには市場形成に役立つ市場情報よりも，むしろ中味の濃い効果的情報や具現化に役立つ技術情報の収集を行うことが重要である。例えば，中味の濃い効果的情報では「自社内事業部からの情報」，「他社商品のティアダウン情報」，具現化に役立つ技術情報では，「過去開発していた自社要素をもとにその再活用検討[132]」である。

---

[132] ファジーフロントエンドの活動とリンクする活動ではないが，日本の多くの企業では，中味の濃い効果的情報や具現化に役立つ技術情報を従業員や関係企業（含む協力企業やサプライヤー）に内容開示することが，しばしば行なわれてきている。たとえば，① K 社では技術の棚卸と称し，定期的に研究開発部門の過去に開発した要素技術を再点検している。（2003 年 10 月インタビュー調査），同様に ② 某化学メーカーでは技術再チェックと称し毎月研究開発技術者に研究開発活動のレビューを義務付けている（1996 年 6 月インタビュー調査）。③ IBM の塚田チームリーダー（世界中にチームメンバーが約 200 名）は，毎日技術の再チェックを義務づけられている（2003 年 9 月インタビュー調査）。④ 日立製作所では，毎年，世界各地で技術展が開催され，顧客を含め最新開発技術の一般公開を行っている（日立製作所（2005））。⑤ 某産業機械メーカーでは不定期だが既存製品の Tear Down 活動を行い，協力企業社員を含む技術者に開示し，製品スペックレビューを行っている（2004 年 3 月インタビュー調査）。これらの活動は，ファジーフロントエンドの活動ではないが，日常的に行われており，ファジーフロントエンドのプロジェクト活動が発

第4節 産業別にみた新製品の開発前段階のプロジェクト行動のマネジメント及びアイデア発想情報源と市場に投入された新製品の技術的革新性・優位性との関係

1. 顧客意識（高・低）と技術支援（研究・開発）による区分結果

図表5-10に100プロジェクトの内，加工組立型産業技術と素材型産業技術の41プロジェクトを選別し，顧客意識と技術支援の2カテゴリーで区分したアンケート調査データ件数を示す。全体に占める割合が高い領域は，両産業技術とも顧客意識が低く技術支援が研究志向の場合である。また，加工組立型産業技術では，技術支援が研究志向の場合が開発志向の場合よりも多いことがわかる。今日，組立産業分野の新製品は，付加価値を上げるために革新技術を必要としており，その結果として研究志向が多いものと推定できる。

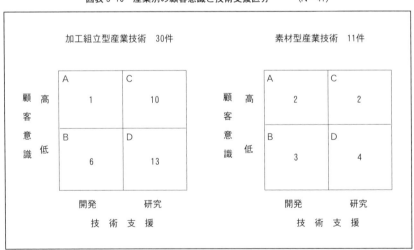

図表5-10　産業別の顧客意識と技術支援区分　　　(N=41)

出所：アンケート調査結果をもとに筆者作成。

足すると，ごく当たり前に対象技術に関して本活動と同じような検討が行われることが多い。その意味では普段のこれら活動体験が，従業員の無意識行動をうながしていると思われる。

2. 市場情報の取得行動パターン分析

　図表5-11に加工組立型と素材型の各産業技術がイメージした市場を示す。加工組立型産業技術は，すべての市場をイメージするが，素材型産業技術は，既存市場または既存の周辺市場しかイメージしない。また，両産業技術とも顧客意識（高）で技術支援（開発）の場合（Aカテゴリー）には，既存市場を意識せずで，顧客意識（低）で技術支援（研究）の場合（Dカテゴリー）には，既存市場を意識する。

図表5-11　顧客意識と技術支援の区分別市場情報の取得行動パターン　　（N＝41）

	イメージ市場（上段百分率（％）：下段実数）						
	1つの既存市場	複数既存市場	既存の周辺市場	小計	新市場	全く把握できず	合計
加工組立型	30.0 (9)	22.8 (5)	26.7 (8)	73.3 (22)	6.7 (2)	20.0 (6)	100.0 (30)
A	0.0	0.0	0.0	0.0	0.0	100.0 (1)	100.0 (1)
B	0.0	0.0	50.0 (3)	50.0 (3)	0.0	50.0 (3)	100.0 (6)
C	10.0 (1)	40.0 (4)	30.0 (3)	80.0 (8)	10.0 (1)	10.0 (1)	100.0 (10)
D	61.5 (8)	7.70 (1)	15.4 (2)	84.6 (11)	7.70 (1)	7.70 (1)	100.0 (13)
素材型	18.2 (2)	45.5 (5)	36.4 (4)	100.0 (11)	0.0	0.0	100.0 (11)
A	0.0	0.0	100.0 (2)	100.0 (2)	0.0	0.0	100.0 (2)
B	0.0	66.7 (2)	33.3 (1)	100.0 (3)	0.0	0.0	100.0 (3)
C	50.0 (1)	0.0	50.0 (1)	100.0 (2)	0.0	0.0	100.0 (2)
D	25.0 (1)	75.0 (3)	0.0	100.0 (4)	0.0	0.0	100.0 (4)

　注：A：顧客意識（高い）・技術支援（開発），B：顧客意識（低い）・技術支援（開発），
　　　C：顧客意識（高い）・技術支援（研究），D：顧客意識（低い）・技術支援（研究）。
　出所：アンケート調査結果をもとに筆者作成。

3. 技術情報の取得行動パターン分析

図表 5-12 に加工組立型と素材型の各産業技術が収集した技術情報を示す。なお，本データは複数回答を可としているので図表 5-12 の下段の実数合計が，該当箇所の合計（プロジェクト数）とは必ずしも一致していない。

加工組立型産業技術と素材型産業技術とも，技術情報収集の多い順番は同じで，社内技術情報，社外新規技術情報，社外既存技術情報の順である。次に，既存技術情報と新規技術情報の収集について分析する。社内技術情報[133]と社外既存技術情報は既存技術情報であり，社外新規技術情報は新規技術情報であ

図表 5-12　顧客意識と技術支援の区分別技術情報の取得行動パターン　　　　(N=41)

	技術情報収集（上段百分率（％）：下段実数）			
	社内技術情報	社外既存技術情報	社外新規技術情報	合計
加工組立型	66.7 (20)	30.0 (9)	53.3 (16)	100.0 (30)
A	0.0	0.0	100.0 (1)	100.0 (1)
B	100.0 (6)	33.3 (2)	33.3 (2)	100.0 (6)
C	80.0 (8)	40.0 (4)	40.0 (4)	100.0 (10)
D	46.2 (6)	23.1 (3)	69.2 (9)	100.0 (13)
素材型	63.6 (7)	45.5 (5)	54.5 (6)	100.0 (11)
A	100.0 (2)	0.0	100.0 (2)	100.0 (2)
B	0.0	66.7 (2)	0.0	100.0 (3)
C	100.0 (2)	0.0	50.0 (1)	100.0 (2)
D	75.0 (3)	75.0 (3)	50.0 (2)	100.0 (4)

注：A：顧客意識（高い）・技術支援（開発），B：顧客意識（低い）・技術支援（開発），
　　C：顧客意識（高い）・技術支援（研究），D：顧客意識（低い）・技術支援（研究）。
出所：アンケート調査結果をもとに筆者作成。

133　本情報は，調査方法で詳細分類されている通り既存情報である。

ることから,この2分割で比較する。両産業技術とも顧客意識(高)で技術支援(開発)の場合(Aカテゴリー)には新規技術情報を多く収集する。一方,顧客意識(高)で技術支援(開発)以外の3領域の場合(B,C,Dの各カテゴリー)には既存技術情報を多く収集する。

4. 平均活動期間分析

図表5-13に加工組立型と素材型の各産業技術の産業別平均活動期間結果を示す。

図表5-13　産業別の平均活動期間結果　　(N=41)

項目 内容区分		活動期間(月)			循環回数(回)			期間/回数(月)			件数
		前活動	後活動	総活動	前活動	後活動	総活動	前活動	後活動	総活動	
加工組立型	機械系要素	15.0	17.2	32.2	1.8	1.6	3.4	8.3	10.7	9.5	8
	電気電子系要素	58.4	71.0	129.4	2.3	3.6	5.9	25.5	19.6	21.9	10
	機械システム系	32.0	34.5	66.5	2.3	2.8	5.0	14.2	12.5	13.3	6
	電気電子システム系	27.3	12.3	39.5	2.0	1.5	3.5	13.6	8.2	11.3	6
素材型		55.2	16.8	72.0	3.0	4.6	7.6	18.4	3.7	9.5	11

注:上記の「前活動」とはファジーフロントエンド(開発前)段階で,「後活動」とは開発段階を示す。総活動とは,「前活動」と「後活動」を加えたものである。
出所:アンケート調査結果をもとに筆者作成。

加工組立型産業技術の内訳の「機械系要素技術」,「電気電子系要素技術」,「機械システム系技術」,「電気電子系システム技術」では,ファジーフロントエンドのプロジェクト活動から市場へ投入されるまでの総平均活動期間が,大きく異なる。総平均活動期間の多いのは,「電気電子系要素技術」,「機械システム系技術」,「電気電子系システム技術」,「機械系要素技術」の順である。「電気電子系要素技術」が,約10年の歳月を要し,「機械システム系技術」が,約6年の歳月を要し,「電気電子系システム技術」と「機械系要素技術」が,約3年の歳月を要している。ファジーフロントエンド段階の平均活動期間の多いのは,「電気電子系要素技術」,「機械システム系技術」,「電気電子系システム技術」,「機械系要素技術」の順である。「電気電子系要素技術」が,約5年の歳

月を要し,「機械システム系技術」が,約2年半の歳月を要し「電気電子系システム技術」が,約2年,「機械系要素技術」が,約1年である。

一方,素材型産業技術は,総平均活動期間が6年で,ファジーフロントエンド段階の平均活動期間が約5年である。したがって,素材型産業技術は,総平均活動期間の多くをファジーフロントエンド段階で費やしていることがわかる。

機械系技術の総平均活動期間に関しては,「要素技術」が少ない時間に対し,「システム技術」が,時間を要している(32.2 < 66.5)。一方,電気電子系技術の総平均活動期間に関しては,「要素技術」は,時間がかかり,「システム技術」が,時間を要さない(129.4 > 39.5)。機械系技術は,要素開発された技術を組み合わせる時点(システムの統合時)に技術矛盾が多く出現し(Alan, G. R. 1997,井口 1993年[134]),その解決のために費やす時間が多くなるものと想定される。また,電気電子系技術は,逆に,要素技術の開発時には,微細化等極限技術への挑戦がなされており,その開発に,多大な労力と時間が必要となる。しかし,システムの統合時は,ロジカル回路の組み合わせで回路設計活動がなされるため時間を余り要さないのである。

期間を報告回数で割った数値は,マネジメントサイクル平均期間である。本調査条件としては,技術責任者への報告がなされた場合に1回とカウントすることとしている。本結果は,研究開発の効率化に関する検討事項である。「電気電子系要素技術」を除く技術については,全平均活動期間の平均が,9.5ヶ月～13.3ヶ月となり,1年(12ヶ月)前後となる。これは,企業の年間計画や予算制度が年単位で行なわれており,活動の継続や中止決定も年単位で行なわれてきたことによるものと思われる。ただし「電気電子系要素技術」は,基礎的研究事項が含まれるために,約1年8ヶ月である。また,ファジーフロントエンド段階と開発段階を比較すると「機械系要素技術」を除くすべての技術が,ファジーフロントエンド段階の方が,期間が長くなっている。一方「素材型産業技術」の平均活動期間は,「加工組立型産業技術」のそれと大きく異な

---

[134] 本先行研究では,例えば,マツダが独自開発した後輪横滑り防止システムを取り上げ,安定性と乗り心地の矛盾を解決するため,自社と他社の出願した特許の研究を通して,要素技術矛盾を解決するため,新たなシステム技術を3年間かけて構築した過程を論じている。そのほか4社の事例が紹介されている。

る。「素材型産業技術」のマネジメントサイクル平均期間は，ファジーフロントエンド段階（18.4ヶ月）が長く，開発段階は，極端に短く（3.7ヶ月）なっている。それに対し，「加工組立型産業技術」のマネジメントサイクル平均期間は，ファジーフロントエンド段階と開発段階がほぼ同じ期間である。例えば，「機械システム系」では，ファジーフロントエンド段階が14.2ヶ月で，開発段階が12.5ヶ月となっている。すなわち，「素材型産業技術」は「加工組立型産業技術」に較べ，開発段階の技術責任者への説明が，頻繁に行なわれていることがわかる。

以下，5項から8項の分析結果は，データ件数が，図表5-10の41件とは違う。アンケートで，顧客意識と技術支援の区分が記載されていなかったデータも含め66件（一部62件）のデータをもとに分析する。こうすることが，より正確な結果が得られると判断した。また複数回答があるため，結果の百分率の合計は100％にはならない。

5. ゲートキーパーと市場協力者の出現受け入れ分析

図表5-14に，加工組立型と素材型の各産業技術別のゲートキーパーの出現受け入れと市場協力者の出現受け入れ結果を示す。両産業技術を比較すると，「素材型産業技術」は，「加工組立型産業技術」よりも，ゲートキーパーの出現と市場協力者の出現とも，多く受け入れていることがわかる。これは，そうすることによって，成果が期待されることが，多いためであると考えられる。な

図表5-14　産業別のゲートキーパーと市場協力者出現受け入れ割合結果　　（N＝66）

産業区分	ゲートキーパー出現	市場協力者出現	件数
加工組立型	37.5％	20.8％	48
機械系要素	30.0％	30.0％	10
電気電子系要素	41.2％	29.4％	17
機械システム系	44.4％	0.0％	9
電気電子システム系	33.3％	16.7％	12
素　材　型	44.4％	33.3％	18

注：上記は出現した場合の受け入れた割合を示してある。
出所：アンケート調査結果をもとに筆者作成。

お,すべての産業区分(加工組立型の4区分と素材型の業技術)で,ゲートキーパー出現受け入れ割合が,市場協力者出現受け入れ割合を上回っている。また,機械システム系技術は,市場協力者を完全にシャットアウトしている。これは,技術を真似られる可能性が高いとの判断から社外情報提供者である市場協力者の出現を受け入れないものと思われる。

6. 中味の濃い効果的な情報収集分析

図表 5-15 に加工組立型と素材型の各産業技術別の中味の濃い効果的情報収集分析結果を示す。「加工組立型産業技術」は,文章情報に重きをおき,「素材型産業技術」は検証情報に重きをおいていることがわかる。なお,「加工組立型産業技術」では,機械システム系を除き文書情報を約80%のプロジェクトが活用していることがわかる。

図表 5-15 中味の濃い効果的な情報収集分析結果　　(N=66)

内容区分	文書情報	検証情報	会話情報	件数
加工組立型	77.0%	27.1%	25.0%	48
機械系要素	80.0%	30.0%	30.0%	10
電気電子系要素	76.5%	23.5%	29.4%	17
機械システム系	55.6%	33.3%	11.1%	9
電気電子システム系	91.7%	25.0%	25.0%	12
素　材　型	44.4%	55.6%	38.9%	18

出所:アンケート調査結果をもとに筆者作成。

7. イノベーション創出製品化モデルの有効性分析

図表 5-16 に加工組立型と素材型の各産業技術別のイノベーション創出製品化モデルの有効性結果を示す。「加工組立型産業技術」と「素材型産業技術」ともに,本イノベーション創出製品化モデル(図表 2-3)を有効と考えている方が多い。「加工組立型産業技術」では,機械系要素技術と電気電子系要素技術が特に有効としている。一方,システム系技術では,有効も多いものの,どちらとも言えないが多くなる傾向がある。「素材型産業技術」は有効であると,どちらとも言えないが同じである。

図表 5-16　産業別のイノベーション創出製品化モデルの有効性結果　　(N=62)

内容区分	有効である	どちらとも言えない	有効でない	件数
加工組立型	46.7%	37.8%	15.6%	45
機械系要素	60.0%	20.0%	20.0%	10
電気電子系要素	46.7%	40.0%	13.3%	15
機械システム系	44.4%	55.6%	0.0%	9
電気電子システム系	36.4%	36.4%	27.3%	11
素材型	47.1%	47.1%	5.9%	17

注　1つ選択の設問であり横合計は，100％になる。
出所：アンケート調査結果をもとに筆者作成。

8. 特徴分析の新たな知見（図表 5-11～図表 5-16）
—産業別「加工組立型産業技術」と「素材型産業技術」の相違点と共通点—

「加工組立型産業技術」と「素材型産業技術」を6項目で比較した。相違点は下記である。

1) 「加工組立型産業技術」は，すべての市場をイメージするが，「素材型産業技術」は，既存又は周辺市場しかイメージしない。これは，「素材型産業技術」が素材を作り出すためのプラント生産設備に大きな投資が伴い，ファジーフロントエンドのプロジェクト活動時からそのことが意識しているためと想定される。これは，素材産業が顧客のニーズがなければ成り立たない産業であることを明らかにしている。（巻末資料1のF社インタビュー調査を参照）

2) 「加工組立型産業技術」は「電気電子システム系」を除きファジーフロントエンド段階と開発段階の平均活動期間は，総活動時間に対してほぼ50：50であるが，「素材型産業技術」は総活動時間に対してファジーフロントエンド段階が75%で，開発段階が25%となっている。これは，ファジーフロントエンド段階は，化学系産業と同様にロジカルアプローチでは，解決できない問題（偶然からの発見や，ずば抜けた発想力による新発見）が必要なことが多いためである[135]。従ってファジーフロントエンド段階に

135　巻末資料1のF社インタビュー調査時に確認したところ，ファジーフロントエンド段階の活動期間は，どのくらいかかるか全く予想がつかないことが多いとの回答であった。インタビューし

多くの時間を割くことになる。このことからも,「素材型産業技術」は,特にファジーフロントエンドでのプロジェクトチーム活動を行うことが重要と言える。

3) 「素材型産業技術」はファジーフロントエンド段階のマネジメントサイクル平均期間（18.8ヶ月）が長く,開発段階は極端に短く（3.7ヶ月）なっている[136]。すなわち開発段階の技術責任者への説明が頻繁に行なわれていることがわかる。1)項同様にプラント生産設備に大きな投資が伴いその検討のために頻繁に報告がなされるのである。

4) 「素材型産業技術」は,「加工組立型産業技術」よりも,ゲートキーパー出現の受け入れ率が1.2倍多く（44.4％／37.5％）,市場協力者出現の受け入れ率が1.6倍多い（33.3％／20.8％）。これは,「素材型産業技術」の活動が顧客からの要請に基づく顧客との協創関係により活動がなされていくことが多いためと思われる。

5) 「加工組立型産業技術」は,文章情報に重きをおき,「素材型産業技術」は検証情報に重きをおいている。「素材型産業技術」は,顧客に素材を提供するので顧客側より検証データが求められると同時に,特許や実用新案を必ずチェックする必要性から行なわれているものである。

次に「加工組立型産業技術」と「素材型産業技術」の共通点を下記する。

1) 市場情報の取得行動パターンを分析するために,図表5-17を作成した。図表5-17の「既存市場」とは,「1つの既存市場」と「複数の既存市場」であり,「非既存市場」とは,「既存市場の周辺市場」と「新市場」と「全く把握できず」である。顧客意識（高）で技術支援（開発）の場合（Aカテゴリー）では,非既存市場を意識し,顧客意識（低）で技術支援（研究）の場合（Dカテゴリー）では,既存市場を意識する。前者は既存市場からの売上情報をすでに把握しており,さらに周辺市場や新市場に売り込めないかと考えるのである。一方,後者は,研究志向ゆえに売上情報を十

　　た方の経験によると,感覚的には,最短で1年半,最長で4年間の期間で結果が出るかどうかのマネジメントであるとのことである。

[136] 加工組立型産業技術の総平均活動期間がほぼ同じ「機械システム系」ではファジーフロントエンド段階が14.2ヶ月で開発段階が12.5ヶ月となっている。

分に把握しているわけでもなく，当面の明確な売上情報の見通しが立つことが必要であり[137]，既存市場にイメージが集中するのである。

2) 技術情報の取得行動パターンでは，加工組立型産業技術と素材型産業技術とも技術情報収集の多い順番は同じで「社内技術情報」「社外新規技術情報」「社外既存技術情報」の順である（図表5-12より）。

図表5-17　顧客意識と技術支援の区分別既存市場情報と非既存市場情報の取得行動

顧客意識と技術支援		産業区分	既存市場	非既存市場
A	顧客意識（高）技術支援（開発）	加工組立型	0.0	100.0
		素材型	0.0	100.0
B	顧客意識（低）技術支援（開発）	加工組立型	0.0	100.0
		素材型	50.0	50.0
C	顧客意識（高）技術支援（研究）	加工組立型	53.9	46.1
		素材型	50.0	50.0
D	顧客意識（低）技術支援（研究）	加工組立型	66.6	33.4
		素材型	100.0	0.0
平均値		加工組立型	46.9	53.1
		素材型	60.0	40.0

出所：アンケート調査結果をもとに筆者作成。

3) また，技術情報の取得行動パターンを分析するために，図表5-18を作成した。図表5-18の「既存技術情報」とは，「社内技術情報」と「社外既存技術情報」であり，「新規技術情報」とは，「社外新規技術情報」である。顧客意識（高）で技術支援（開発）の場合（Aカテゴリー）では「新規技術情報」を多く収集する。一方，顧客意識（高）で技術支援（開発）以外の場合（B，C，Dの各カテゴリー）では「既存技術情報」を多く収集する。前者は顧客ニーズが先行しその実現のために即効性を持った対応を行うために「社外新規技術情報」を意識して収集するものと想定される。後者の場合には即効性が優先でないために身近にある「社内技術情報」や

---

[137] すでに述べたとおりファジーフロントエンドのプロジェクト活動のアウトプットは，プロジェクト計画書であり，経営目標にリンクさせる形で，今後の売上げへの貢献度が示される。その見通しが，明確でないと，その後の製品開発活動そのものの実施が却下されてしまう恐れがあるからである。

収集し易い「社外既存技術情報」を収集するものである。

図表5-18　顧客意識と技術支援の区分別既存技術情報と非既存技術情報の取得行動

顧客意識と技術支援		産業区分	既存技術情報	新規技術情報
A	顧客意識（高）技術支援（開発）	加工組立型	0.0	100.0
		素　材　型	40.0	60.0
B	顧客意識（低）技術支援（開発）	加工組立型	80.0	20.0
		素　材　型	100.0	0.0
C	顧客意識（高）技術支援（研究）	加工組立型	75.0	25.0
		素　材　型	66.7	33.3
D	顧客意識（低）技術支援（研究）	加工組立型	50.0	50.0
		素　材　型	75.0	25.0
平　均　値		加工組立型	64.4	35.6
		素　材　型	66.7	33.3

出所：アンケート調査結果をもとに筆者作成。

第5節　プロジェクト活動の重要機能の分析

1. プロジェクト活動の重要機能の確認

　本研究は，カハラナら（Khurana, A. et al. 1998）の定義をベースに研究を行うこととしている（第4章第2節2項で説明）。従って，本研究で使用する100プロジェクトが，カハラナらの定義で示されている5機能のいずれの機能を重要と認識して活動したかを把握することは，重要なことである。また本研究では，活動の主活動を「アイデア発想」と「製品コンセプト形成」に置いており，本節の分析で「アイデア発想」が重要な機能であることが確認されることが重要である。そのことが確認された上で，第6章の研究を行うこととしている。図表5-19にファジーフロントエンドのプロジェクト活動の5機能をまとめる。

図表 5-19　ファジーフロントエンドのプロジェクト活動の5機能

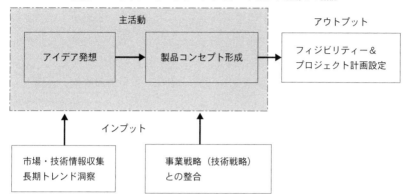

注：本図表は，図表4-3　ファジーフロントエンドのプロジェクトの定義と同じ図である。改めて活動の5機能として整理する。
出所：カハラナら（Khurana, A. et al.（1998））をもとに筆者作成。

2. 調査方法

設問を準備し調査する。設問では，最も期待する機能[138]を1つ選ぶこととする（菅澤ら 2003年）。プロジェクト活動の5機能と設問内容の対比は以下の通りである（図表5-20参照）。

図表 5-20　5機能と設問内容の対比表

No	ファジーフロントエンド活動の5機能	設問の具体的内容
1	市場・技術情報収集，長期トレンド洞察	情報収集，長期トレンド洞察
2	事業戦略（技術戦略）との整合	事業戦略との整合，技術戦略策定
3	アイデア発想	アイデア創出，アイデア収集
4	製品コンセプト形成	商品コンセプト創造，基本仕様設定
5	フィジビリティー＆プロジェクト計画設定	提案書作成

出所：筆者作成。

3. プロジェクト活動の重要機能の分析

アンケート調査結果を革新新製品と漸進新製品のプロジェクトグループごと

---

[138] 本設問では，アンケート回答者が経験したファジーフロントエンド活動をもとに，今後行われるファジーフロントエンドのプロジェクト活動のリーダーシップを取るために最も重要と考えている活動機能を1つ選択してもらっている。

に，図表 5-21 にまとめる。図表の数字は，該当プロジェクト数であり，括弧内の百分率は，縦の合計に対するものである。重要機能の順番は，革新新製品と漸進新製品の両プロジェクトグループとも，1位「製品コンセプト形成」，2位「事業戦略（技術戦略）との整合」，3位「アイデア発想」，4位「フィジビリティー＆プロジェクト計画設定」，5位「市場・技術情報収集，長期トレンド洞察」の順番である。第1位の製品コンセプト形成はファジーフロントエンド活動の主活動であることがわかった。なお活動機能の「アイデア発想」は，革新新製品の比率（27.3%）が，漸進新製品の比率（16.7%）より圧倒的に大きいこと（1.6倍大きい）がわかる。革新新製品を生み出す原動力が「アイデア発想」機能であることがわかる。

図表 5-21 プロジェクト活動の重要機能の分析結果

活動機能	革新新製品	漸進新製品	小　　計
市場・技術情報収集長期トレンド洞察	0　（0.0%）	5　（6.4%）	5　（5.0%）
事業戦略（技術戦略）との整合	7　（31.8%）	22　（28.2%）	29　（29.0%）
アイデア発想	6　（27.3%）	13　（16.7%）	19　（19.0%）
製品コンセプト形成	8　（36.4%）	33　（42.3%）	41　（41.0%）
フィジビリティー＆プロジェクト計画設定	1　（4.5%）	5　（6.4%）	6　（6.0%）
プロジェクト数小計	22　（100.0%）	78　（100.0%）	100　（100.0%）

出所：アンケート調査結果をもとに筆者作成。

4. プロジェクト活動の重要機能の分析の新たな知見　（図表 5-21）

図表 5-21 の結果より，主活動として位置づけた「アイデア発想」と「製品コンセプト形成」の2機能が重要であることがわかる。革新新製品と漸進新製品のプロジェクトグループとも，2機能の合計件数が，全体件数に占める割合は，約60%でほぼ一致する。ただし，その内訳は異なる。革新新製品プロジェクトは「アイデア発想」機能が，「アイデア発想」＋「製品コンセプト形成」機能の 42.9%（6件／（6＋8）件）であるのに対して，漸進新製品プロジェクトは，「アイデア発想」機能が，28.3%（13件／（13＋33）件）しかなく，革新新製品プロジェクトは「アイデア発想」機能に力点がおかれている。

なお,「アイデア発想」と「製品コンセプト形成」の2機能は,きっちり区分できる機能ではない。革新新製品プロジェクトが「アイデア発想」にこだわるのは,アンケート調査後の16社のインタビュー調査を行った結果[139]から,①競争他社との技術競争に打ち勝つこと,②技術水準の更なる優位性を増すこと,③戦略的特許の出願を行うことが,その主な理由である。

なお,丹羽(1998年)では,1998年度に同様な調査を行っている。その時のデータとも,よく符合している[140]。98年度調査結果(丹羽1998年)でも,1位「製品コンセプト形成」,2位「事業戦略(技術戦略)との整合」,3位「アイデア発想」,4位「フィジビリティー&プロジェクト計画設定」,5位「市場・技術情報収集,長期トレンド洞察」の順番である。

なお,2位に「事業戦略(技術戦略)との整合」が入っている理由は,ファジーフロントエンドのアウトプット機能が「プロジェクト計画書」を起案することであり,その計画書の内容の如何によって,次ステップの開発活動実施の有無が決まるためである。したがって,プロジェクトでは,経営サイドの意向とか,事業戦略や技術戦略を綿密に調査し,計画書が却下されないような計画の作成を行う。重要度が高い機能となっているものと思われる。

第6節　第5章の小括

本章では,プロジェクトの行動と市場に投入された最終新製品評価との関係分析を産業別の特徴分析を含め行った。具体的には,マネジメントやアイデア発想情報源と市場に投入された新製品の技術の革新性や優位性との関係の分析を行った。また,プロジェクト活動の重要機能を分析した。
① プロジェクトマネジメント行動分析

---

139 アンケート調査時点で本実施プロジェクトに関するインタビュー調査を行うことができるか回答してもらっており,16社に出向き内容調査を行った。その内6社が,革新新製品プロジェクトグループに属するものである。なおインタビュー調査は2003年9月より2006年3月までの期間に行った。
140 図表5-21の上から順番で4 (3.6%), 25 (22.5%), 22 (19.8%), 53 (47.8%), 7 (6.3%) である。ただし,革新新製品や漸進新製品の区分はしていない。

革新新製品を生み出すプロジェクトの促進要因行動は，市場を意識せず，市場ニーズを自ら設定，技術的独創性を意識，市場協力者の出現を受け入れず，ゲートキーパーの出現を受け入れるの5項目である。また情報提供者の受け入れ姿勢（ゲートキーパーが出現，市場協力者が出現せず）が，チーム活動の取り組み姿勢（技術的独創性を意識，市場ニーズを自ら設定，市場を意識せず）よりも市場に投入された最終製品の技術評価（技術の革新性・優位性）に影響する。

② アイデア発想情報源分析

アイデア発想情報源に必要な情報と市場に投入された最終製品の技術評価には，相関性が存在し，市場形成に役立つ市場情報よりも，むしろ中味の濃い効果的情報や具現化に役立つ技術情報が，技術の革新性や優位性を生み出す要因である。

③ 産業別特徴分析

相違点は，加工組立型産業技術がいろいろな市場との関わりをイメージするが，素材型産業技術は，既存または周辺市場しかイメージしないこと，ファジーフロントエンド段階に多くの活動時間を要すること，ゲートキーパーと市場協力者の出現を受け入れる割合が高いこと等である。共通点は，ファジーフロントエンド活動のアウトプットが，フィジビリティ＆プロジェクト計画設定のために，事業規模を明確にする必要性から市場情報の取得パターンが同じこと等である。

④ 重要機能の分析

プロジェクトマネージャーが認識しているプロジェクト活動の重要機能は，製品コンセプト形成，事業戦略（技術戦略）との整合，アイデア発想，フィジビリティー＆プロジェクト計画設定，市場・技術情報収集・長期トレンド洞察の順としている。また，革新的な新製品を誕生させたプロジェクトは，漸進的な新製品プロジェクトと比較し，アイデア発想を，より重要と認識している。

第6章

研究技術者の創造性資質と特許出願件数との関係
(PART Ⅱ)

　本章では，研究の枠組みを確認した後に調査方法と調査回収状況を説明し，以下5点について分析を行う。① 研究技術者の創造性資質と特許出願件数との関係分析，② 研究技術者の専門分野別の特性分析，③ 研究技術者の個人資質と特許出願件数との関係分析，④ 創造性を育む環境の整備分析を行い，最後に，⑤ 創造性に関する評価因子と特許出願力との関係分析を行う。そのため，流暢性，柔軟性，独創性を把握する従来の発想テストと綿密性／再定義力を把握するための新たな連想テストを開発し，両テストを併用し創造性資質因子の評価を行った。

　創造性資質因子や個人資質要因の評価値が優れている（取り分け創造性資質因子の内，独創性と綿密性／再定義力の評価値が際立って優れている）研究技術者は，特許出願件数が多く，初期発想過程から独創性と綿密性／再定義力に富む発想が飛び出し，持続して行なわれる。機械系研究技術者は，アイデアの質を重視し，電気・電子系研究技術者は，アイデアの量を重視する傾向にあり，化学系研究技術者は，他の分野に比較して独創性因子の評価値が，際立って高い。柔軟性因子は独創性因子よりも具現化に関連する手段原理連想力因子と関係性があり，特許出願を進めるキー的創造性資質である。また個人資質要因は，問題意識と具現化力と特許出願力の3ブロックに区分され，3者間で高い関係性がある。

第1節　詳細な研究枠組みと調査方法と調査回収状況

1. 詳細な研究枠組み

すでに，第4章第6節で研究技術者の創造性資質と特許出願件数の関係分析の枠組みを説明してある。ここでは，より詳細な研究枠組みを図表6-1に示す。

図表6-1　有用な特許出願のできる研究技術者の創造性評価に関する研究枠組み

```
専門分野の分類              特許出願多少分類              創造性評価基準
(従属変数)                  (従属変数)                  (独立変数)

[機械系技術者]              [グループ1]                 [①創造性資質因子A
                             A                         (流暢性・柔軟性・独創性)]
                             B
                             C                         [②創造性資質因子B
[電気・電子系                                            (綿密性／再定義力)]
 技術者]                    [グループ2]
                             A                         [③個人の資質
                             B                         (18項目評価)]
                             C
[化学系技術者]                                          [④所属組織運営
                                                        (13項目評価)]
```

注1：グループ1が特許出願件数の多いグループ，グループ2が少ないグループを示す。
　　Aは特許が新製品に活用され他社の同等品と技術的評価で優れている場合，
　　Bは特許が新製品に活用され他社の同等品と技術的評価で同程度以下の場合，
　　Cは特許が新製品に活用されていない場合を示す。
注2：創造性評価基準の各枠のカッコ内が評価因子である。
出所：筆者作成。

本研究では，ファジーフロントエンドのプロジェクト活動に参画するメンバーの内，「アイデア発想」や「製品コンセプト形成」時に新たな技術革新の着想を創出することを，主な任務とする者を対象とする。従って，調査対象者は，企業内の研究技術者とし，普段は研究開発活動を主体的に行っている者と

する。

2. 調査方法

以下に，属性情報調査方法について，① 調査企業の選抜，② 被験者の抽出，③ 専門分野の分類，④ 特許出願件数の多少分類，⑤ 特許の新製品活用状況，⑥ 出願特許の技術的評価の順番で説明する。

① 調査企業の選抜

対象企業の選抜は，第5章第1節3項の回答企業87社（菅澤ら 2004年）から選抜する。その中の一部上場企業66社で，かつ電機，輸送機器，精密機械，化学の4業種に絞って調査する（脚注14参照）。各企業に筆者が出向き，第5章の研究結果を報告し，本研究の必要性をご理解いただいた16社（各業種4社ずつ）に依頼をする。

② 被験者の抽出

選抜企業研究開発部門の30歳代の研究技術者を無作為に抽出する。なお年齢は，30歳代±5歳まで許容することとする[141]。

③ 専門分野の分類

被験者は，テストとアンケート調査後，各社ごとに機械系研究技術者，電気・電子系研究技術者，化学系研究技術者の3専門分野に分類する。この3専門分類は，特許出願経験者には特許出願時の技術分野で分類し，特許出願が全くない者は，調査先企業の本調査まとめ役の方が，現在の所属部署での業務内容を基に分類する。なお，3専門分野以外の分野の技術者は除外する。ただし電気・電子系分類には，制御に関連するソフトウエア・プログラム設計が含まれ，化学系分類には，材料技術が含まれる。

④ 特許出願件数の多少分類

特許出願件数は，件数の多い・少ないでグルーピングしてデータ分析する。

---

[141] 30歳代に設定したのは，穐山（1962年）によると過去文献から化学者の場合は26〜30歳・数学者の場合は30〜34歳が最も創造力の盛んな年齢とされるとの見解を参考にして設定する。ただし，事前のインタビュー調査から業種により，研究技術者の年齢構成比にばらつきがあることがわかった。その理由は，好不況による採用人員のアンバランス要因や業種特有の事情要因などにより30歳代だけで本研究を実施するのは，難しいと判断した。そこで，30歳代±5歳まで許容することとした。

グループは，2分類とし，グループ1は，特許出願件数の多いグループで，グループ2は，特許出願件数の少ないグループとする。区分わけの境界は，各被験者の［過去の特許出願件数／対象部門勤続年数］が，［対象事業部門平均1人当たりの年間特許出願件数］の2倍を超える場合を，グループ1とし，それ以下の場合を，グループ2とする。なお本式で求めた数値を特許倍率と命名し以下文章中で使用する。

⑤ 特許の新製品活用状況と ⑥ 出願特許の技術的評価

特許が，新製品や新技術に活用された有無と，他社同等品と比較し優れているか否かを判別して下記の3つに分類する。

Aは出願した特許が新製品・新技術に活用され他社の同等品と比較し優れていた場合

Bは出願した特許が新製品・新技術に活用され他社の同等品と比較し同等以下の場合

Cは出願した特許が新製品・新技術に活用されなかった場合

上記の属性情報に関する質問は，被験者へのアンケートシート（1）によっ

図表6-2 被験者の属性情報アンケート内容の一覧

属性項目	具体的な内容
②被験者基本情報	現所属部署・年齢・技術業務に従事した勤続年数　　　　　　　　（記述式）
③専門分野の分類	特許出願の技術分野（複数ある場合には最も多いものの分野1件のみ記載）特許出願がゼロ件の方については調査先企業の本調査まとめ役の方に分野を記述してもらった。　　　　　　　　　　　　　　　　　　　　　　　　（記述式）
④特許出願多少分類	特許出願件数（但しビジネスモデル特許・意匠・商標は除く）　　（記述式）
⑤特許の新製品活用状況	特許が活用され市場に新製品・新技術が投入の有無　　　（はい・いいえ） （ただし近々市場投入する予定のある場合には「はい」選択可）　（選択式）
⑥出願特許の技術的評価	以下の回答は ⑤ 項で「はい」を選択した方に限定した。 市場投入件数（事例：自動車ミッション要素技術特許→搭載車種数）（記述式） 他社との同等品との比較（技術的評価で総合的に比較）　　　　（選択式） 　リッカート・タイプの5点スケールで測定 （5：明らかに優れている　4：優れている　3：同程度　2：劣っている　1：明らかに劣っている） その新製品が世の中で評価され賞をもらったか　　　　（選択／記述併用） （発明協会・学会・業界・マスコミ・その他・特になし）で分類し特になし以外は賞の名称を記載）

出所：筆者作成。

て行う（巻末資料5参照）。図表6-2に属性情報の質問内容を示す。

次に，技術者創造性評価調査方法について，⑦発想テスト，⑧連想テスト，⑨個人資質，⑩所属組織運営の4つの内容について説明する。なお，テスト＆アンケートは，本調査を実施する時には，一気に行なってもらうこととし，実施場所と時間は，下記の2通りの方法のいずれかでよいこととする。

被験者を1箇所に集合させて実施する場合と，被験者が自分の都合の良い時間に1人で実施する場合の2通りである。後者の場合には，自分自身で実施時間のコントロールが必要なため，テストシート右上には，所要時間が10分厳守であることや実施日および時間の記入欄がある。正確性を期するのであれば，前者の方法がベストであるが，本調査のためだけで集合を掛けるのは現実的でないとの判断により後者も採用する。実際には，実施企業の内，1社が集合方式で，他の企業は，各自方式で行なわれた。

⑦ 発想テスト（テスト1）の調査方法

過去データとの分析を行うために，高橋（1998年）および高橋（2001年）の方法をもとに組み立てる。具体的な方法は，下記のとおりである。

1) 発想ルールの教示（文書化したものを各自読む／下記(0)～(4)が文章内容である）

  (0) 氏名欄にお名前を記入願います。
  (1) 制限時間は10分間です。開始時にテスト1シート右上に月日と開始時間（時・分）を記入してください[142]。
  (2) 設問を行う際に下記「発想ルール」を頭に入れてから取り組みましょう。
      判断延長のルール：記入した内容についてすぐ実現の可能性（技術的・経済的）や疑問などを考えるのはやめましょう。後で判断すればよいのです。
      自由奔放のルール：自由に思いついたアイデアを出しましょう。常識

---

[142] 発想テストと連想テストとも，10分間とした。発想テストはテーラー（Tailor, D. W. 1958）以来，所要時間は，12分間で行われていることが多かった。しかしながら，今回は調査方法のところで述べたとおり被験者が自分の都合の良い時間に1人で実施するケースもあるため，端数の2分を除いて切りの良い10分とした。また　連想テストは，櫻井（1989a年）が実施した経験から10～15分間で集中力が切れることがわかっている。従って，発想テストと同じ所要時間10分を設定する。

　　　　　　　　　　　　　外のアイデア大歓迎です。何の制限もありませ
　　　　　　　　　　　　　ん。笑われてもかまいません。
　　　　　大量発想のルール：数多くのアイデアの中には必ず掘り出しものがあ
　　　　　　　　　　　　　るはずです。とにかくたくさんのアイデアを吐き
　　　　　　　　　　　　　出してみましょう。
　　　　　多角発想のルール：アイデアが出尽くしたら，違う見方や観点からさ
　　　　　　　　　　　　　らにアイデアを絞り出しましょう。新たなアイデ
　　　　　　　　　　　　　アがさらに出るでしょう。
　　　　　結合発展のルール：他人が言っていたことや他人のアイデアを思い出
　　　　　　　　　　　　　しそれを利用しましょう。他人のアイデア利用は
　　　　　　　　　　　　　恥ずかしいことではありません。
　（3）　テスト1記入用紙は，1番から縦に順番に書いてください。10分間経
　　　　過しましたら止めてください。
　（4）　終了時に，テスト1シート右上に終了時間（時・分）を記入してくだ
　　　　さい。
2）　設問「ビールビン」の本来の用途以外の使い道を10分間発想[143]
3）　発想テストと連想テストの実施後，簡易自己診断
　　これは，高橋・増田（1989年）を参照し被験者に対するサービスで実施し
た。研究には関係がないため詳細な記述は省略する。
⑧　連想テスト[144]（テスト2）の調査方法
1）　連想ルールの教示（文書化したものを各自読む／下記（1）～（5）が文章内

---

[143] 発想テストでは「ビールビンの本来の用途以外の使い道」から発想すること，連想テストでは「うつす」から連想することを記述してもらうこととする。前者の発想テストは，日本商工会議所の創造性研修等で多く実施されてきた事例であり高橋・増田（1989年）で，その簡易自己評価表や実施例が紹介されており，適用による結果分析が可能であると判断する。
　後者の連想テストは櫻井（1989a年）が研究開発技術者75名を対象に基本動詞をもとに強制連想をさせた際，最も連想数が多い言語が「うつす」であった。このことから適用による結果分析がやり易いと判断する。なお，そもそも75名を対象に強制連想をさせた目的はアイデア発想ヒント集を作成するためである。日本でよく使われる動詞約5000語を和語動詞，漢語動詞，外来語動詞に分け，最も抽象度が高くアイデア発想によいとされる和語動詞（本来ひらがな表示）を選択しさらに他動詞を除き，自動詞から使用頻度の高い自動詞に絞り込んだ基本動詞143語について（手島1981年）75名に強制連想させその結果をアイデア発想ヒント集として体系化した。
[144] 連想テストを開発するにあたり恩田彰（1970年）を参考にし方法論を確立した。

容である）

(1) 制限時間は 10 分間です。開始時にテスト 2 シート右上に月日と開始時間（時・分）を記入してください[142]。
(2) 連想とは辞書によりますと「一つの概念につられてそれと関連のある他の概念を出現させること」と書いてあります。思った事柄を次々に書きましょう。
(3) テスト 2 記入用紙は 2 つの作業があります。まず 1 番から縦に順番に連想したことを▭に書いてください。10 分間経過しましたら止めてください。
(4) 終了時にテスト 2 シート右上に終了時間（時・分）を記入してください。
(5) 次に「連想語」と「うつす」の間をつなぐ文を作成ください。時間制限はありません。なお，文が完成できない「連想語」は記入しなくてかまいません。

例 1：トレーシングペーパー　　　例 2：鏡
　　　で　絵を　うつす　　　　　　に　自分の姿を　うつす

2) 設問「うつす」から連想することを 10 分間連想[143]
3) 連想テストの実施後，簡易自己診断

これは被験者に対するサービスで実施した。研究には関係がないため詳細な記述は省略する。

注意

テスト 1 とテスト 2 の間は 30 分以上休憩を取ることをお勧めします。
テスト 1 とテスト 2 が終了しましたら自己診断シートで自己評価してください。
事前に自己診断シートを読むと何の意味もなくなります。（袋綴）
また両テストの制限時間 10 分を厳守しませんと正しい評価ができません。

⑨ 個人の資質の調査方法

アンケートシート（5）の各設問に 5 段階であてはまると思われる内容を選択する。

（科学技術庁科学技術政策局（2000 年）の第 1 章第 1 節　7）項に記載の 18 項目参照）

⑩ 所属組織運営の調査方法

アンケートシート（4）の各設問に5段階であてはまると思われる内容を選択する。

（科学技術庁科学技術政策局（2000年）の第1章第1節 8）項に記載の13項目参照）

以上本研究の技術者の創造性評価に直接関わるテストとアンケートの他に，以下のテスト実施後の感想を求める設問と普段使用しているアイデア発想技法の選択設問を用意する。

⑪ テスト1（発想テスト）とテスト2（連想テスト）の実施後アンケート

アンケートシート（2）では下記2項目を調査する。

テスト1に関しては，発想5ルールが有効だったかを5段階で評価する。

テスト2に関しては，特許出願件数と手段・原理連想の関係があると思うかを5段階で評価する。

⑫ アイデア発想技法に関するアンケート

アンケートシート（3）では，著明な15種類のアイデア発想技法を列挙し個々の簡単な解説を記載し，それを読んだ上で普段よく使用する技法を複数選択する。

3. 調査回収状況と研究データの属性値

調査は，2006年4月8日から5月23日まで16社に依頼し，有効回答数は8社（回答率50％）であった。その内2社は調査方法に問題ありと判断し，今回の調査データには含めなかった。残り6社のデータは，対象年齢範囲以外であるデータおよび記載漏れのあるデータを機械的に削除した上で，調査方法に従い機械系・電気電子系・化学系の各研究技術者に分けた。本研究データの属性値は図表6-3の通りである。

第 1 節　詳細な研究枠組みと調査方法と調査回収状況　145

図表 6-3　研究データの属性値一覧

		機械系技術者	電気・電子系技術者	化学系技術者	全体集計
被験者数		45 名	46 名	10 名	101 名
平均年齢		35.82 歳	35.02 歳	37.80 歳	35.64 歳
年齢分布		25 歳～44 歳	27 歳～44 歳	26 歳～44 歳	25 歳～44 歳
グループ 1 特性	被験者数	19 名	16 名	6 名	41 名
	平均年齢	36.58 歳	37.31 歳	35.67 歳	36.73 歳
	特許倍率	4.15 倍	3.66 倍	8.64 倍	4.62 倍
	総特許数	416 件	539 件	43 件	998 件
グループ 2 特性	被験者数	26 名	30 名	4 名	60 名
	平均年齢	35.27 歳	33.80 歳	40.75 歳	34.91 歳
	特許倍率	0.46 倍	0.52 倍	0.05 倍	0.46 倍
	総特許数	101 件	104 件	3 件	208 件

注 1：上記の特許倍率は被験者の年間平均特許出願件数を各社の年間 1 人当たりの件数で割り比較倍率を求めた数値である。本表は該当分類の平均値を示す。また総特許数とは実特許出願件数の合計数値を示す。

注 2：調査期間は平成 18 年 4 月 8 日から 5 月 23 日までである。

出所：筆者作成。

4. 創造性評価因子の算出方法

創造性評価因子である流暢性，柔軟性，独創性，綿密性／再定義力の値を下記基準で算出する。

　　流暢性：発想の速さ，つまり数を調べる。従って評価基準は，発想テストの用途アイデア合計数とする。但し同一記述内容の回答があった場合には最初のみ数える。

　　柔軟性：アイデアの広さ，思考観点の多さを調べる。従って評価基準は予め作成したアイデアの観点の区分で発想テストの用途アイデアを分け，その観点数とする。（下記【注記 A】より今回のデータ集計では 18 観点とした。従って最高で 18 個となる。）

　　独創性：アイデアのユニークさを調べる。従って評価基準はアイデアの質でチェックする必要があるが，判定に個人差が生じるため今回の発想力テストで回答されたアイデア総合計数 1740 件の 1％以下，すなわち 17 件以下のアイデアを独創性評価アイデアとしてその件数を数える。今回は 45 ワードあり，回答数は 140 件あった

(【注記B】観点区分別の回答数と回答率を参照)。

綿密性／再定義力：

　　　　自然科学で発見された事象を具現化するためには，根本的原理や達成手段を把握することが求められる。従って，評価基準は，連想テストの全体の連想数に対する手段原理連想数比率とする。（【注記C】により手段原理連想と非手段原理連想を判別した。）
　　　　但し同一記述内容の回答があった場合には最初のみ数える。

以下 【注記A】～【注記C】の内容を記載する。

【注記A】　プレ調査データを高橋（1998年）の観点と高橋・増田（1998年）の観点をもとにグルーピングした結果，後者の観点がよくマッチしているので採用することとした。18項目は下記である。

　　　　飼育栽培／液体容器／液体以外の容器／健康器具／遊び道具／武器・凶器／楽器／インテリア・家具／のばす・たたく／重さ利用／ガラス使用／リサイクル（再生利用）／建造物・橋・支柱／工作・人形等作成／売却・返却／その他道具／その他（具体的）／その他（抽象的）

　　なお高橋・増田（1998年）では，抽象度の高いものやテーマに合わないものは不適切回答として除外しているが，記入アイデアを判断する者の見方で変わる可能性がある。従って今回は，このようなアイデアは「その他道具」カテゴリーに入れた。なお「その他道具」カテゴリーの中に複数の観点にまたがる内容のものを含めた。従って本カテゴリーが最も多い件数となった。本来ならば1件ずつ被験者に確認し観点分類するか不適切ならば削除するかのいずれかであるが現実には不可能なため本カテゴリーに集合させた。特に被験者が技術者であることから長文の文章で利用法の記述がある場合や具体的要素部品と思われる名称に流用等の記述がしばしば見受けられた。これらの記述内容は一般名詞での記述でないため同一内容としてグループ分けできる内容ではない。従って「その他道具」に分類する。「その他道具」の記載内容はすべて「その他用途利用法」である。なお「その他道具」と「その他（具体的）／その他（抽象的)」との分類基準は前者が複

雑な工学技術を使うやり方で，後者が比較的単純なやり方で行える用途で判定した。

【注記B】　頻度の少ないものを独自と判断する見解は例えば恩田彰（1969年）で示されている。下記に本研究データの観点区分別の回答数と回答率の一覧を示す。「枕」以降が独創性に数えられるアイデアである（図表6-4参照）。

図表6-4　観点区分別の回答数と回答率

観点区分分類	回答数	回答率	観点区分分類	回答数	回答率
その他道具	227	13.0	遮光材	3	0.2
遊び道具	208	12.0	靴	2	0.1
健康器具	152	8.7	カメラ用フィルター	2	0.1
液体容器	128	7.4	集光器	2	0.1
楽器	118	6.8	氷枕	1	0.1
インテリア・家具	112	6.4	万華鏡の中の片	1	0.1
飼育栽培	103	5.9	キャップ集め	1	0.1
武器・凶器	103	5.9	ビンロボット	1	0.1
建造物等	103	5.9	道路並べマーク	1	0.1
液体以外容器	85	4.9	たて割りインテリア	1	0.1
のばす・たたく	78	4.5	水温め器	1	0.1
重さ利用	78	4.5	模様型	1	0.1
ガラス利用	48	2.8	宝物ケース	1	0.1
工作・人形制作	35	2.0	てこ中心	1	0.1
リサイクル	22	1.3	コンパス	1	0.1
枕	15	0.9	河川ごみ取り用材料	1	0.1
手紙入れ海へ	11	0.6	ベット	1	0.1
猫よけ	11	0.6	目印	1	0.1
砂時計	10	0.6	バトン	1	0.1
浮き輪	9	0.5	電池	1	0.1
日時計	7	0.4	ねずみ返し	1	0.1
売却・返却	7	0.4	雨とい	1	0.1
指輪	6	0.3	ゼリーの型	1	0.1
メジャー	5	0.3	のれん	1	0.1
風鈴	5	0.3	絵の題材	1	0.1
綿棒	5	0.3	ラベルを火種	1	0.1
ラベル集め	4	0.2	音発生器	1	0.1
砕いて砂	4	0.2	被写体	1	0.1
円定規	3	0.2	切手を貼り郵送	1	0.1
印鑑	3	0.2	みがき粉	1	0.1

出所：テスト1の結果をもとに筆者作成。

【注記C】 連想テスト結果から得られた連想を下記方法で手段原理連想と非手段原理連想とに分類した。調査方法で述べたとおり，作業2で「連想語」(反応語)と「うつす」(刺激語)をつなぐ文を記述してもらっている。従ってその文中の助詞に注目しその助詞により下記基準で判別した。文として成立しない場合には，手段原理連想としなかった。なお文意から解釈して判定する場合には，2名の判定者が同じ見解の場合にのみ手段原理連想とした。

下記一覧表作成に関しては，横浜国立大学大学院環境情報研究院社会環境情報部門の森辰則教授より助言を頂き言語情報処理手法である文節関係の係り受け解析を適用した（図表6-5参照）。

図表6-5 構文パターン別「手段原理連想」判別基準

	構文パターン	非手段原理連想	手段原理連想	判 断 基 準
1	～をうつす	◎	○	願望・可能対象時
2	～の△を×でうつす	◎	○	実質内容表わす時
3	～が▲をうつす（のを見た）	◎		
4	文章できず	◎		
5	～にうつす	◎	○	変化結果を示す時
6	～してうつす	◎	○	手段・方法を示す時
7	～による△をうつす	◎	○	手段・方法を示す時
8	～で△をうつす	○	◎	場所・期間・期限等を示す時，非手段原理連想

注：1～7の構文パターンの判断基準欄内容は手段原理連想である場合に適用する基準である（○印）。また別の助詞の場合も想定したが今回は上記助詞の範囲で判別ができた。
出所：筆者作成。

5. グループ1とグループ2の検定

まず，各評価因子別に平均値より「高いグループ」か「低いグループ」で区分し，さらに各々の評価項目別の平均値と特許倍率平均値を算出する（図表6-6参照）。

次に特許倍率値から特許出願件数の多いグループ1と少ないグループ2の境界は特許倍率2.0を越えるか，以下かで分けることとする。分けた「グループ1」と「グループ2」の各評価因子別に，「高いグループ」と「低いグループ」

をt検定した。その結果，両者間には有意性が1％水準であり帰無仮説が否定され今回の結果は偶然の差ではないことが証明された。

図表6-6の「高いグループ」と「低いグループ」では，各創造性評価因子でデータ数が異なる。従って，以下の検討では上記結果を踏まえ「グループ1」（41データ）と「グループ2」（60データ）に区分しデータ分析する。

図表6-6 創造性評価因子（独立変数）と特許出願件数（従属変数）分析

評価項目	評価項目平均値	区分 高い・低い		データ数	評価項目平均値	特許倍率	グループ1・2検定			検定結果
								1	2	
流暢性	17.23	高	18以上	39	24.18***	2.826**	高	23	16	***
		低	17以下	62	12.85***	1.700**	低	18	44	
柔軟性	9.74	高	10以上	51	11.57***	2.463	高	27	24	***
		低	9以下	50	7.88***	1.827	低	14	36	
独創性	1.39	高	2以上	33	3.12***	2.972**	高	21	12	***
		低	1以下	68	0.544***	1.749**	低	20	48	
綿密性／再定義力	0.177	高	0.177以上	47	0.300***	2.792**	高	27	20	***
		低	0.176以下	54	0.093***	1.589**	低	14	40	

注1：全データ数は101件である。区分は各項目の平均値以上を高い，平均値以下を低いと区分し，個々に特許倍率の平均値を求めた。なお「グループ1・2検定」とは評価項目ごとに区分高低とグループ1・2をクロス集計しPearsonのt検定した結果を示す。
注2：有意確率基準は，*** 1％水準で有意／** 5％水準で有意／* 10％水準で有意。
出所：テスト1とテスト2の結果をもとに筆者作成。

第2節　研究技術者の創造性資質と特許出願件数との関係分析

1. 研究技術者の創造性資質評価とグループ1・グループ2の比較分析

グループ1とグループ2について，創造性資質評価項目を算出し，その結果を図表6-7にまとめる。図表6-6の個別資質評価項目時の各値よりも，全体平均値に近づくが，すべての創造性資質評価項目でグループ1がグループ2より大きな値であり，明らかな差異があることが判明した。すなわち創造性資質評価が優れている研究技術者は特許出願件数が多いことが示されている。差の大きさを［グループ1］／［グループ2］の比率で見ると，大きい順に並べると独創性（2.25倍），綿密性／再定義力（1.64倍），流暢性（1.28倍），柔軟性（1.16

倍)である。このことから特許出願件数が多いグループ1に属する研究技術者は「アイデアのユニークさ」〈独創性〉や「根本的原理の達成手段を連想する能力」(綿密性／再定義力)が特にすぐれていることがわかった。なお、図表6-6の個別創造性資質評価の平均値より高いと低いを［高い］／［低い］の比率で見ると、大きい順に並べると同じ順番でかつ差がさらに広がることがわかる。独創性(5.74倍)、綿密性／再定義力(3.23倍)、流暢性(1.88倍)、柔軟性(1.47倍)である。取り分け独創性と綿密性／再定義力の項目が際立った差異を見せている。

図表6-7 研究技術者の創造性資質評価とグループ1・グループ2の比較分析

創造性評価項目	技術者の創造性に関する評価	
	グループ1 (N = 41)	グループ2 (N = 60)
1 流暢性	19.78**	15.48**
2 柔軟性	10.63***	9.13***
3 独創性	2.07***	0.92***
4 綿密性／再定義力	0.25**	0.152**

注：有意確率基準*** 1％水準で有意／** 5％水準で有意／* 10％水準で有意。
出所：テスト1とテスト2の結果をもとに筆者作成。

2. グループ1・グループ2と独創性アイデアや手段原理連想の出現の比較分析

「独創性アイデア」と「手段原理連想語」とが、それぞれ全アイデア数と全連想語数のどの時点で出現したかを分析する。この分析を行う理由は、1項から「独創性因子」と「綿密性／再定義力因子」が、グループ1とグループ2で、際立った差異があることから比較する。その結果は図表6-8に示す。

前者は最初の独創性アイデアが、全発想アイデアの30％以内で出現したかどうかで判定する。高橋・増田(1989年)によれば、連続的にアイデアを発想した場合には、最初に出たアイデアよりも視点を変えたことによる次に出たアイデアの方が質の高い独創的なアイデアであることが多いと記述されている。とすると、最初から1／3 ≒ 30％より以前に独創性アイデアが出現すれば独創性因子能力が高いことを示すものと想定される。結果は図表6-8に示す通りグループ1がグループ2より明らかに勝っていることが判明した。

図表 6-8　独創性アイデア出現・手段原理連想出現とグループ 1・グループ 2 比較分析

グループ区分	独創性アイデア出現（左）と手段原理連想出現（右）						
	独創性アイデアの 30%以内出現確率	手段原理連想出現状況					
		0 〜 9	〜 19	〜 39	〜 59	〜 79	〜 100
グループ 1 N = 41	*** 39.0%	*** 46.3%	*** 31.7%	14.6%	2.5%	2.5%	2.5%
グループ 2 N = 60	*** 10.0%	50.0%	*** 10.0%	13.3%	5.0%	3.3%	18.3%

注：有意確率基準　***　1％水準で有意／**　5％水準で有意／*　10％水準で有意。
出所：テスト 1 とテスト 2 の結果をもとに筆者作成。

後者は手段原理連想が，全連想のどの時点で出現したかを把握するために全領域を分割設定し，分析する。具体的には 0 〜 9％，10％〜 19％，20％〜 39％，40％〜 59％，60％〜 79％，80％〜 100％の 6 区間で判定する。グループ 1 は約 80％の手段原理連想数が全連想数の 19％までで出てしまうことがわかった。一方グループ 2 では最初の 9％までは，グループ 1 と変わらないがその後，明らかにその手段原理連想の出現が鈍くなっていることがわかる。初期から継続して手段原理連想が出現すれば，それだけ手段原理連想力が自然に身についていることを示唆しているものと想定される。なお前者と後者で分析方法を変えたのは［独創性アイデア数］≪［手段原理連想数］であるため出現確認方法を変えた。

3. 研究技術者の創造性資質評価に関する比較分析の新たな知見（図表 6-7）

4 つの創造性資質評価項目（流暢性，柔軟性，独創性，綿密性／再定義力）は，すべてグループ 1 がグループ 2 より大きい値となり，すべての項目がデータの有意性が検定された。従って企業が，他社との差別化を実現するための技術革新を伴う新製品を誕生させる方針であるのならば，発想テストの流暢性・柔軟性・独創性と連想テストの綿密性／再定義力を高めるために例えば

① 大量発想のルール　（流暢性項目に対応したブレーンストーミングの発想基本ルール[145]）

145　高橋（2001 年）によればブレーンストーミングの発想基本ルールは，上記の①「大量発想のルール」と③「結合発展のルール」の他に「判断延長のルール」と「自由奔放のルール」がある。これら 4 つのルールの実践において，集団発想と個人発想とでどちらが沢山の発想がなされ独創的

②　多角発想のルール　（柔軟性項目に対応と独創性項目に対応）
③　結合発展のルール　（独創性項目に対応したブレーンストーミングの発想基本ルール）
④　手段・原理連想法　（綿密性／再定義力項目に対応（櫻井 1987 年[146]））

を研究技術者へ教える必要があることがわかった。

特に独創性と綿密性／再定義力は，重要である[147]。

4. 独創性アイデアや手段原理連想の出現に関する比較分析の新たな知見

（図表 6-8）

最初の独創性アイデアが全発想アイデアの30%以内で出現した割合は，グループ1被験者が39%であり，グループ2被験者が10%であった。この差は歴然としている。グループ1被験者が視点を変える多角発想のルールや新たな結合発展のルールを実践していることがわかる。

②　多角発想のルール　（柔軟性項目に対応と独創性項目に対応）
③　結合発展のルール　（独創性項目に対応したブレーンストーミングの発想基本ルール）

を研究技術者へ教える必要があることがわかった。

一方，全連想に対して手段原理連想数が出現した時期がいつかを分析した。グループ1被験者とグループ2被験者ともに0%〜9%で約50%が手段原理連想を出している。しかしその後，グループ1とグループ2の出現状況は大幅に異なる。

グループ1が連続して手段原理連想をし続けるのに対し，グループ2はその

　　なアイデアが出るかが　過去，多くの研究者の関心事であり結論が出ていないとしている。本研究ではそのルール自身が必要かを判断する研究を行なったと考えている。その意味合いからすると，上記の①と③は特に重要ということが言える。

146　手段原理を自ら意識して発想できる方法論を提示している。具体的にはアイデア展開図を作図しながら「基本的達成手段」と「原理確認」を繰り返し継続実施していくのである。

147　巻末資料2でX社とY社の選抜技術者教育は近年MOTの影響を受けたプログラムに改変されているが，それぞれ「知識中心から知恵出し創造開発へ（創造塾）」や「高度創造型開発リーダ育成（工学塾）」を旗印に研究技術者の創造性資質評価を踏まえたアプローチを実践している。前者は筆者が過去6年間企画推進の協力をしており，創造性の発揮を主眼としたプログラムであることを承知している。特に独創性を生むことの大切さを具体的ケーススタディー（1ヶ月プログラム）で実践している。

傾向が鈍る。このことからグループ1被験者は，④手段原理連想を常時心がけていることが想定される。

　以上より独創性と綿密性／再定義力が際立って優れている研究技術者は，特許出願件数が多く，発想行動や連想行動の初期段階から，独創的アイデアや手段原理連想をすることがわかる。従ってこのことをすべての技術者に周知徹底することが，グループ1被験者に近づくこととなり結果的に特許出願件数が増えるようになると思われる。

第3節　機械系・電気電子系・化学系研究技術者の特性分析

　研究技術者の特許出願技術分野，すなわち得意な技術分野別特質からの違いがあるかを分析する。創造性分野の研究では，そもそも技術者を対象とした研究が少なく，さらに研究技術者を対象にしたものは少ない。理由は民間企業の研究技術者の個人情報に関わる問題であることや近年まで研究部門が聖域化された組織であったためである[148]。

1. 機械系研究技術者の創造性資質評価とグループ1・グループ2の比較分析

　創造性資質評価に関し，特許出願件数の多いグループ1と少ないグループ2の比較分析結果をさらにドリルダウンして専門分野別比較を行う。機械系の研究技術者データを図表6-9に示す。図表6-7の全体集計と同様に，すべての創造性資質評価項目でグループ1がグループ2より大きな値であり，明らかな差異があることが判明した。すなわち機械系の研究技術者においても，創造性資

---

[148] 本研究調査は，16社に依頼したが，内8社は，最終的に研究技術者の資質を把握されること等を理由に調査協力が得られなかった。また残り8社から調査結果を入手したが，その内1社からは，もし研究技術者から会社が個人情報保護法で訴えられた場合には責任を取っていただけるかとの誓約書を書かされることになり，すべてのデータを返却している。研究技術者に限ったことではないが，今後企業を対象としたこの種の資質調査は，ほとんどできないと言ってもよさそうである。また，今回わかったことだが，いまだに，わが国の民間企業の本社管理部門は，研究部門のあらゆる情報を外部へ漏えいすることを認めない風潮が根強くある。このような実態が，本研究分野の発展の妨げになっているものと思われる。

質評価が優れている研究技術者は特許出願件数が多いことが示されている。差の大きさを［グループ1］／［グループ2］の比率で見ると，大きい順に並べると独創性（2.37倍），綿密性／再定義力（1.83倍），流暢性（1.27倍），柔軟性（1.12倍）である。

また，注目すべきは，AとBすなわち特許出願したものが製品に活用された比率をグループ1とグループ2で比較すると，グループ1が，74％（14件／19件）活用されているのに対し，グループ2では，23％（6件／26件）しか活用されていないことが判明した。このことから特許出願件数の多いグループ1機械系研究技術者の特許内容は，新製品に活用され実用性が高いものが多いことがわかる。さらに製品に活用され，他社の同等品と技術的評価で優れているAの占める割合は，グループ1が42％（8件／19件）に対しグループ2ではわずか12％（3件／26件）である。このことから特許の多いグループ1機械系研究技術者の特許内容は，質的にも優れた内容が多いことがわかる。

図表6-9　機械系研究技術者の創造性資質評価とグループ1と2の比較分析

		機械系技術者（N＝45）					
		グループ1（N＝19）			グループ2（N＝26）		
	平均年齢	A1（N＝8）	B1（N＝6）	C1（N＝5）	A2（N＝3）	B2（N＝3）	C2（N＝20）
		35.0歳	35.3歳	40.6歳	34.7歳	40.7歳	34.6歳
1	流暢性	19.53*			15.42*		
		21.38	20.50	15.40	9.67	19.67	15.65
2	柔軟性	10.47*			9.31*		
		10.50	11.83	8.80	7.67	11.00	9.30
3	独創性	2.37***			1.00***		
		2.38	3.00	1.60	0.66	1.00	1.05
4	綿密性	0.263**			0.144**		
	手原連想数	4.88	8.33	4.80	1.00	8.67	2.85
	連想総数	30.63	32.17	20.20	13.67	23.33	24.50

注1：有意確率基準 *** 1％水準で有意／ ** 5％水準で有意／ * 10％水準で有意。
注2：Aは特許が新製品に活用され他社の同等品と技術的評価で優れている場合。
　　　Bは特許が新製品に活用され他社の同等品と技術的評価で同程度以下の場合。
　　　Cは特許が新製品に活用されていない場合を示す。
注3：上記の「手原連想数」とは手段原理連想数を示す。
出所：テスト1とテスト2の結果をもとに筆者作成。

2. 電気・電子系研究技術者の創造性資質評価とグループ1・グループ2の比較分析

同様に電気電子系の研究技術者データを図表6-10に示す。図表6-7の全体集計と同様に、すべての創造性資質評価項目でグループ1がグループ2より大きな値であり、明らかな差異があることが判明した。すなわち電気・電子系の研究技術者においても、創造性資質評価が優れている研究技術者は特許出願件数が多いことが示されている。差の大きさを［グループ1］／［グループ2］の比率で見ると、大きい順に並べると、独創性（2.01倍）、綿密性／再定義力（1.55倍）、流暢性（1.31倍）、柔軟性（1.14倍）である。

また、機械系研究技術者同様に、AとBすなわち特許出願したものが製品に活用された比率をグループ1とグループ2で比較すると、グループ1が81%（13件／16件）活用されているのに対し、グループ2では23%（7件／30件）しか活用されていないことが判明した。このことから特許出願件数の多いグループ1電気・電子系研究技術者の特許内容は、新製品に活用され実用性が

図表6-10 電気・電子系の研究技術者の創造性資質評価とグループ1・2の比較分析

平均年齢	電気・電子系技術者 (N = 46)					
	グループ1 (N = 16)			グループ2 (N = 30)		
	A1 (N = 8)	B1 (N = 5)	C1 (N = 3)	A2 (N = 5)	B2 (N = 2)	C2 (N = 23)
	37.3歳	37.6歳	37.0歳	32.8歳	33.5歳	34.0歳
1 流暢性	21.00**			16.03**		
	22.25	19.80	19.67	13.40	13.00	16.87
2 柔軟性	10.50*			9.23*		
	11.75	9.4	9.00	8.80	6.50	9.57
3 独創性	1.81			0.90		
	2.50	0.40	2.33	1.20	0.00	0.91
4 綿密性	0.241*			0.155*		
手原連想数	7.00	4.60	7.67	4.4	4.50	3.04
連想総数	28.75	27.80	27.00	21.40	11.50	25.78

注1：有意確率基準 *** 1%水準で有意／ ** 5%水準で有意／ * 10%水準で有意。
注2：Aは特許が新製品に活用され他社の同等品と技術的評価で優れている場合。
　　　Bは特許が新製品に活用され他社の同等品と技術的評価で同程度以下の場合。
　　　Cは特許が新製品に活用されていない場合を示す。
注3：上記の「手原連想数」とは手段原理連想数を示す。
出所：テスト1とテスト2の結果をもとに筆者作成。

高いものが多いことがわかる。さらに，製品に活用され他社の同等品と技術的評価で優れているAの占める割合は，グループ1が50％（8件/16件）に対しグループ2ではわずか17％（5件/30件）である。このことから特許の多いグループ1電気・電子系研究技術者の特許内容は，質的にも優れた内容が多いことがわかる。

3. 化学系研究技術者の創造性資質評価とグループ1とグループ2の比較分析

同様に化学系の研究技術者データを図表6-11に示す。ただし被験者数が少なかったために特許の製品活用状況（A・B・C）区分はブレークダウンしなかった。

図表6-11 化学系研究技術者の創造性資質評価とグループ1・2の比較分析

創造性評価項目	化学系技術者 (N = 10)	
	グループ1 (N = 6)	グループ2 (N = 4)
1 流暢性	17.33	11.75
2 柔軟性	11.50**	7.25**
3 独創性	1.83	0.50
4 綿密性／再定義力	0.229	0.181

注：有意確率基準*** 1％水準で有意／** 5％水準で有意／* 10％水準で有意。
出所：テスト1とテスト2の結果をもとに筆者作成。

図表6-7の全体集計と同様に，すべての創造性資質評価項目でグループ1がグループ2より大きな値であり，明らかな差異があることが判明した。すなわち化学系の研究技術者においても，創造性資質評価が優れている研究技術者は特許出願件数が多いことが示されている。差の大きさを［グループ1］／［グループ2］の比率で見ると，大きい順に並べると，独創性（3.66倍），綿密性／再定義力（1.27倍），流暢性（1.47倍），柔軟性（1.59倍）である。

4. 専門分野別創造性資質評価に関する比較分析の新たな知見（図表6-9〜図表6-11）

(1) 専門分野別特徴分析

図表6-9から図表6-11までに示したとおり，専門分野別の創造性資質評価

においてもグループ1がグループ2よりも大きい値となった。特筆すべきは化学系研究技術者の独創性と綿密性／再定義力の項目である[149]。独創性は，グループ1とグループ2の差が他の専門分野技術者と比較し際立って大きいことと，綿密性／再定義力がグループ1とグループ2の差が他の専門分野研究技術者と比較し小さいことである。本結果から特許出願件数の多い化学系研究技術者に求められる資質を推測すると，① 独創力が際立って優れていることと ② 手段原理連想力は余り必要性がないことである。櫻井（2003年）によれば，某化学メーカーの研究所長は，化学産業における技術革新では，過去実験結果を新たな独創的視点で見直すことによって新理論解析が見つけ出せることが時々あり，今までと全く異なる新たな材料が発明される。その際，偶然の産物（セレンディピティ[150]）がチャンスを作ることもあり，その場合には，従来の方法やその具体的理論が役立たないことがある。すなわち，今回の結果から，前項結論を踏まえると機械系研究技術者と電気電子系研究技術者は，特許出願を奨励するために特に独創性と綿密性／再定義力に関する技術者育成訓練指導が必要であるのに対し，化学系研究技術者は，違うセンスで育成訓練する必要がある。それは，独創性に絞り技術者育成訓練指導が重要[151]である。

(2) 特許の製品活用状況と技術的評価の比較分析

本分析は，「有用な特許出願のできる研究技術者」を検証するものである。経営者は，特許が企業の製品に活用されかつ同等の他社製品と較べ技術的優位を実現し販売実績を伸ばしてはじめて有用な特許出願であったと認識する。そこで下記分類の分析は意味がある。

　A区分：特許が新製品に活用され他社の同等品と技術的評価で優れてい

---

[149] 被験者数が少ないため断定はできないが，傾向は言えると思われる。

[150] 「セレンディピティー」は，ノーベル化学賞をもらう科学者が発明の内容を説明する場合に良く使う言葉である。田中耕一氏の場合も「レーザイオン法による高質量イオンの生成とその測定技術に関する研究」において，コバルト微粉末にグリセリンを添加した偶然が感度の良い測定を可能にした。(2003年12月5日　島津製作所基盤技術研究所　所長吉田多見男氏へのインタビュー調査にて聞く。) なお吉田氏は1984年当時，本研究の責任者として田中氏らと研究を行っていた。

[151] 澤泉重一氏（偶然からモノを見つけ出す能力　角川書店）とお話する機会（2003年6月）があり，同氏から，直接聞いた話として京都大学化学系大学院では，セレンディピティー研究を開始しているとの情報を得ている。化学系分野では，独創性を生む技術を誕生させる武器としてセレンディピティーが有効な方法の1つと認識されている。

る場合

B区分：特許が新製品に活用され他社の同等品と技術的評価で同程度以下の場合

C区分：特許が新製品に活用されていない場合

分析のために図表6-9と図表6-10のグループ1のA・B・CをA1・B1・C1，同様にグループ2をA2・B2・C2とし，図表6-9と図表6-10の数値の大きい順番に記号表示してみる。（図表6-12）

機械系研究技術者と電気・電子系研究技術者とでは，全く正反対の結果が出た。まずC1とC2は製品に活用されていない場合であり，2通りに解釈がで

図表6-12　図表6-9と図表6-10の結果の大きい順番並べ替え

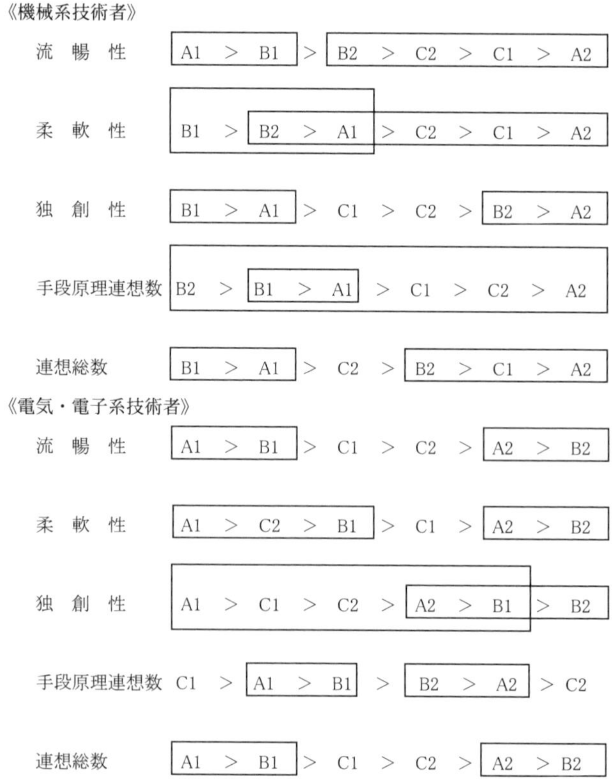

《機械系技術者》

流　暢　性　　A1 ＞ B1 ＞ B2 ＞ C2 ＞ C1 ＞ A2

柔　軟　性　　B1 ＞ B2 ＞ A1 ＞ C2 ＞ C1 ＞ A2

独　創　性　　B1 ＞ A1 ＞ C1 ＞ C2 ＞ B2 ＞ A2

手段原理連想数　B2 ＞ B1 ＞ A1 ＞ C1 ＞ C2 ＞ A2

連想総数　　　B1 ＞ A1 ＞ C2 ＞ B2 ＞ C1 ＞ A2

《電気・電子系技術者》

流　暢　性　　A1 ＞ B1 ＞ C1 ＞ C2 ＞ A2 ＞ B2

柔　軟　性　　A1 ＞ C2 ＞ B1 ＞ C1 ＞ A2 ＞ B2

独　創　性　　A1 ＞ C1 ＞ C2 ＞ A2 ＞ B1 ＞ B2

手段原理連想数　C1 ＞ A1 ＞ B1 ＞ B2 ＞ A2 ＞ C2

連想総数　　　A1 ＞ B1 ＞ C1 ＞ C2 ＞ A2 ＞ B2

出所：テスト1とテスト2の結果をもとに筆者作成。

きる。① 本来は，差別化が可能な特許でありながら製品に利用していないか現在検討中，② 全く無意味な特許で，製品化は不可能である。すなわち，ここでAやBと一緒に詳細検討をすることができないので，C1とC2は，はずしてAとBのみ考察する。

機械系研究技術者結果は，流暢性のA1とB1以外は，すべて同一グループ間でB＞A関係が成立している。一方電気・電子系研究技術者結果を見ると，手段原理連想数のA2とB2以外は，すべて同一グループ間でA＞B関係が成立している。

一般的には，A1とB1，A2とB2は，同じ条件下での技術の優位性の差であり，技術の質は，A＞B関係が想定される。その理由は，アイデア発想の原則である「まずアイデア量を求め，その中から選択決定し，より質の高いアイデアを決定する（櫻井 1989b 年）[152]。」ことが，長く言われてきたからである[153]。すなわち「A被験者は，B被験者より，沢山のアイデアや連想を行い，その中から最適なアイデアを決定し，その結果として，特許出願しさらに製品化し技術的優位を実現する」といったシナリオである。電気・電子系研究技術者結果がこれにあたる。

一方，機械系研究技術者結果は，なぜ逆転しているかである。今回，機械系データは，輸送機器と精密機械業界の3社のデータである。機械系技術が成熟産業であることによる点を考慮しても適当な理由が見当たらない。理由として2つ考えた。

(1) A2とB2に関しては被験者の年齢差が6歳もありその影響が考えられる。櫻井（1989a 年）によると技術者集団における連想数は年齢と比例することが75名データで分析されており，6歳の差がその逆転現象を引き起こした可能性が考えられる。ただしA1とB1はその根拠ではない。

(2) そもそも，機械系技術は可視化しやすいため，アイデアを出し特許出

---

[152] パーンズ（Parnes, S. J. 1992）によれば，創造的問題解決では5つのフェーズがあり，個々に，ひし形モデルがあり，ひし形の左半分で発散思考を行い，右半分で収束思考を行うとしている。この5つのフェーズの内3番目「アイデア発見」フェーズの左半分が「アイデア量を求む」に対応し，右半分が「より質の高いアイデアを決定する」に対応している。
[153] Aの方がBよりも流暢性をはじめとする創造性資質評価項目がすべて大きいからである。

願し製品化のための具体化技術を検討する一連の業務が身につくと，その後，センスのよい技術者は直感的に行えるのかもしれない。とすると「まずアイデア量を求め，･･･」が必要ないのかもしれない。「最小限のセンスのよいアイデア（質の重視）をもとに特許出願し製品化する」のである[154]。

本件を検証する1方法として，今回調査したアイデア発想技法に関するアンケートを活用する。その内容は，著明な15種類[155]のアイデア発想技法を列挙し個々に簡単な解説を記載しこれを読んだ上で普段よく使用する技法を複数選択するものである。図表6-13に強制連想法の「チェックリスト法」と自由連想法の「ブレーン ストーミング法」の選択結果を機械系研究技術者と電気電子系研究技術者の回答者データで示す（複数回答有）。

図表6-13 アイデア発想技法の使用状況

	機械系研究技術者		電気・電子研究技術者	
	グループ1	グループ2	グループ1	グループ2
チェックリスト法	52.6%	42.3%	25.0%	30.0%
ブレーン ストーミング法	78.9%	57.7%	87.5%	73.3%

出所：アンケート調査結果をもとに筆者作成。

本結果より相対的に機械系研究技術者は，チェックリスト法を使用する頻度が高く，電気・電子系研究技術者は，ブレーンストーミング法を使用する頻度が高いことがわかる。従って，電気電子系研究技術者は，「まずアイデア量を求める」行動を選択する性向にあり，機械系研究技術者は，経験に裏付けられた「アイデアの質を求む」行動を選択する性向になる。この違いは，なぜ生じるのか。考えられることとしては，電気・電子系製品は半導体をはじめ技術進歩が激しく製品の技術競争が熾烈である。一方，機械系製品は，成熟化が進み

---

154 本件については，筆者も機械系研究技術者としての活動経験が長い。その経験から上記が受け入れられる可能性は高いと思われる。
155 アンケート調査票では，チェックリスト法，特性列挙法，カタログ法，形態分析法，KJ法，T／Tストーム法，入出法，焦点法，希望列挙法，手段原理連想法，シネクティクス法，NM法，ブレーンストーミング法，ゴードン法，自己催眠法を記載して複数回答可で選択させる方法で設問している。

技術進歩が鈍化し，製品の技術競争が致命的なものにならないのではないか[156]。このような競争環境の相違が，アイデア発想行動そのものの変化をもたらしている可能性がある。また，榊原ら（2003 年）によれば，日本は，総じて新製品のアイデアが出づらく，少産少死型プロジェクトが多いと指摘している。まさに，機械系製品は，そのケースに該当しているものと思われる。一方，電気・電子系製品は世界の中にあって熾烈な競争状況の中でアイデアを出し続ける努力を日々行っているのではないかと思われる。

第 4 節　研究技術者の個人資質と特許出願件数との関係分析

1. 研究技術者の個人資質とグループ 1・グループ 2 の比較分析

創造性資質評価に関し，特許出願件数の多いグループ 1 と少ないグループ 2 の比較分析を図表 6-1 の ③「個人の資質」について検討する。個人の資質に関する設問は下記 18 項目である。

1) 独立心がつよい
2) 高い目標を立てる
3) 好奇心がつよい
4) いつもロマンを持っている
5) 正義感がつよい
6) 集中力がある
7) 柔軟性がある
8) ものごとを達成したい気持ちがつよい
9) 想像性が豊かである
10) 不屈に闘う
11) 簡単にあきらめない

156　日本機械工学会では，1992 年に機械技術フィロソフィー懇話会が設けられ，「いま機械技術のフロンティアは」と題する冊子を刊行している。それによると，同懇話会メンバーが機械系技術者 245 名にインタビュー調査し 215 ページにまとめている。その中には，「機械系技術の将来展望を見据えた技術可能性が見えないとか」必ず「電子技術との複合化があり，その意味でサブ技術化している」等の分析結果が示されている。

12) よくアイデアがひらめく
13) 批判精神がつよい
14) 客観的にものごとを見られる
15) 人に認められたいという気持ちがつよい
16) 仲間（集団）の意向に従う
17) 組織内の同僚技術者との技術競争には負けたくない
18) 外部の技術者との技術競争には負けたくない

図表 6-14　有意性が認められた個人資質 6 項目一覧

個人資質項目	技術者の個人に関する資質評価	
	グループ 1 （N = 41）	グループ 2 （N = 60）
1　好奇心が強い	4.07**	3.67**
2　正義感が強い	3.78**	3.40**
3　想像力が豊かである	3.46*	3.10*
4　高い目標を立てる	3.37*	3.00*
5　よくアイデアがひらめく	3.32***	2.63***
6　独立心が強い	3.29*	2.87*

注 1：有意確率基準 ***　1％水準で有意／ **　5％水準で有意／ *　10％水準で有意。
注 2：3 より大きい場合はそう言える方向で，3 より小さい場合はそう言えない方向である。
出所：アンケート調査結果をもとに筆者作成。

図表 6-15　有意性が認められなかった個人資質 12 項目一覧

個人資質項目	技術者の個人に関する資質評価	
	グループ 1 （N = 41）	グループ 2 （N = 60）
1　ものごとを達成したい気持が強い	3.93	3.85
2　外部の技術者との技術競争に負けたくない	3.51	3.38
3　集中力がある	3.44	3.20
4　客観的にものごとを見られる	3.44	3.23
5　簡単にはあきらめない	3.42	3.25
6　柔軟性がある	3.32	3.12
7　いつもロマンを持っている	3.31	3.03
8　仲間の意向に従う	3.24	3.38
9　人に認められたいという気持が強い	3.22	3.30
10　組織内の同僚技術者との技術競争に負けたくない	3.15	3.08
11　批判精神が強い	3.15	2.85
12　不屈に闘う	3.05	3.07

出所：アンケート調査結果をもとに筆者作成。

18項目の行動パターンで，グループ1とグループ2で有意性が認められる設問が6項目あり，認められない設問が12項目あった。結果は，図表6-14と図表6-15に示す。

なお，図表6-14と図表6-15とも，特許出願の多いグループ1の評価値の大きい順番に並べる。

2. 研究技術者の個人資質に関する比較分析の新たな知見（図表6-14・図表6-15）

有意性が認められた8項目については，いずれもグループ1が，グループ2よりも大きい値となっている。とりわけ，創造性に欠くことのできない① 好奇心が強い，② 想像力が豊かである，③ よくアイデアがひらめくは，グループ1がグループ2と較べ大幅に値が大きいことが注目される。図表6-14と図表6-15より有意性の有無に関わらずグループ1とグループ2の値の大きい順に整理する（図表6-16参照）。

図表6-16　グループ1とグループ2の上位6項目比較

グループ1 上位6		グループ2 上位6	
1	**好奇心が強い**	1	ものごとを達成
2	ものごとを達成	2	**好奇心が強い**
3	正義感が強い	3	正義感が強い
4	外部技術者に負けない	4	外部技術者に負けない
5	**想像力が豊かである**	5	仲間の意向に従う
6	集中力がある	6	簡単にあきらめない

出所：アンケート調査結果をもとに筆者作成。

図表6-16からわかることは，グループ1とグループ2の6項目中，4項目が共通である。しかしながらその順番は異なる。創造性に関わる① 好奇心が強い，② 想像力が豊かである，③ よくアイデアがひらめくは，グループ1には2項目，グループ2には1項目入っている。またグループ2では5位に「仲間の意向に従う」という集団を意識した行動が入っている。一般的には，創造性を発揮するには，自己中心型資質性向が必要と言われてきたが，グループ1では「仲間の意向に従う」が14位であり，そのことが裏付けられた。すなわ

ち，グループ1被験者は，組織従属型でないことがわかる。以上より創造性の基本資質である①項～③項を備えかつ組織従属性が低い技術者が，研究技術者には必要であることがわかる。無論，全員が，本資質である必要はないが，上記資質の研究技術者を容認することが重要と考える。

第5節　創造性を育む良好な研究開発環境の整備の分析

1. 研究組織運営項目とグループ1・グループ2の比較分析

創造性資質評価に関し，特許出願件数の多いグループ1と少ないグループ2の比較分析を図表6-1の④「所属組織運営」について検討する。所属組織運営に関する設問は下記13項目である。

1) 研究開発は製品化（技術に実用化）と密接に関連している
2) 市場や組織内他部門の情報が頻繁に伝えられている
3) 研究開発上のリスクをおかすことが許されている
4) 研究開発成果に対する評価は適切なタイミングで明確化される
5) 公式プロジェクト編成でない独自の研究（アングラ）が許される
6) プロジェクト編成では専門分野や職歴の異なる人材の組み合わせが重視される
7) 外部研究者を招いての情報交換の機会が設けられている
8) 外部研究機関や学会や大学との研究上の交流が活発に行なわれる
9) 外部研究機関や大学からの第一線級の研究者の中途採用が多い
10) 予算やスタッフの使い方について研究者の自由度が高い
11) 勤務時間はフレックスタイム制度が導入され自由である
12) 研究テーマ設定は研究開発者個人の関心や興味を考慮して決められる
13) 研究開発組織はニーズ変化に対応して柔軟に編成される

13項目の研究開発組織運営に関してグループ1とグループ2で有意性が認められる設問は6項目で，認められない設問が7項目あった。結果は図表6-17と図表6-18に示す。

第5節 創造性を育む良好な研究開発環境の整備の分析

図表6-17 有意性が認められた研究開発組織運営6項目一覧

マネジメント項目	実施されているマネジメント評価	
	グループ1（N＝41）	グループ2（N＝60）
1 研究開発は製品化（技術の実用化）と密接に関連している	3.93*	3.60*
2 公式プロジェクトでない独自の研究が許される	2.98***	2.28***
3 外部研究機関や学会・大学との研究上の交流が活発に行なわれる	2.27***	1.92***
4 外部研究者を招いての情報交流の機会が設けられている	2.68**	2.12**
5 研究開発組織はニーズ変化に対応して柔軟に編成	2.66*	2.27*
6 外部研究機関や大学からの第一線級の研究者の中途採用が多い	1.98	1.63

注1：有意確率基準 *** 1％水準で有意／ ** 5％水準で有意／ * 10％水準で有意。
注2：3より大きい場合は徹底する方向で，3より小さい場合は徹底しない方向である。
出所：アンケート調査結果をもとに筆者作成。

図表6-18 有意性が認められなかった研究開発組織運営7項目一覧

マネジメント項目	実施されているマネジメント評価	
	グループ1（N＝41）	グループ2（N＝60）
1 勤務時間はフレックスタイム制度が導入され自由である	3.73	3.65
2 市場や組織内他部門の情報が頻繁に伝えられている	3.24	2.95
3 研究開発成果に対する評価は適切なタイミングで明確化される	2.88	2.60
4 研究開発上のリスクをおかすことが許されている	2.78	2.53
5 予算やスタッフの使い方に研究開発者の自由度が高い	2.76	2.55
6 研究テーマ設定は研究開発者個人の関心や興味を考慮して決められる	2.56	2.50
7 プロジェクト編成では専門分野や職歴の異なる人材の組み合わせが重視される	2.54	2.32

出所：アンケート調査結果をもとに筆者作成。

　統計的有意性があるマネジメント項目は，ほとんどが，グループ1がグループ2よりも20％以上勝っている。一方，統計的有意性がないマネジメント項目は，グループ1がグループ2よりも大きいが，その差はほとんどない。

2. 研究組織運営に関する比較分析の新たな知見（図表 6-17）

　有意性が認められた 6 項目を石川（2000 年，2002 年）の内容と比較することで分析する。石川によると，専門的情報交流促進因子＞個の重視因子＞内的情報交流促進因子＞異質性促進因子であるという。各因子と 6 項目を関係づけた上（図表 6-19 参照）で石川（2002 年）の図表 6-3 と本研究の図表 6-19 を結びつけてまとめる（図表 6-20 参照）。なお，石川のデータも本データも同一の石田ら作成調査表（2000）の質問 13 項目を使用しているので同一ベースの比較は可能である。

　図表 6-20 のマネジメント因子区分の分析結果からグループ 1 とグループ 2 では，第 1 因子「内的情報交流促進因子」と第 2 因子「個の重視因子」は同じであるが，第 3 因子と第 4 因子である「異質性促進因子」と「専門的情報交流促進因子」は順位の入れ替えがある。

図表 6-19　研究開発環境の因子区分

内的情報交流促進因子	1	研究開発は製品化（技術の実用化）と密接に関連している
個の重視因子	2	公式プロジェクトではない独自の研究が許される
専門的情報交流促進因子	3	外部研究機関や学会・大学との研究上の交流が活発に行なわれる
	4	外部研究者を招いての情報交換の機会が設けられている
	6	外部研究機関や大学からの第一線級の研究者の中途採用多い
異質性促進因子	5	研究開発組織はニーズ変化に対応して柔軟に編成

出所：石川（2002 年）に区分を合わせ筆者作成。

図表 6-20　研究組織運営の因子区分別分析結果

	石川論文	本研究論文	
調査対象	工作機械メーカー　13 社	輸送機械・精密機械・電機・化学メーカー　6 社	
データ数	369 名	101 名	
対象者	研究者	研究技術者	
平均年齢	36.3 歳	35.6 歳	
企業規模	大手・準大手企業	一部上場企業	
	グループ 0	グループ 1	グループ 2
因子分析	1　専門的情報交流促進因子 2　個の重視因子 3　内的情報交流促進因子 4　異質性促進因子	1　内的情報交流促進因子 2　個の重視因子 3　専門的情報交流促進因子 4　異質性促進因子	1　内的情報交流促進因子 2　個の重視因子 3　異質性促進因子 4　専門的情報交流促進因子

出所：筆者作成。

石川（2002年）では、第1因子は「専門的情報交流促進因子」である。一方本研究では、第1因子は石川研究の第3因子「内的情報交流促進因子」となっている。これは、本研究データが上場企業であり外部研究機関とのコネクションが石川（2002年）研究のそれとは違うためと思われる。またこの相違は業種の特質による可能性が考えられる。比較的経営規模の小さい工作機械メーカーは、経営資源力から技術的支援を外部研究機関に依頼する傾向があるのに対し、経営規模が大きい輸送機械、精密機械、電機、化学の各メーカーは、技術の醸成を自助努力で行い、同業他社との差別的技術革新を見出す活動になっているものと推定される。すなわち、良好な研究開発環境の整備に関しては、企業が属する業種や業態やさらに、企業固有の経営方針に従いマネジメント因子が、異なるものと考えられる。従って、一律に傾向を分析することはできない。

第6節　創造性に関わる評価因子と特許出願力との関係分析

1. 創造性資質因子間の相関性

発想テストと連想テストから求められた創造性資質評価項目の4因子（流暢性、柔軟性、独創性、綿密性／再定義力）に関してその関係を分析する。綿密性／再定義力に関しては、手段原理連想数が、連想総数に占める割合を数値化して求めるが、本比較では、他の値が発想テストと連想テストから求まる実測値であることから、本数値も比率を算出する基の連想総数と手段原理連想数の値で関係性を評価する[157]。図表6-21に相関関係を示す。また、図表6-22にパス図を使い分析した結果を示す。

図表6-21の2因子間の相関では、「流暢性」と「柔軟性」はかなり強い相関があり、「流暢性」と「独創性」、「流暢性」と「連想総数」、「柔軟性」と「独

---

[157] 比率は、時によって判断を誤る場合がある。実測値が大きい場合と小さい場合で同じ比率が存在する。しかし、実測値が大きいことと小さいことを比較する意味合いが大切である場合がある。かつ、比較する他の値が実測値（回答者が記載した実測値や論理的方法で選択された実測値）であり、比較するために、比率の基準となる実測値をベースとした。

創性」,「柔軟性」と「連想総数」が中程度の相関がある。それ以外は弱い相関があると認められる。

図表 6-22 のパス図からは,「流暢性」は,「柔軟性」と「独創性」に関係性が認められるが,「手段原理連想力」[158]とは関係性が希薄である。「独創性」は「柔軟性」から多少影響を受けるが「流暢性」ほどではない。一方,「手段原理連想力」は「流暢性」や「独創性」からは,ほとんど影響を受ける関係にはない。全く異質の要因であることが推定される。ただし「柔軟性」と「手段原理連想力」とは関係性が認められる。手段や原理を思いつくためには「柔軟性」のアイデアの広さや思考観点の多さが必要であり関係性が認められたもの

図表 6-21 流暢性・柔軟性・独創性・綿密性／再定義力の相関関係

		平均値	標準偏差	1	2	3	4
1	流暢性	17.23	7.04				
2	柔軟性	9.74	2.36	0.749**			
3	独創性	1.39	1.52	0.660**	0.598**		
4	連想総数	24.80	13.40	0.603**	0.529**	0.394**	
5	手段原理連想数	4.39	3.36	0.291**	0.345**	0.216*	0.388**

注：＊は5％水準で有意，＊＊は1％水準で有意。
出所：テスト1とテスト2の結果をもとに筆者作成。

図表 6-22 流暢性と柔軟性と独創性と手段原理連想力の関係分析

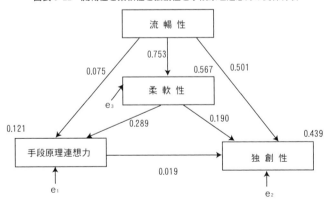

出所：テスト1とテスト2の結果をもとに筆者作成。

---

158 「手段原理連想力」とは図表 6-21 の手段原理連想数のことを差す。

である。恩田（1969年）によれば「柔軟性」と知能的因子（論理的学習能力）とは，比較的相関が認められたとの報告があり，これとも合致する結果である。

2. 個人の資質要因と特許出願力との関係分析の新たな知見（図表6-14・6-15）

特許出願件数の多いグループ1の41名のデータをもとに，資質評価値が，大きい方から並べ上位9位までの個人資質（1位：好奇心が強い（好奇心），2位：ものごとを達成したい気持ちが強い（達成努力），3位：正義感が強い（正義感），4位：外部の技術者との技術競争に負けたくない（負けん気），5位：想像力が豊かである（想像力），6位：集中力がある（集中力），7位：客観的にものごとを見られる（客観的洞察），8位：簡単にはあきらめない（あきらめない），9位：高い目標を立てる（高い目標）[159]と特許倍率の10要因を図表6-23のパス図（多重指標モデル）を作成し共分散構造分析を行った[160]。

図表6-23　個人の資質要因と特許出願力との関係分析

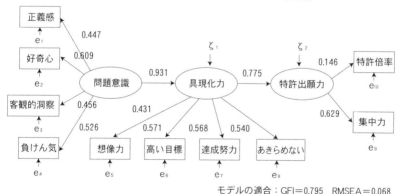

出所：アンケート調査をもとに筆者作成。

---

[159] カッコ内記述内容が，図表6-23の表記内容と対応している。
[160] 潜在変数として「問題意識」，「具現化力」，「特許出願力」の3カテゴリーに分けたのは，川喜田ら（1979年）のW型累積KJ法（p.79）とParnes, S. J.（1992）による。ただし，両文献とも創造性開発の観点を意識しているため，さらに丸山（2005年）や一色（2005年）の技術系課題に関する発明創出するプロセス研究文献を参照した。なお，特許出願件数の多いグループ1の41名のデータをもとにし，資質評価値が大きい方から順番に並べ，上位9位までの個人資質データを使用し共分散構造分析を行った理由は，リッカート・タイプの5点スケール法による測定結果の

この結果によると，特許出願件数の多いグループ1は「問題意識」が「具現化力」を発揮しさらに「特許出願力」へと移行することが確認された[161]。

「問題意識」の4要因と「具現化力」の4要因と「特許出願力」の1要因の資質評価値の合計と平均値をグループ1とグループ2で算出した結果とグループ1／グループ2で算出した結果を図表6-24に示す。すべての因子評価値は，グループ1が，グループ2より大きな値であった。また，図表6-24に示すとおり「問題意識」が最もその差が大きい。「問題意識」のグループ1とグループ2の値の比率で言うと8.8％の差があった。また，「具現化力」が7.6％の差で，「特許出願力」が4.2％の差である。これからわかることは活動のスタートの「問題意識」が最も重要で，「問題意識」に関する個人の資質要因である「正義感」，「好奇心」，「客観的洞察」，「負けん気」の総和が，グループ1とグループ2では差が大きいことである。

図表 6-24 問題意識と具現化力と特許出願力のグループ1・2比較

グループ区分	問題意識		具現化力		特許出願力	
	グループ1	グループ2	グループ1	グループ2	グループ1	グループ2
評価値合計	14.80	13.58	14.18	13.20	3.44	3.30
平均値	3.70	3.40	3.55	3.30	3.44	3.30
グループ1／2	1.088		1.076		1.042	

出所：アンケート調査結果をもとに筆者作成。

3. 創造性に関わる評価因子の関係分析の新たな知見 （図表6-22）

今回の調査結果から「柔軟性」因子と「綿密性／再定義力[161]」因子に関係性があることを発見できたことは重要と考える。なぜならば，先行研究の多くの検討では「柔軟性」因子は発想3因子（「流暢性」，「柔軟性」，「独創性」）の

平均値が3.37以上（5点に対して67％以上（2／3以上））であれば，経験的にその測定項目が，そう言えると解釈できるからである。次に，各カテゴリーの個人資質因子の割付は，2006年10月28日に開催された第28回日本創造学会研究会にて2時間のディスカッション（三村氏，島田氏，丸山氏他3名）を行い決定した。なお，個人資質要因9項目の内，正義感の正義とは，英語のjusticeの意である。社会全体の幸福を保証し，秩序ある維持発展を行なうために責務を果たす調和の取れた正しい行動である。正義感とは，その感覚を言う。

161 特許出願の少ないグループ2の60名のデータをもとに，図表6-23の多重指標モデルで検証すべく，共分散構造分析を試みたが，確率水準が0.05未満のため本モデルを採用できず，比較はできなかった。

1つとして論じられることが多かった[162]。しかし，本研究結果では，「柔軟性」因子は，発想3因子カテゴリー（「流暢性」，「柔軟性」，「独創性」）と具現化カテゴリー（「柔軟性」，「綿密性／再定義力」）[163]の双方のカテゴリーに属し，具現化のキーとなる創造性資質評価因子であることがわかった。このことは，今まで，新たな発想は，技術研究テーマの内容に熟知した研究技術者個人又はグループによる自由連想法でしかできないと考えられてきた。しかし「柔軟性」因子が「アイデア発想」活動と「具現化」活動を結ぶものであるとするならば，新たなアイデア発想時に，アイデアの思考観点を変えるという視点で，積極的に研究テーマに熟知していない社員も含めたメンバーによるチェックリスト法などの強制連想法を適用することが考えられる[164]。このことは先行研究のホースト（Horst, G. 1983）の結果とも合致するものである。

　しかし，すでに多くの研究技術者は，この事実に気づいている節がある。そう判断できるのは，今回の巻末資料5調査票のアンケート（3）でアイデア発想技法に関するアンケートを実施した結果からである。本アンケートは（06

---

[162] 例えば，恩田（1969年）や佐藤ら（1978年）が指摘するように，「柔軟性」因子は，① 発想の広がりと ② 思考の広さ（多角的アイデア）とをチェックすることが示されている。しかしながら，佐藤らは「流暢性」と「柔軟性」に相関関係があることから，① 項の発想の広がりにのみ注目し，② 項の多角的アイデアが出たかをチェックする機能の重要性を，ほとんど説明してこなかった。むしろ「流暢性」（発想の速さで発想の多さ）因子の促進因子として捉えてきた形跡がある。

[163] 図表6-21の説明では「手段原理連想力」と表現しているが，表現を変えれば「綿密性／再定義力」であり，ここでは「綿密性／再定義力」と記述する。

[164] 従来，メーカーにおいては，アイデア発想の原則に従い強制連想法（チェックリスト法・形態分析法等）は思考範囲を狭めるものとの認識から，自由連想法（ブレーンストーミング法・ブレーンライティング法・希望点列挙法等）や類比発想法（シネクティクス法・NM法等）や空間型収束法（KJ法・クロス法等）が重用されることが多かった（高橋 2002年）。しかし，広告代理店のキャッチコピーのための発想や営業部門の拡販戦術の発想のように発想した事柄が即実施（実用化）される分野と違い，技術に関する発想内容においてはロッセンバーグ（Rosenberg, N. 1976）や内田（1974年）が指摘しているように，発明が実用化されるまでには時間がかかり，アイデアが，即実用化されるケースは，ごくまれである（ロッセンバーグによれば，時には1世紀以上もの歳月が必要であると言明し，具体的事例を35種類載せている。その一覧表では，最長が76年の歳月を要しているものも紹介されている）。すなわち，その具現化までには，更なる工夫アイデアの創出や製作ノウハウの確認等が必要である。キャッチコピー型テーマと技術革新の実用化テーマでは「アイデア発想」の結果が意味する内容が全く違うのである。しかし，今日まで，強制連想法は思考の枠決めが発想を制約するとの理由から批判されてきた。技術者に強制連想法がよい理由は，着想の原点をなすきっかけが明快なために，その後の具現化活動が容易であることと，そもそも技術革新の原点は過去の事象の再組み立てがその大半をなしていること，そして，特に技術分野の具現化活動は，論理的再組み立てが，求められること等からである。

図表 6-25　アイデア発想技法の使用状況

発想技法分類 (調査時期)	研究技術者 (06年4月)	技術管理者 (03年8月)	企業関係者 (89年6月)
自由連想法			
ブレーンストーミング法	69.3%	68.1%	87.1%
強制連想法			
チェックリスト法	38.6%	43.5%	36.5%
希望列挙法	30.7%	21.9%	20.2%
形態分析法	5.0%	5.3%	3.3%
類比発想法			
シネクティクス法	6.9%	1.4%	3.0%
NM法	0.0%	7.9%	23.7%
空間型収束法			
KJ法	14.9%	32.3%	63.7%

注：89年6月データは1・2部上場企業2000社の郵送による回答数394社の調査結果である。
出所：本調査結果および菅澤ら（2004年）と産能大学編（1989年）をもとに筆者作成。

年4月）は，現在企業で活躍している現役の研究技術者がよく使う技法を調査したものである。ただし，これだけでは，過去との比較ができないので89年6月に産能大学が調査（産能大学編 1989年）した結果と比較する。また菅澤ら（2004年）が調査した結果も加え，一覧表としてまとめたのが図表6-25である。なお菅澤ら（2004年）が調査した結果は，研究・開発業務を中心とした技術管理者の結果である。

　本調査の06年研究技術者データと03年技術管理者データは，自由連想法の代表的技法である「ブレーンストーミング法」と強制連想法の代表的技法である「チェックリスト法」の活用率がほぼ合致している。89年の企業関係者データの回答者は，技術者に特定されていないデータである。従って，厳密に過去との比較はできないが，総合的な比較は可能と判断できる。これによると，今日では，自由連想法（ブレーンストーミング法）や空間的収束法（KJ法）は明らかに減少していることがわかる。一方，強制連想法（チェックリスト法他）は多く使用されるようになっている。なお類比発想法は明確な結論は出せないが，NM法を見る限りにおいては減少傾向にある。注目すべきは，強制連想法の希望列挙法が若手の研究技術者に適用されていることである[165]。脚注164で記述したことは，徐々に改善されていることが見て取れる。今後は，強

制連想法を活用することの重要性を具現化プロセスの観点から主張し，活動の合理的アプローチを提唱すべきであると考える。

第7節　第6章の小括

　本章では研究技術者の創造性資質と特許出願件数との関係分析を行った。綿密性／再定義力を把握するための連想テストを開発し，従来の発想テストとの併用で創造性評価因子の分析を行った。また個人資質要因や所属組織運営要因と特許取得の関係を分析した。

① 創造性資質評価と特許出願件数との関係分析

　創造性資質因子（流暢性，柔軟性，独創性，綿密性／再定義力）の評価値が優れている（取り分け独創性と綿密性／再定義力の因子の評価値が際立って優れている）研究技術者は，特許出願件数が多く，初期発想過程から独創性や綿密性／再定義力に富む発想が飛び出し，持続して行なわれる。

② 専門分野別の特性分析

　機械系，電気電子系，化学系の各研究技術者とも，創造性資質因子の評価値が優れている者は，特許出願件数が多い。機械系研究技術者は「アイデアの質」を重視し，電気電子系研究技術者は「アイデアの量」を重視する傾向にある。化学系研究技術者は，他の分野に比較して独創性因子の評価値が際立って高い。また，特許出願件数が多いグループに属する研究技術者の特許は新製品に活用される確率も高い。

165　発想技法はブーム性がある。KJ法やNM法は80年代に盛んに発想技法のコンサルティング関係機関が企業へ働きかけ企業内で活用された。希望列挙法も今日，技術フロントが見えづらい中，希望や願望から発想するアプローチが90年代中ごろから盛んに提唱されるようになった。ナドラーら（Nadler, G. et al. 1990）のブレークスルーシンキングアプローチもその1つである。筆者はナドラーらに師事し，日本型ブレークスルーマインドアプローチを主に（社）日本バリューエンジニアリング協会や日本企画計画学会を基点にしてマニュアル作成等を行い，啓蒙研修を90年代に行った（Sakurai, K. 1994）。（社）日本バリューエンジニアリング協会関係の講習会だけで約1300名の受講者に教育した。筆者が承知する限りでは，上場企業で20数社がブレークスルーマインドアプローチを適用した研究開発がなされ，その中で希望列挙法を行うフェーズが含まれている。

③　個人資質と特許出願件数との関係分析

　個人資質要因の評価値が優れている研究技術者は，特許出願件数が多く，「好奇心が強い」や「想像力は豊かである」といった創造性に欠くことのできない要因が上位にある。また特許出願件数が多いグループは，特許出願件数が少ないグループよりも「仲間の意向に従う」が低い評価値であり自己中心型資質の傾向にある。

④　創造性を育む良好な研究開発環境の整備分析

　先行研究と比較検討すると，企業が属する業種・業態やさらに企業固有の経営方針に従いマネジメント因子が異なるものと考えられる。従って一律に傾向を分析することはできない。

⑤　創造性に関する評価因子と特許出願力との関係分析

　柔軟性因子は，発想に関係する独創性因子よりも，具現化に関係する綿密性／再定義力因子と関係性があり，特許出願を進めるキー的創造性資質である。また個人の資質要因は「問題意識」や「具現化力」や「特許出願力」の3ブロックに区分され，3者間で高い関係性がある。

第7章

結論―新製品の開発前段階の取り組みについて

本章では，本研究によって明らかになった結果とその含意を述べ，さらに，今後の研究の展望について述べる。

第1節　本研究の結論

本研究では，我が国におけるファジーフロントエンドのプロジェクト活動について4つの分析を行った。

第1に，プロジェクトマネジメントの行動分析を行った。その結果から，革新的な技術を搭載した新製品は，従来考えられていたユーザ志向ではなく，むしろ技術志向であることが多いことがわかった。プロジェクトの促進要因は，市場を意識しないこと，市場ニーズをチーム自らが設定すること，技術的独創性を意識すること，市場協力者の出現を安易に受け入れないこと，社内のゲートキーパーの出現は受け入れることであることがわかった。先行研究では，顧客ニーズの重要性を論じた研究が多かった（例えば，Song, X. M. et al. 1996, Cooper, R. G. 1999, Peter. A. K. et al. 2004）。それら先行研究では，ファジーフロントエンドで実施した全般的プロジェクト活動を対象に研究が行なわれているのに対し，本研究は，技術革新を伴う新製品を誕生させるためのプロジェクト活動を対象に研究を行っていることが特徴である。このことは，革新的な技術を搭載した新製品を誕生させるマネジメントは，全般的プロジェクト活動マネジメントと異なることを意味している。

第2に，アイデア発想の情報源分析を行った。その結果から，革新的な技術

を搭載した新製品のアイデア発想情報源は，市場形成に役立つ市場情報よりも，むしろ中味の濃い効果的情報や具現化に役立つ技術情報であることがわかった。中味の濃い効果的情報の定義は，情報の信頼性（信憑性）や情報の密度で評価し，自社内情報，公知の情報，社外文章情報，社外口コミ情報の順番で中味が濃いと仮定し，さらに具体的内容に分けて設問した。一方，具現化に役立つ技術情報の定義は，具現化に即利用できるかどうかで評価し，そのまま活用できる社内情報，活用するための加工が必要な社内情報，社外既存情報，社外新規情報の順番で具現化に役立つと仮定し，さらに，具体的内容に分けて設問した。また市場形成に役立つ市場情報の定義は，市場形成情況と市場規模で評価し，明確な市場，ほぼ把握可能な市場，全く把握できない市場の順番で市場形成に役立つと仮定し，さらに，具体的内容に分けて設問した。

従来は，情報源の種類とアイデア発想数との関係を分析した先行研究はある（例えば，Allen, T. J. 1977）。また，アイデア発想数と市場に投入された最終製品の成功有無を分析した先行研究はある（例えば，Reinertsen, D. G. 1999）。しかし，ファジーフロントエンド活動における上記に示す3つの情報源に分類し，その情報源と市場に投入された最終製品の革新程度と比較した先行研究は，見つけることができなかった。このことは，革新的な技術を搭載した新製品を誕生させるマネジメントを遂行する上で役立つ新たな知見と見る。

第3に，産業別特徴分析を行った。その結果から，素材型産業技術と加工組立型産業技術との間には，相違点と共通点があることがわかった。相違点は，加工組立型産業技術がいろいろな市場との関わりをイメージするのに対し，素材型産業技術は，既存又は周辺市場しかイメージしない。これは，市場形成がなされていることが設備投資の前提であるためである。さらに，素材型産業技術は，加工組立型産業技術と比較し，ファジーフロントエンド活動に多くの活動時間を要すること，その後の開発活動は，技術責任者へ頻繁に報告がなされること，ゲートキーパーの出現と市場協力者の出現を受け入れる割合が高いことがわかった。また，素材型産業技術は，検証情報に重きをおき，加工組立型産業技術は，文章情報に重きをおいていることがわかった。

一方，共通点は，2つある。1つは，市場情報の取得パターンである。顧客意識が高く技術支援が開発志向のプロジェクトでは，非既存市場（周辺市場や

新市場）を意識し，顧客意識が低く技術支援が研究志向のプロジェクトでは，既存市場を意識する。これは，プロジェクト計画書で事業規模を明確にする必要性があるためである。前者は既存市場をさらに市場拡大するために非既存市場での可能性を検討するし，後者は全く市場が見えないために既存市場で新たな手がかりを見つけ出そうとするものである。2つ目は技術情報の取得パターンである。顧客意識が高く技術支援が開発志向のプロジェクトでは，新規技術情報を多く収集し，顧客意識が高く技術支援が開発志向以外のプロジェクト（顧客意識が低い場合すべてと顧客意識が高く技術支援が研究志向の場合）では，既存情報を多く収集することがわかった。これは，前者がすでに顧客ニーズが顕在化していることが多いために，即効性のある対応を行うことが必要で新規技術情報を収集し，後者は即効性が不要であるために，集めやすい既存技術情報を収集し，創造活動を行うものと想定される。

　第4に，研究技術者の創造性資質評価分析を行った。その結果から，創造性資質因子や個人資質要因の評価値が，高く，取り分けアイデアのユニークさ（独創性）や根本的原理の達成手段を連想する能力（綿密性／再定義力）がある研究技術者は，特許出願件数が多いことがわかった。

　また，機械系研究技術者はアイデアの質を重視し，電気・電子系研究技術者はアイデアの量を重視する傾向があり，化学系研究技術者は，他の分野の研究技術者に比較してアイデアのユニークさが際立つことがわかった。また，特許出願件数の多い研究技術者の特許は，新製品に活用される確率が高いことがわかった。

　以上の結果は，先行研究から見つけることはできなかった。このことは，革新的な技術を搭載した新製品を誕生させるマネジメントを遂行する上で役立つ新たな知見と見る。

　また，柔軟性因子は，流暢性因子と綿密性／再定義力因子の両因子に関係していることがわかった。このことは，恩田（1969年）の柔軟性因子と知能的因子（論理的学習能力）とは，比較的相関性があるとする結果と合致する。しかしながら，約50年の間，本関係性について注目する者がいなかった。研究技術者にとって，柔軟性因子が技術の具現化のためになくてはならない資質特性因子であることを再認識する結果を得たものと思われる。

その他，個人の資質要因と特許出願件数との関係分析では，特許出願の多いグループでは，特許出願の少ないグループと比較して，問題意識に関する要因（好奇心が強い，正義感が強い等）と具現化力に関する要因（ものごとを達成したい気持ちが強い，高い目標を立てる等）が高い評価値であることがわかった。また仲間の意向に従うという要因は，特許出願の多いグループが特許出願の少ないグループよりも低い評価値であり，自己中心型資質の性向であることもわかった。

創造性を生む良好な環境整備分析では業種・業態や企業固有の経営方針に従いマネジメント要因が異なり一律の傾向は認められないことがわかった。

第2節　本結果を踏まえた技術革新を伴う創造的活動のマネジメントの推進に向けて

本研究は，技術革新を伴う新製品の開発前段階におけるプロジェクト活動の創造的マネジメントに新たな知見を提供した。したがって，プロジェクトリーダーまたはプロジェクトを統括する責任者（マネージャー）は，プロジェクト活動推進のための促進要因と理解した上で，下記のプロジェクト活動行動を行うことが肝要である。

第1に，創造的活動への取り組み姿勢が重要であるとの認識を持つことである。その内容は，チームメンバーが「市場を意識しない」，「市場ニーズをチーム自ら設定する」，「技術的独創性を意識する」を持って取り組むことが重要である。その他，チームメンバーは，社内協力者であるゲートキーパーの出現が促進要因になること，市場協力者の出現が抑制要因になることを心得た上で行動することである。

第2に，創造的活動を行うための情報収集は，「市場形成に役立つ市場情報」よりもむしろ「中味の濃い効果的情報」や「具現化に役立つ技術情報」を意識的に収集すべきである。その理由は，技術革新を実現するためには着想を実用化するための具現化が重要となるためである。「市場形成に役立つ市場情報」の多くが，その点で不向きである。それに対し「中味の濃い効果的情報」や「具

現化に役立つ技術情報」となり得る自社の製造ノーハウや過去の失敗から学んだ情報等が具現化に役立つのである．

　第3に，革新的な技術を搭載した新製品を生み出す原動力は，アイデア発想活動であるとの認識を持つことである．そのためには，アイデア発想力のあるチームメンバーとして創造性資質因子の評価項目である流暢性，柔軟性，独創性，綿密性／再定義力の内，特に独創性と綿密性／再定義力が際立つ研究技術者を人選すべきである．その人選方法は，例えば本研究で実施した発想テストや連想テストを研究技術者に実施し判定することや本研究で明らかになった新製品に活用され他社同等品と技術的評価で優れている特許を，対象事業所の平均出願件数の2倍を超え出願している研究技術者を人選することがよい．

　第4に，アイデア発想は，専門技術分野別に特徴的な性向があるとの認識を持つことである．機械系研究技術者はアイデアの質，電気・電子系研究技術者はアイデアの量，化学系研究技術者はセレンディピティー（偶然からものを見る）を求める性向がある．これら特質をうまく活用することが必要である．

　第5に，特許出願を生み出すために重要な個人資質は，「問題意識」と「具現化力」を備えていることであるとの認識を持つことである．プロジェクト活動では，問題を明らかにする活動時では，「問題意識」として大切な「好奇心が強い」や「正義感が強い」といった資質を持つメンバーの力を存分に活用することがよい．具現化を行う活動時では「高い目標を立てる」や「ものごとを達成したい気持ちが強い」といった資質を持つメンバーの力を活用するために，明確な目標や達成時期をチーム内のメンバーに提示し，その資質をふるい立たせることが肝要である．

　第6に，創造性を生む良好な環境整備として，できることならば，ステーナ(Steiner, G. A. 1965)がいう創造性を喚起する組織特性の「情報交換がオープンなこと」と「外部接触の促進がなされていること」が備わっていることを望んでおり，それらがチームメンバーのやる気を促進する要因であるから十分な配慮が必要である[166]．

166　ステーナの創造性を喚起する組織特性の2要因は，今回のアンケート調査では，「公式プロジェクトでない独自の研究が許される」や「外部研究者を招いての情報交流の機会が設けられている」の2項目であり，創造性に富む特許出願件数の多いグループ1メンバーが，少ないグループ2に

第 7 に「加工組立型産業技術」と「素材型産業技術」では，その活動に違いがあることを認識することである。特に自社の主力技術と違うプロジェクトの立上げの場合[167]に考慮すべきである。「素材産業型技術」が「加工組立型産業技術」と決定的に違う点は，市場があることが設備投資の前提であることである。その点で，既存や周辺市場情報しか集めないし，ファジーフロントエンドのプロジェクト活動時間が長くかかることが多いのである。またマネジメントのやり方にも工夫（例えば，市場協力者の活用の促進，検証情報の収集が重要等）が必要である。

第 8 は，ファジーフロントエンドのプロジェクト活動の共通的行動パターンが存在することの認識を持つことである[168]。プロジェクト計画書が却下されると，その後の新製品開発活動そのものの実施が行えなくなる。そこで経営計画にリンクした市場規模予想が不可欠となる。具体的には，市場の見えている新製品は，非既存市場（周辺や新たな市場）を調査し，市場が見えない新製品は，既存市場の中に可能性を見い出す努力を行うことが必要である。

第 9 は，技術情報の取得行動の共通的行動パターンが存在することの認識を持つことである。顧客意識が高い場合には，顧客ニーズがすでに存在していることが多く，競争相手企業とのスピード競争となり，「新規技術情報」を早く取得する行動を行う必要性が高まる。

第 10 は，即効性はないが，プロジェクトに参画する研究技術者を創造性開発育成する観点である[169]。育成する場合の要点は，機械系研究技術者と電気・電子系研究技術者は，「独創性」と「綿密性／再定義力」を育成し，化学系研究技術者は，「独創性」のみを育成訓練すればよい。

　　　比べて約 30％評価値が上回っていた。なお本件は，本節第 1 項の「市場協力者の出現は，抑制要因になる」と逆行するように思われるが，本プロジェクト活動に直接関わる活動接触ではなく，日常的な活動接触と解釈している。

167　例えば自社の主力技術が「加工組立型産業技術」の場合で「素材型産業技術」のプロジェクトを発足させる場合とか，その逆の場合に注意してプロジェクト運営することが肝要である。

168　「加工組立型産業技術」と「素材型産業技術」に共通したことを記す。

169　巻末資料 2 の X 社と Y 社のインタビュー調査内容が，この研究技術者を対象とした創造性開発研修である。有力企業は，すでに以前から活動を行っているが，その活動内容の見直しに活かせると思われる。

第3節　今後の研究課題

本研究は，我が国に本社を置くメーカーで単独に行なわれたファジーフロントエンドのプロジェクト活動の調査分析結果である。我が国における本分野の研究は，いまだに数が少ない。今後，我が国の生き残りをかけた活動として，その重要性が増しており，更なる研究が望まれるところである。今後の研究課題として3つあると考える。

1. 多面的活動形態の分析

本研究は，1990年代に市場に投入された新製品で1985年から1997年にかけて，1企業内の単独で実施されたファジーフロントエンドの100プロジェクト活動について調査分析を行った。近年，グローバル化が進行し，経常利益の大半が海外に依存する企業が，増大している（日本経済新聞 2005年6月21日）。その結果，グローバル市場に新製品を投入する必要性から，新製品開発の前段階からデファクトスタンダード化を図る動きが出てきていること（巻末資料1の家電メーカーG社インタビュー調査内容参照），また，次世代の新製品開発のための巨額な研究開発費の抑制や国際間競争に打ち勝つための新製品開発期間の大幅な短縮へ，業界のナンバー1とナンバー2が，研究初期段階から提携することが珍しくなくなっていること（日本経済新聞 2001年5月23日，2001年5月24日）など，企業間分散型ファジーフロントエンド活動が取られるようになってきた。さらに，K社インタビュー調査（第4章第1節参照）では，本プロジェクト活動前段階で，国家プロジェクトが発足し，基礎研究活動を産官共同プロジェクトで実施している。今回は，基礎研究のみのプロジェクトであったが，今後はさらに，ファジーフロントエンドの産官共同プロジェクトが行われる可能性もあることが想定される。そこで，今後は1企業内の単独でのファジーフロントエンドのプロジェクト活動を対象とした研究だけではなく，次に示す範囲まで拡大して研究する必要が出てくることが想定される。

① 競合企業を含む複数企業間ファジーフロントエンドの活動，② 産官学連

携のファジーフロントエンドの活動，③ グローバル化に伴う国際間ファジーフロントエンドの活動などといった多くのアライアンスに基づくファジーフロントエンドの活動が，重要性を増すものと想定される。これら多面的活動形態の分析が必要となり，継続した検討を続ける。

2. 多面的成果測定法の確立

本研究は，ファジーフロントエンド活動のアイデア発想が重要な機能であるとの認識から技術の革新性や優位性に焦点を当てて，ファジーフロントエンド活動の合理的なプロジェクトの取り組み姿勢やアイデア発想に役立つ情報の集め方を検討した。したがって，学会の技術賞の受賞有無や競合企業の同等品との技術比較を判断基準に据えて検討を行っている。

研究開発マネジメント活動とその成果測定との結びつきに関する実証研究は，解明が難しいとされてきた（粟津 2002 年）。研究開発の初期段階に位置するファジーフロントエンドのプロジェクト活動は，その活動と成果測定がさらに難しいことが想定される。藤本ら（2000 年）や長平ら（2005 年）では，そのことを承知した上で，前者は，開発パフォーマンス指標を新たに提示し，後者は，通常のビジネス指標である利益，売上額，シェア等を提示し，活動の成果測定指標としている[170]。また，その他，海外の先行研究では，それぞれで定義した成果測定指標をもとに分析を行っている[171]。すなわち，それぞれの指標には，共通性がなく，先行研究間の比較ができないのである。

すでに市場投入されている製品に関しての生産性評価や業績評価は，多面的な成果測定法がある程度確立されている。しかし，ファジーフロントエンドのプロジェクト活動は，不確実性要因が多いこと，市場に投入された最終製品を生み出すまでには多くのプロセス活動が存在することから，本プロジェクト活動と市場に投入された最終製品評価を測定する成果測定法が，確立されていない。したがって，今後，その体系的な成果測定法基準やその体系に基づく，共通した成果指標値を明らかにすることが重要である。そこで，本研究成果を踏まえ，より経営活動に直結したファジーフロントエンド活動を評価できる有効

---

[170] それらの指標値の結果評価については第 4 章第 2 節 4 項および脚注 100 と脚注 101 を参照。
[171] 成果測定に関する海外文献は，第 3 章第 1 節 4 項を参照。

な指標を検討し多面的成果測定法の確立を検討していく。

3. 独創的アイデア創出法の確立

　本研究は，ファジーフロントエンドのプロジェクト活動に参画することが多い研究技術者を対象として創造性資質と特許出願件数との関係について分析を行った。本研究のアンケート調査やインタビュー調査より，革新新製品を誕生させる切っ掛けの多くは，研究技術者を中心とする技術者が，中味の濃い効果的な情報や具現化に役立つ技術情報をもとに新たな着想を生み出すことであることを確認した。また本研究で新たに操作定義した創造性資質評価値が高い技術者が，新規性や進歩性で評価される特許の出願件数の多いことを明らかにした。またアイデア創出に至るプロセスが，専門分野別研究技術者により異なることを発見した。

　今まで工学的分野における研究技術者の創造性開発に関する研究はほとんど手がつけられてこなかった。その理由の1つが，企業の研究開発マネージャーが，創造性開発に関してはマネジメントするべき内容ではないとの認識を持っていたからである。しかし，今日では積極的な努力を行う企業が多くなっており，それら企業の活動から独創的な新たな着想を誕生させる場合が多く出るようになった[172]。先行研究でホースト（Horst, G. 1983）やアルトシュラー（Altshuller, G. 2002）やベーカら（Baker, N. R. et al. 1980）が研究した内容が，再注目されたことは，筆者は喜ばしいことと思っている。しかし，これら研究は断片的であったり，手法の域に留まり，万人の理解を得るまでには至っていない。この領域の科学的解析を含む分析研究を新たに進めることができる環境が整いつつあり，独創的アイデア創出法の確立に向け，その研究枠組みの見直しを含め新たな検討をしていく。

172　第5章3節1項の革新的新製品を誕生させたプロジェクトの6企業や巻末資料2の2企業。

【巻末資料】

巻末資料1　本研究に関する企業インタビュー調査概要

インタビュー調査先概要一覧

会社	主な業種	2002年度売上（単体）	2002年度研究開発費（単体）	2002年度従業員	研究・開発体制	対象テーマ
A社	半導体・デバイス	2兆円以上，4兆円未満	2000億円以上	3万人以上	3分離型	微細加工技術
B社	精密機械	200億円未満	10億円未満	300人未満	事業部権限委譲型	特殊バルブ
C社	デバイス	200億円未満	10億円未満	300人未満	その他：本社＝研究所	多層コンデンサ製造技術
D社	電線・ケーブル	5000億円以上，1兆円未満	300億円以上，500億円未満	1万人以上，3万人未満	事業部権限委譲型	ブロードバンド技術
E社	エンジニアリング	1000億円以上，2000億円未満	10億円未満	3000人以上，5000人未満	2分極型	光ファイバー敷設施工技術
F社	化成品	1000億円以上，2000億円未満	50億円以上，100億円未満	1000人以上，3000人未満	3分離型	磁気テープ用材料
G社	家電機器	4兆円以上，8兆円未満	2000億円以上	3万人以上	3分離型	画像記録・再生商品
H社	情報通信	2兆円以上，4兆円未満	2000億円以上	3万人以上	3分離型	無線タグ技術
I社	産業機器	5000億円以上，1兆円未満	300億円以上，500億円未満	5000人以上，1万人未満	その他	画像センシング技術
J社	食品	2兆円以上，4兆円未満	300億円以上，500億円未満	1万人以上，3万人未満	2分極型	遺伝子組替え技術
K社	その他製造	1000億円以上2000億円未満	100億円以上，200億円未満	5000人以上，1万人未満	2分極型	計測機器
L社	鉄鋼	1兆円以上，2兆円未満	300億円以上，500億円未満	1万人以上，3万人未満	3分離型	特殊用途鋼材
M社	エンジニアリング	5000億円以上，1兆円未満	100億円以上，200億円未満	3000人以上，5000人未満	3分離型	環境システム技術
N社	精密機械	5000億円以上，1兆円未満	500億円以上，1000億円未満	1万人以上，3万人未満	事業部権限委譲型	光学要素技術
O社	洗剤・化粧品・油脂	2000億円以上3000億円未満	50億円以上，100億円未満	1000人以上，3000人未満	2分極型	家庭関連商品
P社	情報・通信機器	200億円以上500億円未満	20億円以上，50億円未満	1000人以上，3000人未満	事業部権限委譲型	光通信モジュール部品

注記：上記のアルファベットはランダムに付けてあり，実名の名称のイニシャルではありません。

以下に，A社からP社までの16プロジェクトのインタビュー調査結果の概要を示す。なお，インタビュー調査は，2003年9月26日から2005年3月14日までである。インタビュー調査は，複数回行なわれた場合もある。なお，インタビュー調査した方は，菅澤ら（2004年）のアンケート調査にご協力いただいた方である。ただし，他の関係者が同席した場合もある。下記は，ファジーフロントエンドのプロジェクト活動について聞いた結果を中心に示す。ただし，その後の開発活動等に言及した内容も一部ある。なお，面接者の役職は，インタビュー調査時点のものである。なお，本アンケートおよびインタビュー調査は，企業名を公開しないことを前提に行なわれたために，その名称は，はっきり記述できない。したがって，記載名称のイメージで捉えていただけるように配慮した記述となった。

1) A社　　面接者：テクノロジーセンター責任者
《会社概要》
(1)　主な業種：半導体・デバイス
(2)　2002年度の年間売上は，2兆円以上4兆円未満，研究開発費は，2000億円以上
(3)　2002年度の従業員数：3万人以上
(4)　研究・開発体制（アンケート設問1－4参照）：3分離型
(5)　対象テーマ：微細加工技術
　　本企業は通信，半導体・デバイスの分野で研究所や複数の工場を持つ大手企業である。数年前に本テクノロジーセンターが完成し，研究所や工場からいろいろな職種の研究者を，このセンターに集結し，最先端半導体デバイスの研究開発活動を始めた。
《事業について》
　微細加工を用いた先端的な半導体デバイスの開発を行うためには，大きな設備投資と多くの人員投入が必要であり，投資と回収のバランスが必要となっている。また，微細化技術の進展により技術的課題も増加してきている。一方，市場では，先端技術開発を行わないと将来の競争には勝てない。しかし，現在の市場規模は小さく未成熟である。このような背景から，事業化を前提としたファジーフロントエンドのプロジェクトを推進するリーダーの役割が重要と考えている。
《活動について》

(1) 本対象製品は，自社内の事業部が顧客であり，事業部と協力したプロジェクト活動が行われた。コンセプト創出時には，競争企業を意識し，製品化決定前から自社事業部に，製品の仕様を明確に開示している。
(2) ファジーフロントエンドのプロジェクト活動時の苦労は，最終市場の特定化と技術の特定化である。後者は，競争相手企業の技術水準を予測しながら，研究所と共同で検討した。
(3) プロジェクトメンバーは，各分野の専門家を集合させた。プロセス，設計，デバイス，材料，シミュレーションのできる者5名を核にして進めた。都度，応援部隊を用意した。
(4) 活動は，足掛け3年を費やした。
(5) 全く世の中に存在していない新たなコンセプト形成のため，競争相手の技術水準の進捗状況が気になったし，暗中模索でコンセプト作りを行い，機能検証の目的で試作品をつくり，企画書を作成し自社事業部の承認を受けたのち，実用化開発活動へと進んだ。その後，市場投入までにさらに開発活動が，約2年間かかった。
(6) 開発活動では，ファジーフロントエンドのプロジェクト活動メンバーの全面的協力を指示した。その結果，2年間の開発期間で済んだと考えている。

2) B社　　面接者：B社代表取締役社長
《会社概要》
(1) 　主な業種：精密機械
(2) 　2002年度の年間売上は，200億円未満，研究開発費は，10億未満
(3) 　2002年度の従業員数：300人未満
(4) 　研究・開発体制（アンケート設問1-4参照）：事業部権限委譲型
(5) 　対象テーマ：特殊バルブ
《事業について》
　創業35年の中小企業であり，半導体製造用特殊バルブを製造している。新幹線車両用主変圧器部品も手がけている。半導体製造関係が，全売上額の85%を占めており，シリコンバレーサイクルの波をもろに受ける。売上額は少ないが，特化した技術分野で，卓越した技術力を持った企業である。先代の社長は，国鉄の技術研究所で新幹線の立上げプロジェクトに参画したメンバーである。技術者の創造力を信じて任せる社風である。

《活動について》
(1) 本対象製品は，ウエハーが200mmから300mmへ移行した時期に，顧客からの要求で活動が行われた。開始から実用化までに，約5年間の歳月を要した。
(2) 活動メンバーは，3名を人選し，ほぼフルタイムで約1.5年間，ファジーフロントエンドのプロジェクト活動を行った。その活動内容は，顧客の承認を求める製品企画書の作成である。なかなか，うまくいかず，さらにメンバーを1名増強してさらに半年間の歳月をかけて，新たなコンセプトの形成を行った。試作を繰返し行い，試行錯誤の連続だった。その後，顧客承認後，実用化にさらに，約2.5年がかかった。
(3) 活動リーダーは，経験豊富な者を人選した。それが良かったと思う。
(4) 結果として，他社との技術差別化が実現できた。

3) C社　　面接者：C社代表取締役社長
《会社概要》
(1) 主な業種：デバイス
(2) 2002年度の年間売上は，200億円未満，研究開発費は，10億円未満
(3) 2002年度の従業員数：300人未満
(4) 研究・開発体制（アンケート設問1－4参照）：その他（本社＝研究所）
(5) 対象テーマ：多層コンデンサ関連製造技術
創業して数年の新しい企業で，電子部品の研究開発のみを行う専門会社である。電子部品の製法を研究開発し，その技術ノーハウを，顧客に提供するユニークなビジネスを展開している。他社よりも早くよい性能の電子部品を作るための製法を開発する。電気メーカーや部品メーカーが乱立する日本という環境下で，このような企業の存在が成立するものと思われる。

《事業について》
　事業内容は，積層コンデンサの開発で，最先端の研究開発のみを行う企業である。社員数は，15名である。社長は，もと海外メーカーの研究所におり，その分野事業が売却されたために，関係者と起業した経歴を持つ技術者である。顧客を会員化して，年4回コンデンサのマーケット情報や技術情報を配布している。オランダの企業とパートナー契約を結び，連携して事業を進めている。
《活動について》

(1) 本対象技術は，究極的限界条件（積層膜厚み 1μ に 1000 枚以上）を実現するための製造方法の技術ノーハウとしてまとめた。
(2) ファジーフロントエンド活動は，20 ヶ月，5 名のメンバーでほぼフルタイムでプロジェクト活動を行った。基本特許出願後，本格的に企業に製法ノーハウ企画を開示した。
(3) 活動リーダーは 30 歳代である。
(4) 技術革新は，技術着想が決め手だが，その前にその工夫に至るアイデア発想活動が重要である。ファジーフロントエンドの活動の中心は，独創的アイデア発想に尽きる。

4) D 社　　面接者：研究所主幹研究員
《会社概要》
(1) 主な業種：電線・ケーブル
(2) 2002 年度の年間売上は，5000 億円以上 1 兆円未満，
　　研究開発費は，300 億円以上 500 億円未満
(3) 2002 年度の従業員数：1 万人以上 3 万人未満
(4) 研究・開発体制（アンケート設問 1 − 4 参照）：事業部権限委譲型
(5) 対象テーマ：ADSL（ブロードバンド）技術
本企業は電線・ケーブル，情報・通信機器の大手企業である。20 年ほど前から通信用コンポーネント事業を始めた。インターネットの時代になり，安い値段でインターネットを実現したいとの発想で，約 10 年前から従来の電話回線を使わないブロードバンドによるインターネット接続の開発を始めた。当初は米国企業と共同開発を行った。その後，日本の特殊事情の通信インフラに合わせた日本規格を構築した。
《事業について》
　本対象技術の事業化の切っ掛けは，約 10 年前に社内のベンチャーマインドを持った取締役が，ADSL に興味を持ったことに始まる。1992 年ごろは，日本では NTT が FTTH であり，ADSL は認知されていなかった。同じ頃，米国でも ADSL は技術的問題があり中断していた。1996 年から，ADSL の技術を持つ米国企業と共同研究を開始した。方式は米国企業のマルチトーン方式だった。当時の日本市場に合わせるために，米国方式を変更して ANNEX 方式を開発した。
《活動について》

(1) 1997年まで約3年間，ファジーフロントエンドプロジェクト活動を行った。(6名)
(2) 活動は，開発部門が仕切る形でプロジェクト運営が進められた。
(3) ADSL技術確立のために長野県の伊那にある有線放送電話の設備を借りて，実験を繰り返し克服すべき技術コンセプト作りに邁進した。そのため，プロジェクトメンバーが構想を明確化し，研究陣が実験を行い，その結果をプロジェクトメンバーが再度検討するといった活動を繰返した。
(4) 実用化までたどりついたのは，経営サイドの要請と研究者任せでなく，終始，開発部門がプロジェクトをリードできた点にあったと思う。
(5) NTTの回線を一切，使わなかったことが，ADSLが市場受け入れの切っ掛けを早めたと考えている。NTTも1998年にはADSLのフィールド実験を開始している。

5) E社　面接者：技術開発センター責任者
《会社概要》
(1) 主な業種：エンジニアリング
(2) 2002年度の年間売上は，1000億円以上2000億円未満，
　　研究開発費は，10億円未満
(3) 2002年度の従業員数：3000人以上5000人未満
(4) 研究・開発体制（アンケート設問1－4参照）：2分極型
(5) 対象テーマ：光ファイバー敷設施工技術
　　日本の大手電話会社の電話・電気通信設備の建設部門を担当している企業で，工法や工事用機器を開発する電気通信設備建設業である。最近，電話・通信のインフラが成熟化し，ITソリューションビジネスやサービス，メンテナンスなどの新たなビジネスに取り組み中である。

《事業について》
　FTTHはまだ，実用化に一歩前段階である。ラスト1マイル問題の解決が必要である。しかし近未来には，必要性が増すとの判断から下水道を利用した光ファイバーケーブル敷設工法を開発した。某電線メーカーとの共同のファジーフロントエンドのプロジェクト活動を実施した。電線メーカーにはねずみが嫌う，からし入りケーブル（俗称）の開発を依頼し，自社で埋設方法の研究（自走式自動運転可能装置）を行った。ケーブル特許は某電線メーカーで，工法特許はE

社で出願した。
《活動について》
(1) 某電線メーカーとの共同プロジェクトは，両者の技術課題の検討会形式で5回（2週間間隔）で行った。有益な技術情報交換だった。その後，1.5年後にケーブル試作品ができた。
(2) ファジーフロントエンドのプロジェクト活動は，下水道の情況がどうなっているかの情報収集調査とその異形の下水道配管の中へのケーブル敷設のアイデア出しと装置コンセプトのまとめであり，約18ヶ月かかった。
(3) 同時併行で実際に近い下水道配管モデルプラントを地上に作り，試作機を（実用化レベルでなく，あくまで性能確認のためにパイロット装置）作り技術的問題（異形部分の対応や地上でのコントロール方法）の検討がなされた。
(4) これらの結果を企画書にまとめて，経営会議ではかり，実用化段階の開発に移行した。
(5) ファジーフロントエンドのプロジェクト活動で技術的問題点を克服しておいたことは，その後の開発がスムーズにいくことになると思う。
(6) ファジーフロントエンドのプロジェクト活動と開発段階のプロジェクト活動メンバーは，同一メンバーで6名であった。なおライン業務連動で行ったので関係者は総勢で常時10数名は関わっている。

6) Ｆ社　　面接者：インキュベーションセンター責任者
《会社概要》
(1) 主な業種：化成品
(2) 2002年度の年間売上は，1000億円以上2000億円未満，研究開発費は，50億円以上100億円未満
(3) 2002年度の従業員数：1000人以上3000人未満
(4) 研究・開発体制（アンケート設問1－4参照）：3分離型
(5) 対象テーマ：磁気テープ用の材料
創業50年の化成品の中堅企業である。合成ゴム，ポリマー合成，塩化ビニールのモノマー合成などいわゆる石油化学分野で20年の実績がある。その後，石油化学分野が成熟化し汎用品の事業が難しくなり特殊用途への転換を始め，高機能材料，電子材料，光学材料，医療分野などの新規分野を開拓した。

《事業について》
　1970年代に入り石油化学分野が成熟化し，競争相手企業との熾烈な価格競争が始まり，汎用事業の継続ができなくなった。そこで特殊用途への転換を始めた。3年前に塩化ビニールを止めた。特殊用途とは，高機能材料分野で，たとえば電子記録材料，レジスト，光学材料（レンズ・フイルム），LCDフイルム，医療分野のカテーテルなどである。現状の売上比率は，合成ゴム，ロジン樹脂が60％，高機能材料が40％である。

《活動について》
(1) 本対象テーマは，磁気テープ用の塗布テープ材料である。今後，需要が見込めるとして顧客筋を当たり，検討したのが始まりである。
(2) ファジーフロントエンドプロジェクトは15ヶ月行なわれた。
(3) 新たな高機能材料の開発では，材料の評価方法を明らかにすることが課題となる。そこで今回も研究所の全面支援を受けて実施された。市場に投入された最終製品段階評価ではエラーが多く，早い時点から評価方法を確立しておくことが重要である。
(4) 15ヶ月の活動がアイデア出しと試作とその評価の繰り返しであった。実用化を目的とするファジーフロントエンドプロジェクトは，単にアイデアをまとめた企画書づくりではすまない。とりわけ，素材メーカーの場合は，特定顧客との関係から，実物（試作品）による顧客評価も早い時点（研究開発時点）で，顧客に検証してもらう必要がある。
(5) 今回は7名のチームで行った。その内，当部門の2名と研究所の1名がほぼフルタイムで活動を行った。また他の1名が特定顧客との技術コーディネータとしての役割を担った。メンバーの特徴は，全員が，オールマイティーであることがベストである。なぜならば，全く新しい素材開発は，各人の新たな着想が決め手で，例えば生産しかわからないでは全く問題外である。高機能材料知識を持ち，その製法や過去のクレーム情報にも熟知しかつ市場の情況やその他新たな知見への積極的技術の検討ができる人材でないと駄目である。本プロジェクトは，7名とも，それに合致したメンバーであった。
(6) ファジーフロントエンドプロジェクトの成功には，問題を後工程（実用化の開発段階や量産ライン設計）に懸案事項を残さないことである。すなわち，実用化の問題点を列挙し，それをすべてクリアーすることが求められる。

《その他》

　独創性を生む仕組みや制度として，TG活動やRS活動がある．TG活動とはテクノロジーグループの略であり，組織横断的な専門家のグループで技術のレベルアップをはかる活動である．またRS活動とはリサーチ・ストラテジーの略であり，組織横断的なグループで次のビジネスの種を探す調査活動である．本対象テーマ時も本制度を活用して，初期の調査を行った．

7)　G社　　面接者：開発センター責任者　ほか3名
《会社概要》
(1)　主な業種：家電機器
(2)　2002年度の年間売上は，4兆円以上8兆円未満，研究開発費は，2000億以上
(3)　2002年度の従業員数：3万人以上
(4)　研究・開発体制（アンケート設問1－4参照）：3分離型
(5)　対象テーマ：画像記録・再生商品
　　　日本の代表的な家電機器メーカーの1つであり，複数の事業部や研究所がある．近年は，V字回復を果たした．

《事業について》
　対象テーマの分野は，日本企業が世界をリードしてきた．昔は，異なるフォーマット（VHSとβ）を市場に出してから競争したが，今回は，市場に出す前に熾烈なアライアンス企業獲得競争を行い，戦いに勝利した．結果としてハードメーカ（当社）と映画会社（ハリウッド他）ともに，満足の得られる事業となった．ハード価格とソフト価格の設定もうまくいった．ハード価格をコストダウンする課程で，アジアにある有力企業群の取りまとめや日本のライバル企業との技術差別化戦略がうまくいった．

《活動について》
(1)　ファジーフロントエンドプロジェクトは，全期間としては，5年かかった．さらに開発や販売ルート形成のためにさらに2年間弱の期間を要した．
(2)　コアープロジェクトチームメンバーは11名で行った．なお，本プロジェクトに関わった人は，他に約50名程度と思われる．必要に応じて実施部隊として活動してもらった．
(3)　新たな市場を形成する上で，ソフトを提供する重要パートナーの選択や

ニーズの把握がキーポイントであった。
(4) 同業他社との規格化の活動が，大変な労力と手間がかかった。一般的なR＆D活動フェーズでは，取り上げないが，今後，この活動が重要性を持つと考える。
(5) ファジーフロントエンドプロジェクトで，最も大切かつ重要な活動は，身近な体験情報源をもとに，具体的な独創性のあるアイデアを創造することに尽きる。

《その他》
(1) 創造性開発を生む仕組みとして，シックスシグマ活動を科学的なマネジメント手法とし活用し，プロジェクトの横串として活用した。
(2) TRIZは，技術部門で組織的に取り入れて活動を行っている。ニーズの探索やソリューションの探索に活用している。今回も一部活用した。タグチメソッドは，主に生産技術の分野で利用しているが今回は使用していない。
(3) プロジェクトメンバーの3名は，技術系社員を対象とした人事データベースで人選した。データベースでは，経験した技術スキルとその能力レベルが，数百の技術分野区分から把握できる。なお，そのために，年度始めに，毎年カルテを本人と上司とその統括部門責任者がレビューしている。管理職以上は，内容を閲覧できる。

8) H社　　面接者：研究戦略部門の企画責任者　ほか1名
《会社概要》
(1) 主な業種：情報通信
(2) 2002年度の年間売上は，2兆円以上，4兆円未満，
研究開発費は，2000億円以上
(3) 2002年度の従業員数：3万人以上
(4) 研究開発体制（アンケート設問1－4参照）：3分離型
(5) 対象テーマ：無線タグ技術
研究開発本部に6研究所（単体）を有する大企業である。研究部門の予算は全社研究開発費の28％である（開発部門からの委託が21％，本社拠出が5％，国家プロジェクトなどが2％）。

《事業について》
　対象テーマが，ファジーフロントエンドのプロジェクトを経て，社内ベン

【巻末資料】

チャー・カンパニーにまで進んだ切っ掛けとなった事柄は，偽札防止技術対策の検討が研究所に持ち込まれたことに端を発する。そのために，当時の研究部門の責任者がICカード技術と暗号技術と微小無線チップ技術の3分野の専門家を集めて検討したことに始まる。

《活動について》
(1) ファジーフロントエンドのプロジェクトは，当社ルールでは「事前検討プロジェクト」がそれに当たる。きっちりとした予算が与えられ，可能性検討や要素特許出願検討などをあわせて検討する。
(2) 本対象プロジェクトは，5名で開始された。自主的検討会も含め約3年間であった。
(3) 当初のメンバー構成は，ICカード技術と暗号技術と微小無線チップ技術の3分野の専門家が各1名と束ね役1名と研究開発部門の責任者である。
(4) 束ね役1名（面接者自身）が，いわゆるゲートキーパー役を演じたと認識している。
当社は事業規模が大きく小回りが聞かないために，その活動の円滑推進役を努める人間がいないと，新たなビジネスは生まれないと考え，追加予算獲得やメンバー補充等奔走した。
(5) 活動はグループ関係者も集めた異部門合同合宿による検討会や研究開発部門の試作案策定検討会等，全く異質なメンバー交流によるアイデア出しとその具体化活動を行った。
(6) タイミングよく事が運び，ベンチャー設立にたどりついた。（なお，日程を含めた微細情報を入手したが，オープンにできない。）
(7) 結局，ファジーフロントエンドのプロジェクトを円滑に推進するためには次の3つが必要条件と思う。技術革新を伴う場合には，
　　①夢が共有できるテーマであること
　　②独創的な特許創生をしっかり行うこと
　　③チームリーダは，起業家の資質を備えた者であること
(8) 現状は事業化へのプロセス過程であるが，ファジーフロントエンドのプロジェクトの「提案書」の内容が最重要である。なぜならば，その立ち上げ新事業が魅力的であることが明確でないと，その後の事業化活動が，スキルの高い陣容で展開できないからである。

《その他》

技術革新を伴うビジネス開発（新規事業創出）をするためには，十分な予算が取れることが必要で，そのための作文（提案書）の内容が最重要であった。当社では，80年代から予算承認の仕組みは，「事前検討プロジェクト」，「特別研究プロジェクト」，「戦略事業化プロジェクト」の3つの道が明確にされ，厳しい審査で運用されている。ただし，80年代のプロジェクトは既存事業の強化目的が中心であった。現在も基調は変わらないが，本対象テーマは，その中にあって新たな技術革新を伴うビジネス開発としての好例と言える。また，本ベンチャー・カンパニーは，目下ベンチャーCEO以下19名で活動し，5000件の引き合いを受けて，てんてこ舞いな状況と聞く。（面接者はファジーフロントエンドのプロジェクトの実質的リーダーであったが，ベンチャー・カンパニーには，参画していない。）

9) I社　　面接者：イノベーションセンターマーケティンググループ責任者
《会社概要》
(1) 主な業種：産業機器
(2) 2002年度の年間売上高は，5000億円以上，1兆円未満，
　　研究開発費は，300億円以上から500億円未満
(3) 2002年度の従業員数：5000人以上から1万人以下
(4) 研究開発体制（アンケート設問1－4参照）：その他
(5) 対象テーマ：画像センシング技術
　　事業部は，カンパニー制をとっていて本社とは独立して事業固有の研究所をもっている。一方，本社研究所は，会社の柱である事業を支える3分野の研究所（センシング・コントロール・先端デバイス）がある。

《事業について》
　対象テーマは，I社にとって本業のテーマである。認識技術に関することであり，そのためのセンシング技術は，長年の技術研究の蓄積がものをいう分野である。なお，5年間で事業化が可能なテーマを選択することが，事業部研究所の使命である。

《活動について》
(1) ファジーフロントエンドのプロジェクトで最も重要な機能は「製品コンセプトの形成」である。5年で事業化するには，少なくとも3年で見通しをつける必要があり，そのためには，開発段階の開始時にきっちりした企画

書があることが前提である。
(2) ファジーフロントエンドのプロジェクトリーダーは，対象技術分野の技術リーダーであると同時に企画リーダーでなければ勤まらない。
(3) 着眼のよいコンセプトをまとめるには，先端技術と市場動向を凝縮して，一気にアイデアをまとめ上げる能力を持った複数のメンバーがチームにいることが重要である。
(4) 当社では，ファジーフロントエンドのプロジェクトメンバーが，そのまま，開発段階の活動に参画することが多い。
(5) ファジーフロントエンドのプロジェクト提案書の審査は，インキュベーション会議（約2ヶ月おきに開催）で技術戦略と事業戦略の両面から審査され，開発フェーズに進むべきか，中止すべきかが決定される。
(6) 開発段階のプロジェクトは，頻繁に活動チェックがなされる。
(7) 当社ではファジーフロントエンドのプロジェクトのメンバー人選は，リーダーの専権事項となっており，メンバー人選がうまいか下手かで，プロジェクト成否が決まる。従って活動の資源である人・もの（含む情報）・金をどれだけ，動かせるかがポイントになる。

《その他》
(1) 開発段階に入ったプロジェクトは，ファジーフロントエンドプロジェクトの基本仕様を忠実に実行することが，最終的な成果（市場で受け入れられること）につながると思う。
(2) 事業部ごとのCTOのやり方で，その進め方が変わる。従って，一義的なパターンで活動展開がなされるわけではない。当事業部も，CTO交替で開発段階のプロジェクトのやり方が大きく変わった。しかし，ファジーフロントエンドのプロジェクトの作成した企画書が，きっちりした基本仕様を押させたものであることが大前提であり，その点では，全社全事業部は同じである。
(3) 技術戦略の評価活動は，期毎にレビューされ，必要に応じて軌道修正がなされるが，その際，ファジーフロントエンドプロジェクトの基本仕様との相違を検討することがしばしばある。基本的には，ファジーフロントエンドのプロジェクトで作成した企画書の基本仕様とどこが異なるかを論議し修正が行われることが多い。

10) J社　　面接者：企画グループ責任者
《会社概要》
(1)　主な業種：食品
(2)　2002年度の年間売上高は，2兆円以上，4兆円未満
　　　研究開発費は，300億円以上500億円未満。
(3)　2002年度の従業員数：1万人以上3万人未満
(4)　研究開発体制（アンケート設問1－4参照）：2分極型である。
(5)　対象テーマ：遺伝子組替え技術
　　　3つの事業（売上額規模：2兆円，3000億円，500億円）がそれぞれ個別研究所を持っている。本社の研究所は，新規事業研究機能を持っている。

《事業について》
　本企業は，売上額構成比が，大きく違う3つの事業を行っている。主事業（2兆円）は，日本市場では，独占に近い形で事業展開がなされている。しかし，事業収益性は，今後長期低落傾向にあり安泰ではない。一方，新たな事業（500億円）は，企業内では，異事業（医薬・バイオ事業）であり，企業内での認知度が低く，企業内評価や人的資源や活動資金が潤沢ではない。本対象テーマは，この新たな事業の新テーマである。

《活動について》
(1)　遺伝子組み替え技術の開発を研究所のA氏が，研究したことから始まる。従来の遺伝子銃で遺伝子を打ち込む方法から，土壌中の微生物であるアグロバクテリアをベクターとして使うピュアーイントロンと呼ばれる方式である。（基本特許を取得済みで，その独創的組み替え方法は，当初，海外学会等で注目を集めたが，日本の学会や自社内での評価は低かった。）
(2)　当時の研究所副所長の配慮からA氏を含む3名のメンバーによる，ファジーフロントエンドのプロジェクトが発足した。目標は，事業部門を動かすことのできる技術検証を含めた製品企画書の作成である。遺伝子組み替え技術に関わる分野であることから，未知のアプローチであり，3名がアイデアを出し合い実験，評価の繰り返し活動を行った。（技術の可能性研究が，その活動の中心をなした。また，活動は基礎研究活動そのもののように見えるかも知れないが，ミッションとして事業化可能分野の探索とその企画書を作成することが，上司から言明されていたことから，単なる基礎研究とは違っていた。）

(3) 遺伝子組み換え技術のファジーフロントエンドのプロジェクトは，単に紙上検討だけでは検討できるものではない。職人芸的対応が必要である。全く，人類が知らない未知の探索が中心であり，その点では，チーム活動は順調な活動ではなかった。
(4) 当初，1年程度で結論を出すことが，言明されていたが，実際は，3年間の歳月がかかった。その過程で，プロジェクトの存続の危機が何度かあった。最終年度は，正式な認知を受けずに，活動を続行した。その時点では3名＋1名が，加わり活動を行った。
(5) 結果として，穀物（トウモロコシほか）に利用する遺伝子組み換え技術案を，可能性研究データも添付してまとめた。その企画書が経営会議で承認された。
(6) その後，正式な開発プロジェクトが発足し，2年の歳月をかけて，実用化が行なわれた。メンバーは，ファジーフロントエンドのプロジェクトの2名が残り，5名で行なった。現在，海外20社とのライセンス契約が成立して事業としてスタートした。ただし，当社内事業ではなく，関係会社で行なわれている。ただし，日本市場では，穀物の遺伝子組み換えに慎重な対応のため，事業活動はできていない。
(7) 全く新たなコンセプトを創設するファジーフロントエンドのプロジェクトでは，同じ価値観を持ったメンバーで行なわないと，成果を作り上げることはできなかったと思う。なお，当初3名のメンバーの内，2名の研究者は，農学部出身者でバイオ関係の研究（1人は博士課程修了後企業入社）を行っていたことが幸いしたと思う。
(8) 面接者A氏の重要な役割は，「アイデア創出」と「内外の関係者への提案と交渉」であった。
(9) 現在，わが国でも，新たに発足したバイオ関係国家プロジェクトに本メンバーの1名が参加して，新たな研究開発がなされ始めている。

11) K社　　面接者：先端研究研究所研究部門責任者　ほか5名
《会社概要》
(1) 主な業種：その他製造業
(2) 2002年度の年間売上高は，1000億円以上2000億円未満
　　研究開発費は，100億円以上，200億円未満

(3) 2002年度の従業員数：5000人以上，1万人未満
(4) 研究開発体制（アンケート設問1－4参照）：2分極型
(5) 対象テーマ：計測機器
　　海外との技術提携や業務提携や企業買収など技術志向の反面，ドラスチックな改革を行なってきている。

《事業について》
　本対象テーマは，当時のCTO（チーフ　テクニカル　オフィサー）の強力な技術戦略のもと，推進されたものである。詳細は，第4章第1節記載内容通りである。

《活動について》
　詳細は，第4章第1節記載内容通りである。

12)　L社　　面接者：技術顧問
《会社概要》
(1) 主な業種：鉄鋼
(2) 2002年度の年間売上高は，1兆円以上，2兆円未満，
　　研究開発費は，300億円以上500億円未満
(3) 2002年度の従業員数：1万人以上，3万人未満
(4) 研究開発体制（アンケート設問1－4参照）：3分離型
(6) 対象テーマ：特殊用途鋼材
　　日本の今日を支える基幹産業としても重要な事業を展開している。

《事業について》
　本対象テーマは，橋梁等建設用資材としてニーズがあり，開発を行ったものである。既存の耐候性鋼の欠点を抜本的に改善することを目的とした全社プロジェクトであった。結局，活動開始後，実用化されるまでに，15年の歳月を要した。その内，約10年間は実効性を証明するための耐久実証試験に時間を要した。その結果，塩素イオン雰囲気でも，無塗装で10年以上錆びない鋼材の開発に成功した。

《活動について》
(1) 当初のファジーフロントエンドプロジェクトメンバーの主力メンバーは4名であった。研究者2名，技術開発スタッフ1名，製造技術スタッフ1名である。このメンバーの進め方や新たな着想が正しかったことが，最終結

果として成功したと思う。
(2) 活動は，既存の耐候性鋼の欠点を明らかにすることからはじめた。その結果，今まで考えてきた方法（現状の最高水準を達成している技術）では，実現できないことが，明白になった。そこで，全く異なる技術コンセプトによるアイデア抽出とその具現化をチームで行い，研究部門で試作試験し，さらにその結果をもとに，チームで検討を加えるという活動を繰り返し行なった。
(3) 当初，2年程度で，ファジーフロントエンドプロジェクトを終了する予定であったが，結局5年間以上の歳月が必要となった。活動メンバーも2〜3年で入れ替えることになった。さらに，実効性を証明するための試験に約10年間の歳月が，かかった。
(4) プロジェクトリーダーに求められることは，アイデア創出力と製品コンセプトをまとめる力が必要で，その分野の技術動向に敏感で洞察力がなければ駄目である。

13) M社　面接者：事業部統括責任者
《会社概要》
(1) 主な業種：エンジニアリング
(2) 2002年度の年間売上高は，5000億円以上1兆円未満
研究開発費は，100億円以上200億円未満
(3) 2002年度の従業員数：3000人以上，5000人未満
(4) 研究開発体制（アンケート設問1－4参照）：3分離型
(6) 対象テーマ：環境システム技術
環境関連事業が，売上額の約70%を占めている。また本対象テーマは，今後の発展が望まれ競争相手各社が技術競争している分野である。
《事業について》
　対象テーマは従来技術の延長線上では，技術的行き詰まりが見えているために，各社が技術競争を行なっている環境技術分野である。
《活動について》
(1) ファジーフロントエンドプロジェクト活動のメンバーは，3名で全員部門長である。本活動をフルタイムで，行うことはしていない。会議形式で1週間に1回のペースで行った。なお資料収集や分析データのまとめ等の作

業は部下にさせている。
(2) 技術情報は，関係子会社のパイロットプラントで実験していたデータや，自社が納入した実機のデータや海外技術提携先の企業データなど，豊富にあり，そのデータ分析からスタートした。この分析検討活動は，約1年半かかった。この活動は，ファジーフロントエンドプロジェクトではないが，その後，発足したファジーフロントエンドプロジェクトでは，その検討メンバーがそのまま，ファジーフロントエンドプロジェクト活動を行ったことが，スピーディーな実用化ができた要因と思う。
(3) ファジーフロントエンドプロジェクト活動は，約1年間行われた。メンバー構成が絶妙だったと思う。事業戦略・技術戦略立案に長じた者，独創的アイデア創出に長じた者，システムコンセプトをまとめるのに長じた者の3名である。
(4) 技術革新を生み出すためのファジーフロントエンドプロジェクト活動は，実際の技術的問題点や顧客のニーズの明確化が必要であるが，さらに，自社の技術水準や世の中の技術動向をもとにした実現までの行動シナリオが明確に描けなければ駄目である。今回は，すべての点で計画と実施がうまくいった。

14) N社　　面接者：事業部品質管理責任者
《会社概要》
(1) 主な業種：精密機械
(2) 2002年度の年間売上高は，5000億円以上，1兆円未満
研究開発費は，500億円以上，1000億円未満
(3) 2002年度の従業員数：1万人以上，3万人未満
(4) 研究開発体制（アンケート設問1－4参照）：事業部権限委譲型
(5) 対象テーマ：光学要素技術
当社の事業は，市場競争の激しい分野を多く持っており，日々，技術革新競争が熾烈である。
《事業について》
　本対象テーマは，市場競争の激しい分野のコアー技術に関するものである。特に，技術革新レベルが，今後の市場占有率を決める重要なものである。
《活動について》

(1) ファジーフロントエンドのプロジェクトで最も重要な機能は「アイデア創出」である。
(2) 本対象テーマのリーダーは，対象技術分野のついて熟知し，かつ新たなアイデア創出に長けた人物であったことが，他社に先駆け技術革新ができたと思う。
(3) チーム活動は，単に専門家集団を集めるだけでは駄目である。ファジーフロントエンドのプロジェクトを開始する以前に明確な達成レベルを決め，その実現に必要な人選をすることが求められる。今回の6名は，研究職2名，マーケティング企画職3名，戦略企画職1名であった。年齢構成は，40歳代前半1名，30歳代4名，20歳代後半1名であった。フルタイム活動では行っていない。約6ヶ月で企画書をまとめた。そのベースとなるたたき台は，事業部門にすでにあり，その内容検証と更なる技術革新性（基本特許出願，製法，品質上の問題等）のチェックである。
(4) 他のファジーフロントエンドのプロジェクトも(3)項と同じアプローチである。すでに15年ぐらい前からファジーフロントエンドのプロジェクトは，行なわれている。ただし，その活動が，このような名称とは知らなかった。

15) O社　面接者：研究開発部門責任者
《会社概要》
(1) 主な業種：洗剤・化粧品・油脂
(2) 2002年度の年間売上高は，2000億円以上，3000億円未満
　　研究開発費は，50億円以上，100億円未満
(3) 2002年度の従業員数：1000人以上，3000人未満
(4) 研究開発体制（アンケート設問1－4参照）：2分極型
(6) 対象テーマ：家庭関連商品
　　競合に事業規模の大きな企業があり，技術力や企画力で勝負してきた。最初に，当社が業界初の新商品を市場投入し，大手を含む他社が，追従するケースが多い。その点では，技術力や企画力には定評がある企業である。
《事業について》
　本対象テーマは，研究部門のシーズから商品化されたものである。この場合は，海外メーカーのEU市場でのニーズをキャッチした営業ルートからの情報が

もとで，経営会議で話題になり，事業部が研究部門を巻き込んで，ファジーフロントエンドのプロジェクトを発足させた。
《活動について》
(1) メンバーは7名である。研究部門2名，営業企画1名，商品企画1名，経営企画1名と製造1名，リーダーは事業部長自らが行った。
(2) メンバーは，企画畑出身者が多くおり，研究した技術内容の咀嚼からスタートし，市場要求にフィットした企画内容を技術内容と整合性をつけながらすすめられた。
(3) 平均年齢は，リーダーを除くと30歳前半であり，若手のプロジェクトであった。年齢が若いこともあり，研究した技術を超えた新たなアイデア＆コンセプトが飛び出し，研究部門に追加研究を急遽お願いした。結果として，独創的商品が誕生した。

《その他》
その後，当社では，若手だけのプロジェクト編成が意識されて行なわれることになった。その場合でも，アドバイザー（技術や販売）が支援する形を取っている。

16) P社　　面接者：事業部開発責任者
《会社概要》
(1) 主な業種：情報・通信機器
(2) 2002年度の年間売上高は，200億円以上，500億円未満
研究開発費は，20億円以上，50億円未満
(3) 2002年度の従業員数：1000人以上，3000人未満
(4) 研究開発体制（アンケート設問1－4参照）：事業部権限委譲型
(5) 対象テーマ：光通信モジュール部品
対象テーマ分野では，技術的特徴を持ったユニークな企業である。
《事業について》
対象テーマは，大手キャリアからの要請で開始されたプロジェクト活動である。
《活動について》
(1) ファジーフロントエンドのプロジェクトで最も重要な機能は「製品コンセプトの形成」である。次が「情報収集と長期市場トレンド洞察」である。
(2) ファジーフロントエンドのプロジェクトでは，明確な販売先や市場規模を

意識していなかった。
(3) 活動リーダーとしての要件としてコンセプト創出力や創造的破壊マインド等必要だが，平均活動期間が長い（実用化までに10年以上はざらである。）当社の場合には，活動継続のために行動を引っ張り続ける行動力や失敗に屈しない図太い精神力が求められる。成功するプロジェクトリーダーに共通した特性である。

巻末資料2　我が国のファジーフロントエンド人材育成実態調査結果

　ファジーフロントエンド活動について，アイデア発想が重要であり，取り分け，技術革新を伴う活動においては，研究技術者の役割が重要性を増すことが，容易に想像が付く。そこで，第3章第1節第3項のアイデア発想活動強化に関する先行研究の(4)の全体をコーディネーションできる人材の確保と登用が，企業の最大関心事である。

　そこで，技術革新を伴う新製品開発の前段階におけるファジーフロントエンド活動に参画する機会の多い研究技術者の育成について，企業がどのように対応したのかを，自動車業界X社と家電業界Y社にインタビュー調査を行った。その結果，すでに17～20年前から，育成計画が行なわれていた事実を掴んだ。また，先行研究のアイデア発想活動強化の(4)項の実践支援プログラムが，機能している事実を掴んだ。以上から，問題意識の高い企業では，かなり早い時点から人材開発を通して着実に，ファジーフロントエンド活動での研究技術者の人材育成が，なされていることが判明した。

　以下に，そのインタビュー調査内容を記す。なお，そのほかにも，岸ら（2002年）では，キヤノンにおける技術系管理者教育の内容を報告している。また，櫻井（1992年）では，荏原製作所における研究開発テーマをそのまま創造性開発研修として取り組んだ事例を紹介している。

1．X社（自動車メーカー）[173]　インタビュー調査内容
(1)　人材育成グループについて

　X社には，「グローバルエグゼクティブ育成」を目指した全社教育体系を構築する本社人財開発グループと「部門の能力を伸ばす教育」を目指す各部門（R&D部門，生産部門，セールス＆マーケティング部）ごとの部門人材育成グループがある。後者のR&D部門（対象8500人）人材育成グループは，15名の専任スタッ

---

[173] 2003年9月3日に，X社R&D人財育成グループ責任者，技術本部企画戦略部門責任者，コストエンジニアリング部門責任者に面談してファジーフロントエンド活動に対応した研究技術者を中心とした人材育成について調査した。

フとクロスファンクショナル組織から選抜したマネージャー 11 名（兼任）で構成され，技術力，技術戦略構築力，イノベーション創出力育成の教育体系構築と人財育成[174] をミッションとしている。

(2) R&D 部門人材育成について

17 年前より系統だった技術教育を実践（総合技術教育）してきたが，2001 年度より新たな技術教育プログラムを開始した。なお近年中途技術者を大量採用したが，その人達のレベル向上が，急務であった。教育は，「自律した人間になること」を目指し，イノベーションを継続的に作り出す仕組みの中で技術者教育のあり方を考えている。言い換えれば，組織的にイノベーションを引き起こすことができる人材育成を目指している。

① 教育方針（技術者対象）

教育対象：入社 5 〜 10 年目までの社員であるが，必ずしも 35 歳までとは限らない。

教育方針：キャリアと実践職場の有機的連動を教育システムとして構築することである。

教育計画：能力を生かせる短期（3 年以内）教育実行計画が中心で教育効果が生まれやすい。経営計画が 3 年ごとに策定実施されるので，教育計画も連動して見直している。ただし 5 〜 10 年後を見据えた計画も行っている。例えば，5 年先に技術戦略上必要となるスキルは何か，育成すべきコンピテンシーは何かといった視点であり，社員の 10 年先に目指すべき役割やポストを想定した人材育成である。

② 階層教育

義務教育（全技術系社員対象）：固有技術／KT 法[175] ／ビジネスマナー⇒即実践に役立つ

選択教育（全技術系社員対象）：メニュー選択性⇒オポチュニティ（機会づくり）

選抜教育（将来幹部社員対象）：7 講座あり⇒キャリアコース社員用⇒実践へのつながり

---

174 人財の財の字を強調された。
175 ケプナー・トリゴー法といわれる問題解決アプローチで，NASA 所属の心理学者ケプナーと社会学者トリゴーによって開発されたもので，技術的テーマ解決に役立つとされている。状況分析，問題分析，潜在的問題分析，選択決定分析の 4 つの分析を複数使い，課題を解決する。本方法は米国や日本の家電メーカーや自動車メーカーでよく使用されている。

注1：選抜方式は所轄責任者（役員）ごとに2～3名選抜。特に統一的選抜基準はない。
注2：ロールキャリアモデルを設定して7講座発足。
注3：2004年度より人事制度との連動を考えている。
(3) 選抜教育—7講座の概要
7つの講座内容は下表に示すとおりである。

	カリキュラム名	期間	内容	備考
1	語学研修	3ヶ月	外国人生活者による教育	実践的語学力強化
2	本質を見抜く研修	3ヶ月	システム思考，発想法	モノの繋がり理解
3	創造塾	1年間	組織的イノベーションを起こす	課題 レポート提出
4	技術マネジメント	4ヶ月	技術戦略／知財他	組織的マネジメント
5	同上スキルアップ	2ヶ月	テキストグループワーク	論文提出
6	ケーススタディー	3ヶ月		外部研修
7	海外実地訓練	数週間	イノベーション中心講座	提携海外大学院

― 1・2項は4～5年目，3項～5項は10年目（係長級），6・7項は15年目クラスの講座でそれぞれ選抜20名が対象 （選択方法は(2)の注1）
― 6・7項講座はニーズマーケティング⇒イノベーション組織⇒仕組み（プロセス作り）
筆者がインタビュー調査内容をもとに作成。

(4) MOT教育[176]のキーワード
技術力中心⇒新社長方針により戦略性を重視⇒ビジネス戦略／技術戦略⇒技術マネジメント／イノベーションへと変遷
　　注：「技術戦略」＝「イノベーション」の考え方で7講座を考えている。
(5) 研修内容のレビュー＆承認システム
－役員会／ステアリングコミッティ／人材育成グループの三階層で対応。
－人材育成グループで喧々諤々検討し，上部組織に図り決定実施される。
(6) その他
①一般対象プログラム：今までKT法は，管理職中心教育⇒若年層へシフト
②「システム思考講座」を導入し，機械工学中心の分析教育から洞察力強化へシフト
（要素技術探求も含め周辺の技術や市場をにらみながら新たな種を創造）

---
[176] Management of Technologyの略。技術経営と訳され，近年経済産業省が中心になり産学官連携のもと大学や企業内での新たな教育プログラムの作成と実施が行なわれている。

③トップが教育方針を宣言（人材育成のための年間必要教育時間確保）
　④「知識中心」⇒「知恵出し創造開発」
　以上インタビュー調査より技術偏重教育から脱し，新たに「総合的な見方での技術構築」教育に移行中とみる。創造力や洞察力を強化する内容で組み立てられている。

2. Y社（総合家電メーカー）[177] インタビュー調査内容

(1) 人材育成体系の概要

　人材育成の基本は，OJT（オン ザ ジョブ トレーニング）であり，各種研修等のOff-JTは，これを補完するに過ぎないという基本スタンスである。また，「自己価値向上には自分の時間と金を使え」，「必須と自律」，「支援策は供給する」という明確なポリシーをもって進めてきた「20年の継続と進化のプログラム」である。

　全社教育（人事部が担当）は，階層別研修（資格別研修，管理者研修，監督者研修）と職能別研修（技能研修，国際化研修，営業部門研修，管理部門研修）で構成される。また技術者教育（技術研修所が担当）は，技術ゼミナール，技術部会，工学塾で構成される。その他に部門別教育（事業本部，製作所，研究所が担当）がある。若手技術者については，技術の幅を広げるため専門分野の周辺技術付与を目的とした必修・必須教育カリキュラムを用意している。

　一方，事業経営の観点から，高度な技術レベルを有する技術者の育成のみならず，技術開発を核としながら，事業化推進を担うリーダーの育成が切望されており，そのための「選抜教育」として「工学塾」を運営している。

(2) 事業推進リーダー育成選抜教育—「工学塾」

　20年目を迎え約700人の卒塾者を輩出した。工学塾の評価はまだできないが，その中の数人がすでに経営陣に加わり真に業績を上げ始めたところであり，"継続してよかった"との感想を伺えたことが印象的であった。

　開講当初は，「自主開発力強化のための高度開発型技術者（開発リーダー）の育成」に主眼を置いていた。その後の社会環境・経営環境等の変化に即応するために，開発した技術製品を事業化するリーダー，つまり「事業化推進リーダーの

---

[177] 2003年9月22日に，Y社技術研修企画グループ責任者及び創造性開発研究部門責任者に面談してファジーフロントエンド活動に対応した研究技術者を中心とした人材育成について調査した。その時入手した資料を一部参考にした（平本2003年）。

育成」に重心を移さざるを得なくなり，2002年度から技術経営をベースにしたカリキュラムに改編した。

 狙い：技術の深掘りよりも，技術動向を見極め，的確な開発・事業化戦略を立てる能力が求められており，そのために必要な知識・スキルを修得させる。リーダーとしてふさわしい人格形成も必要であり，アフターファイブの交流を通じて講座長や講師の人生観に触れるなどの工夫もされている。

 選抜：毎年対象800人～1000人の中から面接で20人を選抜する。

 講師：主として卒塾生が講師を務める。(200人程度確保)

(3) 工学塾の概要

以下に，技術の本質を考究させるとともに，豊かな人間性の涵養を目指すことを狙いとして創設実施されているY社の工学塾について，その内容を示す。

 設立の趣旨：新製品開発と事業を主体的に推進しうる人材を計画的に育成する選抜教育。

 運 営：事業所長の推薦により，新製品開発・事業推進リーダーとなりうる素養のある者を人選。

 対 象：30歳から35歳程度，20人／年

 カリキュラム：毎月1講座開講（1週間の合宿研修）全10講座

 運営のポイント：自主運営（デスカッション重視，毎講座の発表・終了論文作成，講師とのふれあい），事前／事後研修，卒塾後のフォロー研修。

(4) 工学塾の狙いの変遷

設立時は，欧米からの技術導入型からの脱却を狙い自主開発力強化のための高度創造型開発リーダーの育成を主眼とした。その後起業家，事業家マインドの醸成を企画し事業経営基礎を重視し事業・開発推進リーダー育成に軸足を移した。そして，現在は技術経営をベースとして事業化推進リーダーとしての技術者育成を目指している。

(5) 工学塾カリキュラム

 下記講座を約1年間かけて教育（含む実践）を行っている。

  プレ講座（提案力強化），事業，経営基礎，経営，開発戦略，グローバルビジネス・リーダシップ研修，生産技術，システム工学，プロジェクトマネージメント，事業発展とコア技術1，事業発展とコア技術2，1年後／3年後フォロー研修

Y社技術研修所は，技術ゼミナール，技術部会，工学塾の3本柱で能力開発を支援しているが，自分自身に何が必要かを的確に判断し，将来像を描き個人の責任で自己価値向上を目指すことを指向している。「会社が与える教育」から「個人が求める教育」へと移行し，一律教育から選抜による教育システムへとシフトしている。

巻末資料3 パイロットスタディー概要

　第2章第1節2項に記載したパイロットスタディーの概要は下記である。ここでは，個別のインタビュー調査内容には言及せずに，櫻井（2000年）「イノベーション創出製品化モデル」（本図表2-3）の有効性についてのアンケート調査結果を示す。

《概要》

1. 目的

　1985年以降に我が国で脚光を浴びた新製品の研究開発事例の特徴分析と図表2-3の「イノベーション創出製品化モデル」の有効性を検証するために実施した。

2. インタビュー調査実施

　インタビュー調査を行った新製品事例は，46品目である。その関係者126名にヒアリングを行った。インタビュー調査時期は，1990年から1998年までである。46品目の分野別比率は，下記である。業種区分別に多い順に並べる。

　　機械17.4%，電気機器15.2%，精密機器15.2%，化学15.2%，輸送用機器15.2%，情報通信機6.6%，建設4.3%，繊維製品4.3%，其の他6.5%

　その際，クライン（Kline, S. J. 1985）の「イノベーション連鎖モデル」と櫻井（2000年）の「イノベーション創出製品化モデル」を説明し，インタビュー調査で内容確認するために，後者モデルを使い，各フェーズごとに，研究開発過程を詳細に記述しながら，研究開始時点から，実用化時点までの活動内容を調査した。このインタビュー調査内容は，巻末資料4のアンケート設問に生かされている。

　以下，ファジーフロントエンドの活動についての被験者コメントの一部を記述する。当時は，インタビュー調査被験者自身が，ファジーフロントエンドのマネジメントについての認識はほとんどなかった。しかしその段階の重要性についての体験的認識は，持っていたのである。その観点のインタビュー調査コメントを7つ紹介する。

X1：化学メーカー研究所長（1992年）
　同じような視点で研究を行っても事業に結びつく技術と，全く棚ざらしにされ風化する技術がある。その理由は，事業化を意識する以前のマネジメントの欠如にあった。企業において，事業化を前提としない研究などあり得ない。そのために，どの様な視点で研究に取り組むかが，今後の課題である（櫻井 2003年）。

X2：家電メーカー企画スタッフ（1990年）
　ヨーロッパで普及している商品に興味を持ち，研究開発部門に現物を持ち込み，性能比較をしてもらい，これならいけると踏んで発売したが，全く売れなかった。キャッチアップ型研究開発の悲哀を味わった。今後の家電業界の研究開発や企画のあり方を模索する必要がある（櫻井 1992年）。

X3：機械メーカー開発部員（1993年）
　開発開始のスタートは，いつも声の大きな営業部門からである。これでいいのかと思う。顧客ニーズにフィットした新製品の開発が当社の方針である。当社では，現状改善型か他社追従型かしかない気がする。以前自分が開発した新製品は，営業部門からの要請ではなかった。発売後5年以上経過し競合他社が発売して，やっと営業が本腰を入れて販売強化してくれた。もし5年前から販売強化してくれていればと思えてならない。企画段階から開発段階，さらに販売段階の一貫した戦略が欠如していることは悔しい。

X4：電気機器メーカー研究所員（1996年）
　開発した商品のコンセプトは，子供と釣りをしている時に思い付いた。職場ではなかった。その時は，あまり思わなかったが，技術革新を生み出す過程における技術者は，24時間365日，そのテーマのことを考え続けていなければ，新しいモノ（独創的着想）を生み出すことはできないと思う。その点で研究開発技術者の仕事のやり方について，特に新人指導のあり方を見直す必要があると思う。

X5：その他製造業　研究所員（1996年）
　当社では，1ヶ月の内，1日は自分の興味のあるテーマ研究に当ててよく，夜は，社員用ドリンクバーがあり，自由に飲み食いしてよいとしている。会社は，自由な環境を作ることが新たな独創性を生むとしているようだが，そうだろうか。興味があることや自由な雑談の中から新たな発想が生まれるとは思えない。そもそものニーズや技術解析や競合他社製品研究など別なアプローチが

重要である。

X6：情報通信機メーカー事業部開発責任者（1997年）

　日々，部員たちが考えていることを知ることができたら，どんなに開発に役立つかと思う。考えていることとは，開発コンセプトに関する気づきや思いや不安な点や懸念事項などである。オフィシャルな会議では，出て来ないこれら事項をどのように吸い上げて新製品開発活動に生かすかが課題だ。取り分け，開発開始時点でどのように情報収集するかが，目下の悩みである。

X7：精密機器メーカープロジェクトリーダー（1994年）

　自社で独創的技術をコンセプト化して新商品を販売したが国内では売れず，止む無く，海外で発売した。爆発的に売れた。その後，日本市場でも売れ出した。独創的技術をコンセプト化して新商品を販売しても，日本市場では売れないようである。理由は，日本人が保守的なのかもしれない。販売上の問題もあろう。いずれにしても，新たな商品を売り出す時には，生販技が一体となって，戦略を練ることが肝心だと思う。

3. アンケート調査実施

　46品目のインタビュー調査後，「イノベーション創出製品化モデル」（図表2-3）の有効性に関するアンケート調査を実施した。調査期間は1998年4月16日から5月15日まで，上記126名の方々にお願いした。結果は98名から回答（回答率78%）があり，有効回答数95通であった。その結果は櫻井（2000年）で発表したが，アンケート結果を下記する。アンケート調査票は，下記［1］～［20］項目を，5 その通りと思う，4 どちらかと言えばそう思う，3 どちらとも言えない，2 どちらかと言えばそう思わない，1 そうとは思わない，のリッカート・タイプの5点スケールで測定した。

《アンケート調査結果》

　インタビュー調査した貴殿の研究開発活動の振り返りにおいて

［1］　本モデルを適用することで研究開発活動を振り返ることができた。
　　　　　　　　　　　　　　　　　　　　　　　　　　　　　（平均値 4.8）
［2］　活動のターニングポイントがわかった。　　　　　　　　（平均値 4.9）
［3］　活動の反省点が明確化された。　　　　　　　　　　　　（平均値 3.7）
［4］　商品化意思決定前後の動きが明確化された。　　　　　　（平均値 4.5）
［5］　左右サーキットを行ったりきたりしていることに驚いた。（平均値 3.2）

[6]　左右サーキットの循環回数が多いことに驚いた。　　　　　　　　（平均値 3.5）
[7]　技術的イノベーションに適用し，さらなる技術的課題が詳細に判明した。　　　　　　　　　　　　　　　　　　　　　　　　（平均値 4.1）
[8]　社会的イノベーションに適用し，有効な方法であると認識した。　　　　　　　　　　　　　　　　　　　　　　　　　　　　（平均値 3.2）
[9]　自社研究開発マネジメントシステムに取り込みたいと考えた。　　　　　　　　　　　　　　　　　　　　　　　　　　　　　（平均値 4.1）
[10]　本モデルは少なくともイノベーションの連鎖モデルより有効なツールであった。　　　　　　　　　　　　　　　　　　　（平均値 4.9）

　今後，新たに，研究開発活動を実施推進する時において

[11]　本モデルを研究開発活動の初期段階から意識して活用すると有効である。　　　　　　　　　　　　　　　　　　　　　　（平均値 4.8）
[12]　活用の出戻りや意思決定のミス等が軽減でき活動の効率化が図られると期待できる。　　　　　　　　　　　　　　　　　（平均値 4.8）
[13]　4フェーズ（市場調査・コンセプト創出・キーテクノロジー醸成・創造的統合）区分は適切である。　　　　　　　　　（平均値 4.9）
[14]　他の商品化活動にも適用し比較すると自社の商品化活動の問題点がクローズアップされそうだ。　　　　　　　　　　　（平均値 4.4）
[15]　無限大で続くサイクルであることが良いと思う。　　　　　　　（平均値 3.8）
[16]　商品化意思決定の責任者は本モデルを活用して研究開発マネジメントを行うと思う。　　　　　　　　　　　　　　　　　（平均値 3.3）
[17]　「市場調査フェーズ」は繰り返し実施するキーとなるフェーズである。　　　　　　　　　　　　　　　　　　　　　　　（平均値 3.9）
[18]　「コンセプト創出フェーズ」は各種の情報をもとに新たなアイデアを創出する重要なフェーズである。　　　　　　　　（平均値 4.1）
[19]　「キーテクノロジー醸成フェーズ」は他社との商品差別化を行う重要なフェーズである。　　　　　　　　　　　　　　（平均値 3.4）
[20]　「創造的統合フェーズ」はすでに日常的に行っているがさらに洗練化が必要である。　　　　　　　　　　　　　　　　（平均値 3.9）

巻末資料4 民間企業における企画創造的な技術マネージャー育成に関する調査票
(第5章の分析のためのアンケート調査内容)

注:別目的で行ったアンケート内容は割愛する。

民間企業における企画創造的な技術マネージャー育成に関する調査
ご協力のお願い

　日本大学大学院ビジネスグローバル研究科では,平成14年度補助事業でありあります経済産業省の「科学や技術の研究開発成果の事業化を戦略的にマネジメントすることのできる技術経営(MOT:Management of Technology)人材を育成するプログラム開発」(MOTプログラム開発)事業を受託することになりました。当学では①理工系学部,②技術移転の公的機関,③民間企業の3組織を対象にイノベーションプロセスと技術の商品化を目的にプログラム開発を行うことに致しました。

　本調査は,③民間企業を対象に商品化プロセスを円滑に推進するためのメカニズムを解明するために日本の有力企業であります貴社にご回答のご協力を依頼しております。

　お寄せいただきましたご意見はすべて極秘扱とし,回答結果は統計的に処理し,分析結果のみを使用いたします。従いまして,ご回答いただく貴社ならびに個人のお名前の公表は一切行いませんので貴社が取り組まれていることやお考え等を率直にご回答いただければ幸いです。なお,本調査を回答するにあたり,他の部門の方が適切とご判断されました場合,恐れ入りますがその部門の方にご回送いただければ幸いです。

■ 本調査の目的

　民間企業を対象に商品化のイノベーションプロセスを円滑に推進するためのメカニズムを解明し,主に

　(1) 商品化のGOサインが出る以前の段階での企業行動

　(2) 実際の方法研究(仕組みや組織運営等)

を明らかにし,MOTプログラム開発を行うことを目的としています。

■ 記入と提出方法
　　ご記入方法　：　ご回答は選択と記述があります。
　　ご提出方法　：　調査票は同封の返信用封筒にてご返送ください。
　　ご提出期限　：　2003 年 9 月 16 日
■ 調査結果の報告
　　お答えいただいた方々には，後日，調査結果をご報告させていただきます。回答用紙の配信先にご氏名他をご記入ください。
■ お問い合わせ先
　　省略

---

1. あなたの企業，所属部門，あなた個人についてお尋ねします。

1—1　あなたの企業（連結でない単体ベース）の業種を次の中から選びその番号に○をしてください。（複数事業を行っている場合にはすべてに○をお願いします。その場合には主力事業［1つ］に◎をしてください。）

1. 食品　2. パルプ・紙　3. 石油精製・製品　4. ガラス　5. セメント
6. 鉄鋼　7. 非鉄　8. 繊維　9. 衣料・繊維製品　10. 化成品（プラスチック等）
11. 洗剤・化粧品・油脂　12. 医薬品　13. ゴム製品　14. 窯業・土石製品
15. 電線・ケーブル　16. 金属製品　17. 木材　18. 重電機器　19. 家電機器
20. 半導体・ディバイス　21. 情報・通信機器　22. 自動車　23. 船舶
24. 鉄道　25. 航空機　26. 産業機械　27. 精密機械　28. その他製造
29. 流通　30. 運輸　31. 電力・ガス・原子力　32. 情報・通信サービス
33. 金融・保険　34. その他サービス　35. 土木　36. 建築　37. 農水産
38. エンジニアリング　39. ソフトウェア　40. その他（　　　　　　　）

1－2 あなたの企業（連結でない単体ベース）の 2002 年度の年間売上額および研究開発費を下記区分から1つずつ選びその番号に○をしてください。

年間売上額（単位：億円）

1. 200 億円未満
2. 200 億円以上　500 億円未満
3. 500 億円以上 1000 億円未満
4. 1000 億円以上 2000 億円未満
5. 2000 億円以上 5000 億円未満
6. 5000 億円以上　1兆円未満
7. 　1兆円以上　　2兆円未満
8. 　2兆円以上　　4兆円未満
9. 　4兆円以上　　8兆円未満
10. 　8兆円以上

研究開発費額（単位：億円）

1. 　10 億円未満
2. 　10 億円以上　　20 億円未満
3. 　20 億円以上　　50 億円未満
4. 　50 億円以上　100 億円未満
5. 100 億円以上　200 億円未満
6. 200 億円以上　300 億円未満
7. 300 億円以上　500 億円未満
8. 500 億円以上 1000 億円未満
9. 1000 億円以上 2000 億円未満
10. 2000 億円以上

1－3 あなたの企業（連結でない単体ベース）の 2002 年度末の従業員数を次の中から1つ選びその番号に○をしてください。（正社員ベースでご記入ください。）

1. 300 人未満　2. 300 人以上 1000 人未満　3. 1000 人以上 3000 人未満
4. 3000 人以上 5000 人未満　5. 5000 人以上1万人未満
6. 1万人以上3万人未満　7. 3万人以上

1－4　あなたの企業の研究・開発体制は下記のどの組織図に近いでしょうか。最も近いものを1つ選びその番号に○をしてください。まったく異なる場合はその他にご記入ください。

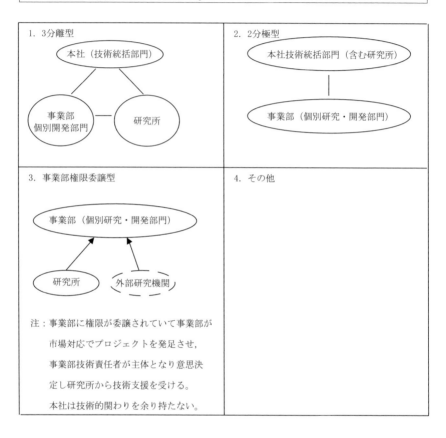

1－5　あなたの所属部署は下記のどれですか。もっとも近いものに1つ○をしてください。
1. 本社　2. 中央研究所　3. 基礎研究所（直接事業と関係ない）
4. 事業部研究所　5. 事業部開発部門　6. 事業部設計・生産関係部門
7. 事業部プロジェクト部門　8. 事業部事業企画　9. 事業部マーケティング
10. その他（　　　　　　　　）

1-6 あなたの部署の役割（業務機能）は下記のどれですか。もっとも近いものに1つ○をしてください。（1つだけ選んでください。）

1. 研究企画管理　2. 基礎研究　3. 応用研究　4. 設計／製品開発
5. 要素開発　6. コスト研究　7. 研究開発計測・実験　8. 生産設計
9. 市場調査　10. 販売企画　11. その他（　　　　　　　　）

1-7 あなたの所属する部署の人員はおよそ何人ですか。グループ，課，室，部のレベルではなく<u>技術的責任を取ることのできる責任者の範囲まで拡大し全体の研究開発組織の括りで把握ください。但しプロジェクトチームの場合はその規模で結構です。</u>（例：○○事業部△△技術センター××部（室）□□課の場合には△△技術センターの人員とお考えください。）次の中から1つ選んで○をしてください。

1. 10人未満　2. 10人以上20人未満　3. 20人以上50人未満
4. 50人以上100人未満　5. 100人以上200人未満
6. 200人以上500人未満　7. 500人以上1000未満　8. 1000人以上

1-8 あなたの上記部署の階層はいくつありますか。次の中から1つ選びその番号に○をしてください。（たとえば，センター長，部長，課長，係長，担当者の場合は5階層となります。）

　　階層数　1.　　2.　　3.　　4.　　5.　　6.　　7.　　8以上

1-9 あなたの役職は次のどれに相当しますか。次の中から1つ選びその番号に○をしてください。

1. 一般　2. 係長クラス　3. 課長クラス　4. 部長クラス
5. 事業部長（対象技術の責任者）クラス
6. 事業部長（採算も含む責任者）クラス
7. 事業部長以上但しCTOではない）
8. CTO（最高技術責任者）クラス　9. その他

| 1－10 | あなたの企業にはCTO（最高技術責任者）の役割を負う方が人事上の組織におられますか。次に中から1つ選びその番号に〇をしてください。 |

1. 副社長クラスでいる。　　2. 上席役員クラスでいる。
3. 事業ごとにその役割をもった人はいるが企業としてはいない。
4. 事業ごとにその役割をもった人がいて全社では合議制会議がもたれる。
5. その他（　　　　　　　　　　　　　　　　　　　　）。

| 1－11 | あなたのお名前，所属，役職等をお教えください。調査結果の報告を行うために使用いたします。また後の質問事項内容でインタビュー調査や更なる問い合わせのご了解が得られた場合に限り，ご連絡手段として使用させていただきます。 |

ご氏名 （フリガナ）		現職場経験年数（参考） 　　　　　　　年目	
ご所属	会社名	所属部署	役職名
ご連絡先	Eメールアドレス		TEL
	住所		FAX

| 2. 新商品・新技術開発についてお尋ねします。（イノベーション創出商品化モデル適用） |

　民間企業を対象とする，商品化のイノベーションプロセスを円滑に推進するためのメカニズムを解明するため，是非下記をお読みいただいた上で，ご回答ください。

なお，設問 2-5 は，ご自身が関与していないテーマである場合には，ご回答いただかなくても構いません。

イノベーション創出商品化モデルについて以下簡潔に説明いたします。

本図は無限大（∞）のサイクルをイメージしています。左側のサーキットが商品化意思決定以前の状態を示しています。それに対して右側のサーキットが商品化の GO サインが出た後，すなわち市場投入を意思決定した後の努力過程の状況を示します。

通常は，まず真ん中の ① 市場調査からスタートし左側の ② コンセプト創出，さらに ③ キーテクノロジー醸成を経て ① 市場調査に再度入ります。この左側サイクルを何度か循環（イノベーション技術確立スパイラルアッププロセス）し ② や ③ がより鮮明化され商品化の GO サインが出た後，右側のサーキットに移ります。右側の循環は ④ 創造的統合と ① 市場調査を繰り返し行い市場へ商品を投入するまで循環します。具体的には商品化するための各種要件を市場とのやり取りの中で明確化（顧客層決定，仕様決定，商品グレード決定他）しながら商品化のために研究開発モデルを商品としての世に問うための工夫（創造的に実績技術や新たな知見技術を組み合わせ）をしていくわけです。また右側のサーキットからスタートし新しい市場要求に応えるため左側サーキットに入るケースもあり

イノベーション創出商品化モデル

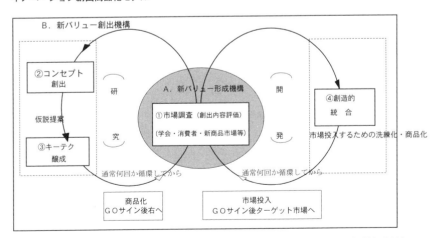

参考：櫻井，新バリュー形成を可能にするイノベーション創出モデルの有効性，経営行動研究年報 9 号，2000 年 5 月

ます。無限大のサイクルとはこれをし続けることが企業活動そのものだからです。
　※以下はこのモデルにおける用語の簡単な定義です。理解のための参考にしてください。

　　　イノベーション：過去のあらゆる事象と比較し顕著なユニーク性を持ちその評価者（市場など）の多数から共感をもって支持される技術革新
　　　市場調査　　　：創出内容の評価（対象商品市場だけでなく学会や仲間内でも可です。）
　　　コンセプト創出：上記の場（市場ほか）に対するメッセージ作り
　　　キーテク醸成　：上記のメッセージを実現する裏づけの明確化（理論研究・実験・検証等）
　　　創造的統合　　：市場へ出せる成果物への洗練化（日本が得意とするところです。）

2－1　以下の質問へのお答えをいただくためにあなたの企業か所属部門における革新的な新商品か新技術開発の代表的な実施例のうちの1つをイメージください。
　　　下記記入例を参照されその商品・技術の種類と分野をお書きください。
　　　差し支えなければその名称をご記入ください。

実施例名称	（ご記入いただかなくても構いません。）
商品・技術 種類	（記入例：撮影画像の揺動防止機構）
同上分野 （用途等）	（記入例：コンパクトカメラの要素技術）

2−2 上記の新商品・新技術開発は世の中でどのように評価されていますか。下記区分から選びその番号に○をしてください。わかれば受賞の名前を記入ください。技術的内容に関する世の中での客観的評価（認知度合い）を記入ください。

1. 発明協会主催全国発明表彰受賞（具体的：発明賞・恩賜賞・　　　　）
2. 学会技術賞表彰受賞（　　　　　　　　　　　　　　　　　　　　）
3. 業界の表彰受賞（具体的：大河内記念賞受賞・市村賞等・　　　　）
4. マスコミの表彰受賞（具体的：日経BP技術賞受賞・　　　　　　　）
5. その他表彰受賞（　　　　　　　　　　　　　　　　　　　　　　）
6. 特に表彰はない

2−3 現在，上記の新商品・新技術の貴社技術水準は競争企業と比較してどのレベルとお考えでしょうか。次の中から1つ選びその番号に○をしてください。

1. 明らかに優れている　2. 優れている　3. 同程度　4. 劣っている
5. 明らかに劣っている　6. その他（　　　　　　　　　　　　　　）

2−4 上記の新商品・新技術の商品化前の貴社技術水準は競争企業と比較してどのレベルだったでしょうか。次の中から1つ選びその番号に○をしてください。

1. 明らかに優れていた　2. 優れていた　3. 同程度　4. 劣っていた
5. 明らかに劣っていた　6. その他（　　　　　　　　　　　　　　）

（注：比較対象が存在しない場合は6項にその旨お書きください。）

【巻末資料】

※ 2－5の設問はご自身が関与されていない場合はご記入いただかなくても構いません。

2－5 上記の新商品・新技術はイノベーション創出商品化モデルを使うとどのように商品化活動が行われましたか。パターンは下記区分から選びその番号に〇をしてください。左サーキット活動期間（スタートから商品化GOまで）と右サーキット活動期間（商品化GOから商品新発売まで）及び各サーキットの循環回数（但し技術責任者が承知している）を個別に記入ください。なお下記の記入事例を参照ください。

	パターン	活動期間記入欄(ヶ月)			循環回数記入欄 (回)		
1.	オーソドックス型	左サーキット ⇒ 右サーキット			左サーキット ⇒ 右サーキット		
	左サーキット(循環)→右サーキット(循環)	ヶ月		ヶ月	回転		回転
	(①→②→③⇒①→④→①)						
2.	右オンリー型		右サーキット			右サーキット	
	右サーキット(循環)のみ		ヶ月			回転	
	(①→④→①)						
3.	右スタート後，左・右移動型	右 ⇒ 左		⇒ 右	右 ⇒ 左		⇒ 右
	右サーキット→左サーキットへ戻り→右サーキット	ヶ月	ヶ月	ヶ月	回転	回転	回転
	(①→④→①⇒②→③→①⇒④→①)						
4.	繰り返し型	左 ⇒ 右	⇒ 左⇒		左 ⇒ 右	⇒ 左⇒	
	左サーキット⇒右サーキットまた戻って繰り返す	ヶ月	ヶ月	ヶ月	回転	回転	回転
		⇒右 ⇒ 左	⇒ 右		⇒右 ⇒ 左	⇒ 右	
		ヶ月	ヶ月	ヶ月	回転	回転	回転
		⇒左 ⇒ 右			⇒左 ⇒ 右		
		ヶ月	ヶ月	ヶ月	回転	回転	回転
5.	その他						

記入事例インクジェットプリンター（H社開発）
（参考文献：アランほか著「コーポレートクリエティビティ」）

	パターン	活動期間記入欄(ヶ月)		循環回数記入欄（回）	
①.	オーソドックス型	左サーキット ⇒ 右サーキット		左サーキット ⇒ 右サーキット	
	左サーキット(循環)→右サーキット(循環)	ヶ月	ヶ月	回転	回転
	(①→②→③⇒①→④→①)	２４	４０	４	５

技術責任者が介在した循環回数

2−6 上記の新商品・新技術のイノベーション創出が成功した要因について伺います。商品化意思決定以前（左側のサーキット）で下記に列挙した内容が成功に繋がった理由と思われるものを選びその番号に○をしてください。（複数回答７つまで可）

A：コンセプトの創出時
1. 企業事業利益のことよりも顧客の価値向上（品質・機能・顧客が儲かること等）のことを優先しながら行動した。
2. 市場のだれに評価してもらうかを事前に決定していた。
3. 新市場投入商品なので市場のだれが反応するか考えた。
4. 過去のあらゆる事象と比較し顕著なユニーク性（独創性）を持つ内容であることが必要でありそのことを常時意識した。
5. 常に競争企業を意識していた。たとえば市場での競争企業との優位性や差別化程度を常に考えた。
6. 競争企業の技術水準・技術動向やその対応状況の調査等は一切行わなかった。

B：市場ニーズ
7. まず市場ニーズを把握してからコンセプト創出やキーテクノロジー醸成を行った。そうすることがコンセプト創出の絶対条件であると思った。
8. まず市場ニーズを意識することより社内のシーズや技術水準を明確化しその技術独創性を先鋭的に磨くことがコンセプト創出やキーテクノロジー醸成に必要だった。
9. スタート時点では技術水準の実現可能性は低かったがあえて市場に対して新たなコンセプト提案を行い市場の反応を見ようとした。そうするこ

とが重要だ。
10. スタート時点では技術水準の向上は市場に問うのではなく，自ら技術ポテンシャルに問うことが先決だと信じて市場調査はあえて行わなかった。

C：キーテクノロジー醸成時および商品化意思決定前の段階全般
11. キーテクノロジー醸成時には学会や大学等関係のある機関の動向調査を人的ネットワークの利用によって実施した。
12. キーテクノロジー醸成は市場への信頼性を獲得するための技術的裏づけ活動で技術開示はいかなる場合でも実施できることのみに留めた。
13. キーテクノロジーの醸成で大切なことは，技術の理論的実証にありそのことを究明できるまで，次のステップ（商品化GO）に行かなかった。
14. 商品化意思決定前の段階で商品化を加速させる推進者（ゲートキーパー）が出現したことが良かった。
15. 商品化意思決定前の段階で市場調査対象者（内容評価者）へ商品化しようとしている具体的内容（仕様）を明確に開示したことがよい結果を生んだ。
16. その他（特に顕著な理由あれば記述ください。）

2－7　上記の新商品・新技術のイノベーション創出の成功体験よりイノベーションの源泉は何が原動力とお考えですか。次の中から選びその番号に○をしてください。
　　　（複数回答3つまで可）

1. 世の中にすでにある新素材・新商品・新技術の利用可能性の検討
2. 自社コアー技術をもとに新たな原理発明や微細化加工技術などの検討
3. 過去開発していた自社要素技術をもとにその再活用検討（既存技術の棚卸）
4. 自社を取り巻く顧客・業者・代理店等のイノベータからの技術情報の検討
5. 自社特許の洗い直しによる新特許戦略からの技術テーマ検討
6. 新技術保有企業との技術提携やアライアンス（同盟）関係構築の検討
7. 特定顧客からの情報（顧客との直接的接触で知り得た知見）の検討
8. 世の中の新技術動向情報の検討
9. 既存商品の顧客から入る不具合情報や苦情情報（主に技術的な情報）の

検討
10. その他あれば記入ください。（1～9の補足でも結構です）

2-8 商品化意思決定以前（左側のサーキット）の段階で上記の新商品・新技術が市場に投入された時の販売先や市場規模等について明確な把握がなされていましたか。次の中から選びその番号に〇をしてください。（複数回答2つまで可）

1. 1つの既存商品市場を漠然とイメージしていた。
2. 複数の既存商品市場の集合体を漠然とイメージしていた。
3. 既存市場の周辺市場をイメージしその市場への参入可能性を自部門で調査した。
4. 新商品・新技術のためまったく市場がつかめず自社営業部門で調査した。
5. 新商品・新技術のためまったく市場がつかめず外部調査企業に依頼し調査した。
6. この段階では明確な販売先や市場規模等を意識していなかった。
7. その他あれば記入ください。（1～6の補足でも結構です）

2-9 商品化意思決定以前（左側のサーキット）の段階で上記の新商品・新技術の創出のために効果的だった情報はどのように入手されましたか。次の中から選びその番号に〇をしてください。（複数回答2つまで可）

1. 関係学会や大学ルートから入手したドキュメント情報（文献や解説資料等）
2. 市場調査会社による依頼事項の調査ドキュメント情報（市場動向や売れ筋情報等）
3. 自社事業部（他の事業部でも可）からの情報
4. 他社商品のティアダウン（分解し内容分析）情報（実機検証，他社技術情報等）
5. 公知の関連特許・実用新案情報（他社特許や関連特許の分析情報等）
6. 関連分野の事業関係者からの非公式な口コミ情報（関係業界会合等からの情報）
7. 関連分野以外の事業関係者からの非公式な口コミ情報（無関係な業界会合等）

【巻末資料】

8．その他（　　　　　　　　　　　　　　　　　　　　　　　　　　　）

2－10　商品化意思決定以前（左側のサーキット）の段階で上記の新商品・新技術の創出のために重要な役割を果たした人（複数）についてお尋ねします。その人を重要な役割順にA氏，B氏，C氏，D氏，E氏とした場合にどのような機能（複数回答可）を果たしましたか。枠内に◎（最も重要は一つ）○（重要は複数回答可）をしてください。（なお重要な役割を果たした人は最大5名とします。5名未満でも可）

重要な役割（機能）	A氏	B氏	C氏	D氏	E氏
1. 情報収集，長期トレンド洞察					
2. 事業戦略との整合，技術戦略策定					
3. アイデア創出，アイデア収集					
4. 研究開発目標（商品コンセプト）創設					
5. 研究開発計画（基本仕様）設定					
6. 提案書作成					
7. 提案書評価					
8. 内外の関係者への提案と交渉					
9. 研究開発資源（人，もの，金）の調達					
10. チームメンバー人選と編成					
11. プレマーケティング					
12. 研究開発遂行（発明や製品開発）支援					
13. 戦略的な特許出願					
14. 生産技術・生産関係支援					
15. 販売関係支援					

2－11　上記の新商品・新技術のイノベーション創出の成功体験を踏まえ，今後付加価値の高いイノベーションを生み出す革新的な研究開発を実現するために，下記の機能項目の中から重要だと思われる項目を選び○をつけ（複数回答可），最も重要だと思われる項目に1つ◎をつけてください。

巻末資料4　民間企業における企画創造的な技術マネージャー育成に関する調査票　　231

I　基本構想策定		III　研究開発の実施	
1. 情報収集，長期トレンド洞察		8. 内外の関係者への提案と交渉	
2. 事業戦略との整合，技術戦略策定		9. 研究開発資源の調達	
II　研究開発プロポーザルの作成		10. チームメンバー人選と編成	
3. アイデア創出，アイデア収集		11. プレマーケティング	
4. 研究開発目標（商品コンセプト）創設		12. 研究開発遂行支援	
5. 研究開発計画（基本仕様）設定		13. 戦略的な特許出願	
6. 提案書作成		14. 生産技術・生産関係支援	
7. 提案書評価		15. 販売関係支援	

> 2－12　上記の新商品・新技術のイノベーション創出が成功した要因について伺います。商品化意思決定以降（右側のサーキット）で下記に列挙した内容が成功に繋がった理由と思われるものを選びその番号に○をしてください。（複数回答可）

1. どちらかというと顧客の価値向上（品質・機能・顧客が儲かること等）のことより，企業事業利益のことを優先しながら行動した。

〔以下2問は開発フローについての質問です。該当すればどちらか1つを選択ください。〕

2. 創造的統合活動は市場へ出せる成果物への洗練化ですが，その方法は既存商品の開発実施のフロー（たとえば具体的ニーズ評価→仕様確定→基本設計→詳細設計→基本試作→量産試作→量産設備検討等）をそのまま活用した。

3. 新商品・新技術の場合は既存商品の開発実施フローを見直し新たなフロー（たとえば具体的ニーズ評価を限られた優良顧客に直接インタビューする等に変更）をつくりそれにしたがって創造的統合活動を実施した。

〔以下5問は活動メンバー体制についての質問です。該当すれば1つを選択ください。〕

4. わざわざ特別なプロジェクトチームを編成することなく職制で創造的統合活動を実施した。その理由のひとつはライフサイクルが短いからである。

5. 職制（営業，開発，設計，生産技術，品質保証，原価管理等）ごとの代表者によるプロジェクトチームを編成し創造的統合活動を実施した。その理

由のひとつはより短い活動期間で市場投入したいためであった。
6. 商品化意思決定前に活躍した人がそのままプロジェクトチームメンバーとなり創造的統合活動を実施した。その理由のひとつはまったく新しいコンセプトであり別の新チーム編成のロスを少なくして短い活動期間で市場投入したいためであった。
7. 新しいコンセプトであり既存の開発フローが活用できないため社内公募や事業部長等の推薦方式により新たなプロジェクトチームを編成した。
8. その他（　　　　　　　　　　　　　　　　　　　　　　　　）

〔以下4問は商品化意思決定以前に決定していた仕様条件の変更を余儀なくされた場合の一般的な対処方法（今回実施例に限定しません）についての質問です。（1つ選択ください）〕

9. 左サーキットのキーテクノロジー醸成活動にかかわった人や組織に戻して再考する。
10. 左サーキットの組織に戻さず職制主体で課題を克服していく選択を取る。
11. 左サーキットの組織に戻さず技術的に洗練化できる人（例えば技師長クラス）を投入し対処する。
12. その他（　　　　　　　　　　　　　　　　　　　　　　　　）
13. その他（特に顕著な理由あれば記述ください。）

2-13　今回のアンケート調査で，イノベーション創出商品化モデルを活用し問2-5でパターンや左右サーキット活動期間と循環回数を記入いただきました。
　　　イノベーション創出商品化モデル活用による感想をお聞かせください。
なお記入いただかなかった方もご自身の感想を記入ください。

〔1〕　新商品・新技術の商品化活動を振り返ることができましたか。
次の中から1つ選びその番号に○してください。
1. スムーズにできた　2. できた　3. どちらかといえばできた　4. できなかった

〔2〕　問〔1〕で1～3に○をつけられた方に質問いたします。次の理由の中から該当するものに○をしてください。（複数回答可）
1. 活動のターニングポイントがわかった
2. 活動の反省点が明確化された

3. 商品化意思決定前後の動きが明確化された
4. 左右サーキットを行ったりきたりしていたのに驚いた
5. 左右サーキットでの循環回数が多いのに驚いた
6. 他の商品化活動にも適用し比較すると自社の商品化活動の問題点がクローズアップされそうだ
7. 無限大で続くの認識がよい。他の商品化活動も本モデルでさらにフォローする。
8. その他（気づかれたことをお書きください。）

〔3〕 問〔1〕で4に○をつけられた方に質問いたします。その理由をお書きください。

〔4〕 新商品・新技術の商品化活動を行う上でイノベーション創出商品化モデルは有効でしょうか。次の中から1つ選びその番号に○をしてください。
　1. 非常に有効だ　2. 有効だ　3. どちらともいえない　4. あまり有効でない

〔5〕 問〔4〕で1～2に○をつけられた方で差し支えなければ理由をお書きください。

〔6〕 貴社の本実施例内容について貴社へインタビュー調査や問い合わせを行うことは可能でしょうか。（なおすでに数十の事例がありより密度の高い情報交換が可能です。）
　1. 可能である　2. 別実施例であれば可能である
　3. 特定化せずに自社の一般的実施例であれば可能である　4. 難しい
　5. その他（　　　　　　　　　　）

（なお貴社から収集させていただいた情報をわかる形で公開することは一切致しません）

3. 商品化活動（研究開発）の中核人材育成についてお尋ねします。

3－1 高い研究開発目標を創設し構想を練り上げて研究開発プロジェクトの実現に対してリーダシップを取れるような「研究開発の中核人材」は、今後必要であると思いますか。　次の中から1つ選びその番号に○をしてください。

　1．必要と思う（3－2へ）　　　2．必要とは思わない

3－2 必要と思うとお答えの方に質問します。その理由を下記に列挙した内容から選びその番号に○をしてください。最大の理由には◎をしてください。（複数回答可）
1. 革新的な目標（テーマ）創設には，個人の思い入れと情熱に基づいた強力な個性が必要でそういう人材が必要である。
2. 革新的なテーマ発想と商品化イメージ形成との間の媒体となる人材が必要となる。
3. テーマの構想立案者が研究・開発実施に対してリーダシップを発揮すれば商品化のスピードアップが図れるはずでそのための人材が必要である。
4. 合議制によるテーマ設定・選択は平凡となりやすく特徴がなくなる。目標創設から実現に至るまでを一貫して引っ張っていける人材が求められている。
5. 特定個人への権限集中により，横槍が入りにくくなり，組織的研究開発の推進が可能となり効果的な研究開発ができる。
6. 3－1のような人材が育つと結果的に，研究開発結果責任が明確になり，研究開発組織における責任体制明確化や従来の研究開発部門の管理のあり方が一変する。
7. その他の理由　（具体的にご記入ください）

3－3 必要と思うとお答えの方に質問します。下記に列挙した内容のどの機能に最も期待しますか。1つを選びその項目に○をつけてください。

巻末資料4　民間企業における企画創造的な技術マネージャー育成に関する調査票

Ⅰ　基本構想策定	
1．情報収集，長期トレンド洞察	
2．事業戦略との整合，技術戦略策定	
Ⅱ　研究開発プロポーザルの作成	
3．アイデア創出，アイデア収集	
4．研究開発目標（商品コンセプト）創設	
5．研究開発計画（基本仕様）設定	
6．提案書作成	
7．提案書評価	

4．新商品・新技術開発活動での独創性を生み出す仕組みや制度についてお尋ねします。

4－1　設問2－10に記載されているアイデア創出は商品化の研究・開発にとって重要な活動のひとつです。下記のアイデア発想技法についてよく使うものに〇をつけてください。（複数回答可でできれば4〜5つ選んでください。その中で最も使用する技法には◎をつけてください。）またその技法が使われる局面（個人―集団／着想創出―具体化）をそれぞれの選択肢から選び〇をつけてください。

まず下記にアイデア発想法に関して簡単な解説を行います。

アイデア発想技法	解　　　説
1．チェックリスト法	あらかじめチェック項目を書き出しておき項目別に発想する。
2．特性列挙法	対象の特性を列挙しそれをチェック項目として発想する。
3．カタログ法	各種のカタログや辞典等からキーワードを探し発想する。
4．形態分析法	複数の独立変数の組み合わせから発想する。
5．KJ法	データをカード化し自在に配置しながらアイデアを出す。
6．T・T－STORM法	テーマ目的からアイデアを体系的に図式化しながら具体化する。
7．入出法	最初の状態と最後の状態を明らかにして間を自由連想する。

8. 焦点法	テーマ出力を明らかにして強制連想を行い出力解決に導く。	
9. 希望列挙法	夢や希望を出し合いそれをヒントに発想する。	
10. 手段原理連想法	手段連想と原理連想を繰り返し行ってアイデア具体化する。	
11. シネクティクス法	一見関係ないものを類比テクニックでアイデア発想する。	
12. NM法	シネクティクス法の改善法で仮説設定を用いて発想する。	
13. ブレーンストーミング法	集団でアイデア連鎖反応を巻き起こし自由に発想する。	
14. ゴードン法	真の課題を伏せて抽象的言葉から発想し中間で課題発表する。	
15. 自己催眠法	自己催眠状況を作りアイデアを引き出す	

よく使用するものに○を付け，その技法の使用局面に○をつけてください（複数回答可）

アイデア発想技法	よく使用	個人技法	集団技法	着想抽出	具体化
1. チェックリスト法					
2. 特性列挙法					
3. カタログ法					
4. 形態分析法					
5. KJ法					
6. T・T－STORM法					
7. 入出法					
8. 焦点法					
9. 希望列挙法					
10. 手段原理連想法					
11. シネクティクス法					
12. NM法					
13. ブレーンストーミング法					
14. ゴードン法					
15. 自己催眠法					

4－2 設問3－1から3－3で商品化活動（研究開発）の中核人材育成についてお尋ねしましたが人的資源の能力アップのほかにあなたの企業で採用して成果が得られた独創性を生み出す仕組みや制度についてお教えください。その制度名をご記入いただき，その活動がどの範囲で活用されているか事例を参考に記入ください。

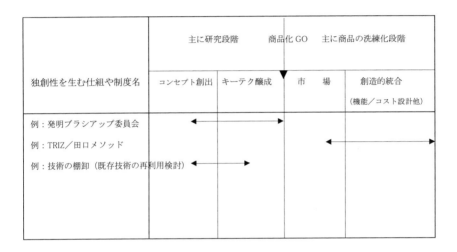

ご協力ありがとうございました。同封の封筒でご返送ください。お願いいたします。

> 巻末資料5　発想・連想テスト実施とアンケートのお願いに
> 　　　　　関する調査票
> （第6章の分析のためのテストとアンケート調査内容）

注：本内容は，依頼先の企業事務局が，社内に依頼することを想定しての記述である。

平成18年　　月　　日

殿

アンケート依頼部門

発想・連想テスト実施とアンケートのお願い

　首題の依頼が横浜国立大学　大学院環境情報研究院　環境情報学府　技術マネジメント専攻　近藤研究室からありました。本テストは自己診断がついておりますのでご自身の発想力や連想力を診断できます。下記期間までに実施しアンケート依頼部門である（　　　　　　　　　　）までご返送ください。

記

実施目的　　創造的研究成果を実現できる研究開発技術者の資質に関する調査
実施方法　　①テスト1とテスト2の実施説明書を一読してください。
　　　　　　②テスト1とテスト2を実施してください。
　　　　　　　　（テスト1とテスト2とは連続して行わないでください。）
　　　　　　③テスト1と2の自己評価シートを指示に従って実施します。
　　　　　　④最後にアンケートに回答をお願います。
返送シート　回収シート1／9　　　テスト1
　　　　　　回収シート2／9　　　テスト2
　　　　　　回収シート3／9　　　テスト1自己評価シート
　　　　　　回収シート4／9　　　テスト2自己評価シート
　　　　　　回収シート5／9　　　アンケート（1）～（5）
　　　　　　　～9／9

　自己評価結果が必要な方は各自でコピー願います。なお，回収シート番号はシート左上に記載があります。順番をそろえて左上をホッチキスで止めて提出願います
　提出期限　　平成18年　　月　　日
　　提出先
　　注：なお個人を特定できる情報は大学には提出いたしません。
　　　　（本アンケートに記載の氏名は消してから送ります。）　　以上

テスト1とテスト2の実施説明書

テスト1を始める前に下記を一読ください。

0) 氏名欄にお名前を記入願います。
1) 制限時間は10分間です。開始時にテスト1シート右上に月日と開始時間（時・分）を記入してください。
2) 設問を行う際に下記「発想ルール」を頭に入れてから取り組みましょう。
   - 判断延長のルール：記入した内容についてすぐ実現の可能性（技術的・経済的）や疑問などを考えるのはやめましょう。後で判断すればよいのです。
   - 自由奔放のルール：自由に思いついたアイデアを出しましょう。常識外のアイデア大歓迎です。何の制限もありません。笑われてもかまいません。
   - 大量発想のルール：数多くのアイデアの中には必ず掘り出しものがあるはずです。とにかくたくさんのアイデアを吐き出してみましょう。
   - 多角発想のルール：アイデアが出尽くしたら、違う見方や観点からさらにアイデアを絞り出しましょう。新たなアイデアがさらに出るでしょう。
   - 結合発展のルール：他人が言っていたことや他人のアイデアを思い出しそれを利用しましょう。他人のアイデア利用は恥ずかしいことではありません。
3) テスト1記入用紙は1番から縦に順番に書いてください。10分間経過しましたら止めてください。
4) 終了時にテスト1シート右上に終了時間（時・分）を記入してください。

テスト2を始める前に下記を一読ください。

1) 制限時間は10分間です。開始時にテスト2シート右上に月日と開始時間（時・分）を記入してください。
2) 連想と辞書によりますと「一つの概念につられてそれと関連のある他の概念を出現させること」と書いてあります。思った事柄を次々に書きましょう。
3) テスト2記入用紙は2つの作業があります。まず1番から縦に順番に連想したことを _____ に書いてください。10分間経過しましたら止めてください。
4) 終了時にテスト2シート右上に終了時間（時・分）を記入してください。
5) 次に「連想語」と「うつす」の間をつなぐ文を作成してください。時間制限はありません。
尚，文章が完成できない「連想語」は記入しなくてかまいません。

   例1： | トレーシングペーパー | で　絵　を　うつす
   例2： | 鏡 | に　自分の姿を　うつす

テスト1とテスト2の間は30分以上休憩を取ることをお勧めします。

テスト1とテスト2が終了しましたら自己診断シートで自己評価してください。

1) 事前に自己診断シートを読むと何の意味もなくなります。
2) また両テストの制限時間10分を厳守しませんと正しい評価ができません。

【巻末資料】

| 回収シート１／９ | 回答者氏名 [　　　] | 平成18年　月　日 |

事務局メモ欄　（１　・　２）　　　実施時間（　：　～　：　）

テ ス ト １　　　所要時間10分厳守

「ビールビン」の本来の用途以外の使い道を考えてください。
（記入は１～順番に記入ください。殴り書きで結構です。）

1.	17.	33.
2.	18.	34.
3.	19.	35.
4.	20.	36.
5.	21.	37.
6.	22.	38.
7.	23.	39.
8.	24.	40.
9.	25.	41.
10.	26.	42.
11	27.	43.
12.	28.	44.
13.	29.	45.
14.	30.	46.
15.	31.	47.
16.	32.	48.

巻末資料5　発想・連想テスト実施とアンケートのお願いに関する調査票　　241

回収シート2／9

平成18年　月　日　　実施時間（　　：　　～　　：　　）
テ　ス　ト　2　　　　所要時間10分厳守

作業1：「うつす」から連想することを□□□へ記入ください。
　　　　（記入は1～順番に記入ください。殴り書きで結構です。）

作業2：□□□の連想語と「うつす」の間をつなぐ文を作成ください。
　　　記入事例　 鏡 　　　　作業2は，時間制限はありません
　　　に　自分の姿を　うつす

1. _____ うつす	17. _____ うつす	33. _____ うつす
2. _____ うつす	18. _____ うつす	34. _____ うつす
3. _____ うつす	19. _____ うつす	35. _____ うつす
4. _____ うつす	20. _____ うつす	36. _____ うつす
5. _____ うつす	21. _____ うつす	37. _____ うつす
6. _____ うつす	22. _____ うつす	38. _____ うつす
7. _____ うつす	23. _____ うつす	39. _____ うつす
8. _____ うつす	24. _____ うつす	40. _____ うつす
9. _____ うつす	25. _____ うつす	41. _____ うつす
10. _____ うつす	26. _____ うつす	42. _____ うつす
11. _____ うつす	27. _____ うつす	43. _____ うつす
12. _____ うつす	28. _____ うつす	44. _____ うつす
13. _____ うつす	29. _____ うつす	45. _____ うつす
14. _____ うつす	30. _____ うつす	46. _____ うつす
15. _____ うつす	31. _____ うつす	47. _____ うつす
16. _____ うつす	32. _____ うつす	48. _____ うつす

巻末資料5　発想・連想テスト実施とアンケートのお願いに関する調査票　　243

テスト1と2の自己評価シート
及び
アンケートシート

本シートはテスト1及びテスト2を実施後に
見ていただき作業をお願いいたします。
事前に内容を見ないでください。

テスト終了後に右側の袋とじを開封ください。

（注）回答シート3／9と4／9は，回答者の自己診断用としたもので，本研究データとしては，活用していません。

【巻末資料】

|回収シート3／9|　　　テスト1自己診断シート

　テスト1シートに記入された解答を次の手順で自己評価してください。結果としてご自身の流暢性（アイデア量）・柔軟性（視点数）・独自性（ユニーク度合）が把握できます。（下記算出一覧表を参照ください。）

① **流暢性評価**：テスト1シートに記入された解答合計数があなたのアイデア量です。回答数があなたの評価となります。該当箇所を○で囲んでください。
　　　　　0〜10個　No Good（不可）　　　11〜15個　Good（可）
　　　　　16〜20個　Very Good（良）　　　21個以上　Excellent（優）

② **柔軟性評価**：テスト1シートの解答を下表カテゴリー18区分の最も近いカテゴリーに分類してください。（テストシート1の番号のみを記入欄に書いてください。）柔軟性の視点数はあなたの解答番号があるカテゴリーの数です。次のとおり評価します。該当箇所を○で囲んでください。
　　　　　0〜2個　No Good（不可）　　　3〜5個　Good（可）
　　　　　6〜8個　Very Good（良）　　　9〜18個　Excellent（優）

③ **独自性評価**：下表の独自性評価欄の式［ユニーク点］×［カテゴリー数］の合計点をブロック別に算出し，そのブロックA〜C合計点に対して評価します。該当箇所を○で囲んでください。
　　　　　0〜2個　No Good（不可）　　　3〜5個　Good（可）
　　　　　6〜8個　Very Good（良）　　　9〜18個　Excellent（優）

流暢性評価と柔軟性評価と独自性評価の算出一覧表

	カテゴリー区分	記入欄 （シート1の解答番号のみ記入）	流暢性評価	柔軟性評価	独自性評価
ブロックA	飼育・栽培		テスト1シート解答数	ブロックAのカテゴリー数[　]	ユニーク点 0×[　]
	液体外の容器				
	液体容器				
	健康器具				
	遊び道具				
	武器・凶器				
	楽器				
ブロックB	インテリア・家具			ブロックBのカテゴリー数[　]	ユニーク点 1×[　]
	伸ばす・たたく道具				
	その他道具				
	重さ利用				
	リサイクル（再生利用）				
	建造物・橋・支柱				
	工作・人形等製作				
	ガラス利用				
	売却・返却		流暢性評価		
C	その他（具体的なもの）		①[　]個	ブロックCのカテゴリー数[　]	ユニーク点 2×[　]
	その他（抽象的なもの）				

柔軟性評価　　（最高で18個です）
　ブロックA．B．C各カテゴリー数の合計数＝②[　]個

独自性評価
　ブロックA．B．CのΣユニーク点×カテゴリー数の合計数＝③[　]個

巻末資料5　発想・連想テスト実施とアンケートのお願いに関する調査票　245

|回収シート4／9|　　テスト2 自己診断シート

テスト2シートに記入された解答を次の手順で自己評価してください。結果としてご自身の連想能力（連想の量）・アイデア具体化能力（連想の質）が把握できます。

1) **連想能力評価**：記入された解答数に対して次のとおり評価します。該当箇所を○で囲んでください。
   0 ～ 16 個　No Good（不可）　　17 ～ 28 個　Good（可）
   29 ～ 38 個　Very Good（良）　　39 個以上　Excellent（優）
   注：個人差が非常にあります。同じテストで過去最高は 78 個出された方がいます。従って今回の上記区分は甘めであることを記します。

2) **アイデア具現化能力評価**：記入された解答を下表で分類（テストシート2の番号を記入）し全体合計数に対する個々のカテゴリー数の割合を百分率で算出ください。
   ○手段連想と原理連想の百分率の和が 40% 以上の方は具現化能力が高い傾向にある。
   ○単純連想と結果連想の百分率の和が 70% 以上の方は具現化能力が低い傾向にある。
   ○手段・原理連想の記述内容が技術的専門用語の多い方や全体合計が 45 以上ある方は具現化能力が高い傾向にある。

連想分類	定義（記入例）		
①単純連想	「うつす」を使った日常的会話表現の連想（山・湖・風邪・荷物など） 「うつす」を含む概念の名詞化連想（写生・写経・模写など）		
		合計 百分率	個 %
②結果連想	「うつす」を行うことで得られる結果の連想〔～をうつす　～にうつす〕 　（写真・ビデオテープ・版画・インフルエンザ蔓延など）		
		合計 百分率	個 %
③手段連想	「うつす」を行うための手段の連想〔～でうつす　～よりうつす〕 　（写真機・カーボン紙・映写機・フォークリフトなど）		
		合計 百分率	個 %
④原理連想	「うつす」を行うための原理の連想〔～でうつす　～よりうつす〕 　反射・化学反応・磁気・焦点・感光など		
		合計 百分率	個 %
⑤飛躍連想 その他連想	「うつす」と直接関係を持たない連想〈関連したキーワードからの連想〉 『真似る』→親子　　『見る』→夢　　『学ぶ』→勉強・机		
		合計 百分率	個 %
合計集計			
①単純連想＋②結果連想　の　全体に対する百分率[　　]% ③手段連想＋④原理連想　の　全体に対する百分率[　　]%		全体合計 百分率 100%	個

【巻末資料】

|回収シート5／9|　　　アンケートシート (1)

《回答者の方ご自身に関するアンケート》
　○あなたの部署での役割（業務機能）は下記のどれですか。もっとも近いものを1つ○してください。（1つだけ選んでください）
　　1. 研究企画管理　2. 基礎研究　3. 応用研究　4. 設計／製品開発
　　5. 要素開発　6. コスト研究　7. 研究開発計測実験　8. 生産設計技術
　　9. 市場調査　10. 新製品販売企画　11. その他（　　　　　　　　）
　○あなたの年齢をお聞かせください。　　　　　　　　　　　（　　）才
　○技術に関わる業務に従事した合計年数をお聞かせください。（　　）年間
　　　（部署移動があっても従事した合計年数でお答えください。）
　○これまでの特許（含む実用新案）の出願合計件数は何件ですか。（　　）件
　　　（ビジネスモデル特許・意匠・商標は除く。）
　○特許出願の技術分野は何ですか。複数ある場合には最も多いものの分野1件のみお答えください。特許出願経験がある方のみ回答ください。）
　　　　　　　　　　　　　　　　　　　　　　　　　（　　　　　　　）
　○あなたの特許が活用され市場に新製品・新技術が投入されたことがありますか。（1件でもある場合や近々市場投入される予定のある場合には「はい」となります。）　　　　　　　　　　　　　　　　　（はい・いいえ）
以下「はい」と答えた方のみ回答ください。なお回答は代表的特許（社業発展に貢献した特許または貢献しそうな特許）でお答えください。
　○新製品・新技術の市場投入件数は何件ですか。　　　　（　　　　）件
　　　（あなたの特許が活用されたまたはされている製品数（機種レベル）にて件数算出願います。例えば，自動車のミッション要素技術特許を出願した場合には搭載車種数）
　○その新製品・新技術は他社の同等品と比較してどのレベルですか。いずれかに○をください。
　　　（あなたの特許が活用された自社製品と同業他社製品のそれとを技術的評価で総合的に比較してください。）

| 明らかに優れている　　優れている　　同程度　　劣っている　　明らかに劣っている |

　　　　　5　　　　　　　4　　　　　3　　　　2　　　　　1

　○その特許が活用された新技術（含む新製品）は世の中でどのように評価されていますか。
　　下記区分から選びその番号に○をしてください。わかれば受賞の名前を記入ください。
　（複数ある場合には該当区分番号すべてに○をしてください。）
　　1. 発明協会主催全国発明表彰受賞（具体的：発明賞・恩賜賞・　　　　）
　　2. 学会賞（　　　　　　　　　　　　　　　　　　　　　　　　　　）
　　3. 業界の表彰受賞（具体的：大河内記念賞・市村賞・　　　　　　　）
　　4. マスコミの表彰受賞（具体的：日経BP技術賞・　　　　　　　　　）
　　5. その他表彰受賞（　　　　　　　　　　　　　　　　　　　　　　）
　　6. 特に表彰はない

巻末資料5　発想・連想テスト実施とアンケートのお願いに関する調査票

|回収シート6／9|　　　アンケートシート（2）

テスト1・2実施及び自己評価シート作成後にお答え願います。
《テスト1 自己診断に関するアンケート》
　発想ルール全体（下記①～⑤）と発想5ルールそれぞれは，あなたが発想するのに有効でしたか。あてはまると思われる数字に○をつけてください。

	大変有効 だった		どちらとも いえない		全く有効で はなかった
○発想ルール全体は （下記①～⑤のルール）	5	4	3	2	1
①判断延長のルールは	5	4	3	2	1
②自由奔放のルールは	5	4	3	2	1
③大量発想のルールは	5	4	3	2	1
④多角発想のルールは	5	4	3	2	1
⑤結合発展のルールは	5	4	3	2	1

┌自己記述欄─────────────────────────┐
│　　　　　　　　　　　　　　　　　　　　　　　　　　　　│
└────────────────────────────┘

《テスト2 自己診断に関するアンケート》
　○あなたの特許出願件数と手段・原理連想（総和の百分率）には正の相関関係があると思いますか。あてはまると思われる数字に○をつけてください。
　　（あなたのアンケート結果を踏まえた上での実感で答えてください。）

大変相関が ある		どちらとも いえない		全く相関が ない
5	4	3	2	1

　○あなたの有効な特許出願（同業他社との差別化が実現し社業の貢献できる特許と思う）と手段・原理連想（総和の百分率）には正の相関関係があると思いますか。

大変相関が ある		どちらとも いえない		全く相関が ない
5	4	3	2	1

　○5つの連想作業は容易でしたか。

大変簡単 だった		どちらとも いえない		全く難し かった
5	4	3	2	1

┌自己記述欄─────────────────────────┐
│　　　　　　　　　　　　　　　　　　　　　　　　　　　　│
└────────────────────────────┘

【巻末資料】

回収シート7／9　　　アンケートシート（3）

《アイデア発想技法に関するアンケート》

　下記のアイデア発想技法についてよく使うものに○をつけてください。（複数回答可でできれば4から5つ選んでください。その中で最も使用するものに◎をつけてください。）また○した技法の使用局面（個人と集団／着想創出と具体化）を該当するものに○をつけてください。まず簡単な解説を行います。

アイデア発想技法	解　　説
1. チェックリスト法	あらかじめチェック項目を書き出しておき項目別に発想する。
2. 特性列挙法	対象の特性を列挙しそれをチェック項目として発想する。
3. カタログ法	各種のカタログや辞典等からキーワードを探し発想する。
4. 形態分析法	複数の独立変数の組み合わせから発想する。
5. KJ法	データをカード化し自在に配置しながらアイデアを出す。
6. T・T−STORM法	テーマ目的からアイデアを体系的に図式化しながら具体化する。
7. 入出法	最初の状態と最後の状態を明らかにして間を自由連想する。
8. 焦点法	テーマ出力を明らかにして強制連想を行い出力解決に導く。
9. 希望列挙法	夢や希望を出し合いそれをヒントに発想する。
10. 手段原理連想法	手段連想と原理連想を繰り返し行ってアイデア具体化する。
11. シネクティクス法	一見関係ないものを類比テクニックでアイデア発想する。
12. NM法	シネクティクス法の改善法で仮説設定を用いて発想する。
13. ブレーンストーミング法	集団でアイデア連鎖反応を巻き起こし自由に発想する。
14. ゴードン法	真の課題を伏せて抽象的言葉から発想し中間で課題発表する。
15. 自己催眠法	自己催眠状況を作りアイデアを引き出す

よく使用するものに○を付け，その技法の使用局面に○をつけてください。（複数回答可）

アイデア発想技法	よく使用	個人技法	集団技法	着想抽出	具体化
1. チェックリスト法					
2. 特性列挙法					
3. カタログ法					
4. 形態分析法					
5. KJ法					
6. T・T−STORM法					
7. 入出法					
8. 焦点法					
9. 希望列挙法					
10. 手段原理連想法					
11. シネクティクス法					
12. NM法					
13. ブレーンストーミング法					
14. ゴードン法					
15. 自己催眠法					

| 回収シート8／9 | アンケートシート（4） |

《回答者が所属している組織の運営に関するアンケート》

　下記のそれぞれの項目について，あなたが所属する組織の運営にあてはまると思われる数字に〇をつけてください。

徹底している		どちらともいえない		行われてない
5	4	3	2	1

1. 研究開発は製品化（技術の実用化）と密接に関連している
　　　　　　　　　5　　　　4　　　　3　　　　2　　　　1
2. 市場や組織内他部門の情報が頻繁に伝えられている
　　　　　　　　　5　　　　4　　　　3　　　　2　　　　1
3. 研究開発上のリスクをおかすことが許されている
　　　　　　　　　5　　　　4　　　　3　　　　2　　　　1
4. 研究開発成果に対する評価は適切なタイミングで明確化される
　　　　　　　　　5　　　　4　　　　3　　　　2　　　　1
5. 公式プロジェクト編成でない独自の研究（アングラ）が許される
　　　　　　　　　5　　　　4　　　　3　　　　2　　　　1
6. プロジェクト編成では専門分野や職歴の異なる人材の組み合わせが重視される
　　　　　　　　　5　　　　4　　　　3　　　　2　　　　1
7. 外部研究者を招いての情報交換の機会が設けられている
　　　　　　　　　5　　　　4　　　　3　　　　2　　　　1
8. 外部研究機関や学会・大学との研究上の交流が活発に行われる
　　　　　　　　　5　　　　4　　　　3　　　　2　　　　1
9. 外部研究機関や大学からの第一線級の研究者の中途採用が多い
　　　　　　　　　5　　　　4　　　　3　　　　2　　　　1
10. 予算やスタッフの使い方について研究開発者の自由度が高い
　　　　　　　　　5　　　　4　　　　3　　　　2　　　　1
11. 勤務時間はフレックスタイム制度が導入され自由である
　　　　　　　　　5　　　　4　　　　3　　　　2　　　　1
12. 研究テーマ設定は研究開発者個人の関心や興味を考慮して決められる
　　　　　　　　　5　　　　4　　　　3　　　　2　　　　1
13. 研究開発組織はニーズ変化に対応して柔軟に編成される
　　　　　　　　　5　　　　4　　　　3　　　　2　　　　1

【巻末資料】

回収シート 9／9　　アンケートシート (5)

《回答者の研究開発技術者としてのお考えに関するアンケート》

　下記のそれぞれの項目について，あなたは研究開発技術者として自分のことをどのように考えていますか．他の研究開発技術者と比べて自分があてはまると思われる数字に○をつけてください．

	そう言える		どちらとも言えない		そう言えない
	5	4	3	2	1
1. 独立心がつよい	5	4	3	2	1
2. 高い目標を立てる	5	4	3	2	1
3. 好奇心がつよい	5	4	3	2	1
4. いつもロマンを持っている	5	4	3	2	1
5. 正義感がつよい	5	4	3	2	1
6. 集中力がある	5	4	3	2	1
7. 柔軟性がある	5	4	3	2	1
8. ものごとを達成したい気持ちが強い	5	4	3	2	1
9. 想像力が豊かである	5	4	3	2	1
10. 不屈に闘う	5	4	3	2	1
11. 簡単にあきらめない	5	4	3	2	1
12. よくアイデアがひらめく	5	4	3	2	1
13. 批判精神がつよい	5	4	3	2	1
14. 客観的にものごとを見られる	5	4	3	2	1
15. 人に認められたいという気持ちが強い	5	4	3	2	1
16. 仲間（集団）の意向に従う	5	4	3	2	1
17. 組織内の同僚技術者との技術競争には負けたくない	5	4	3	2	1
18. 外部の技術者との技術競争には負けたくない	5	4	3	2	1

　アンケート (4) と (5) 内容は科学技術庁が以前調査した項目を参照にしました．
　　アンケート　ご協力ありがとうございました．　　　　　　　　以上

巻末資料6　参考表彰制度内容

大河内賞（主催団体名：財団法人大河内記念会）

インタビュー調査：2006年8月7日　事務局中島事務局長より

項　目	内　　　　容	備　考　欄
設立趣旨	大河内正敏博士の学界，産業界に残された功績を記念して，1954年（昭和29年）に設立された。その後今日まで，博士の遺志となった「生産のための科学技術の振興」を目的として，大河内賞の贈賞事業を始め，研究助成事業，技術交流事業及び出版事業等を実施している。	過去62回表彰が行われた。（平成27年度まで）
表彰主旨	毎年，理工系大学，研究機関，産業団体，企業等から推薦された生産工学，生産技術の分野の卓越した業績について，大学教授等24名で構成される「審査委員会」により審査の上，選定された業績に対し大河内賞（記念賞，記念技術賞，生産特賞，生産賞）を贈呈している。	委員は非公開であるが大学教授（理工系以外に社会・経営分野もいる）または国立機関の専門家。（審査後公開する）
受賞資格	業績をあげた個人または5名までのグループ[1] あるいは事業体[2]。受賞は原則として同一年度1社1業績。 注1．個人，グループの所属は，会社，研究所，大学等いずれでも結構です。（6名以上のグループは事業体とする。） 注2．事業体とは，会社，工場，研究所，事業部その他種々の研究開発実施形態を指し，規模の大小は問わない。	
正式名称 （内容）	大河内記念賞：工学上優れた独創的研究成果をあげ，公表された論文または学術上価値ある発表により，学術の進歩と産業の発展に多大な貢献をした業績 大河内記念技術賞：生産工学，生産技術の研究により，得られた優れた発明または考案に基づく産業上の顕著な業績	なおほかに生産特賞・生産賞がある。（本研究からは，除外する）
推薦書 （内容）	(1) 研究開発の背景と目標　(2) 経過　(3) 内容と特長（業績の独創性，経済性，克服した課題，学術・産業・社会等への貢献度，将来性，波及効果等）　(4) 成果（生産実績：生産・販売の数量，金額，市場占有率の経年の推移〔輸出も含む〕の4項目について，公開指定推薦書に記述する。	原則過去5年間の実績が求められる。内容によってはさらに遡る場合ある。
付属説明書	(1)～(4) についての詳細な内容を付属説明書として作成し，添付する。	

（つづく）

審　　査	審査委員会は，候補者に対し資料の追加請求，インタビュー調査あるいは当該技術に係る製品の生産現場の実地調査を行う場合がある。 審査詳細内容 　①書類審査⇒②インタビュー調査（委員会を開催し20分発表＋質疑応答）⇒③現場調査（委員3～5名が訪問調査）⇒④調査結果審査会（委員24名で行なわれ記念技術賞は決定される）⇒⑤記念賞審査会（委員24名で記念賞のみ審査決定する。）	会社業績は審査対象外であり，あくまで申請のあった対象テーマで審査される。
贈 賞 式	翌年3月中旬／推薦書締め切り9月第2週	

市村産業賞（主催団体名：財団法人新技術開発財団）

インタビュー調査：2006 年 8 月 7 日　事務局　及川様より

項　目	内　　　容	備　考　欄
設立趣旨	リコー三愛グループ各社を統轄した創業者，故市村清氏の昭和38年4月29日紺綬褒章受章を記念して，市村賞を創設し科学技術の普及啓発に資するとともに科学技術水準の向上に寄与することを目的としている。 本表彰は科学技術の進歩，産業の発展，文化の向上，その他国民の福祉・安全に関し，科学技術上貢献し，優秀な国産技術の開発に功績のあった技術開発者に対して行う。	過去48回表彰が行われた。 （平成27年度まで）
表彰主旨	(1) 独創的・画期的で世界的に見て高い水準にあるもの (2) その技術の実用化で新たな産業分野の創生や市場の拡大に効果が顕著なもの (3) 産業・社会の発展に先導的な役割を果たし波及効果が大きく期待できるもの。ただし，医薬品，動物・植物関係およびソフトウェアのみを除く	別に，大学ならびに研究機関で行われた研究に対して市村学会賞がある。 （除外する。）
受賞資格	(1) 対象技術の開発に中核として係わり，功績のあった技術開発者 (2) 市村産業賞本賞の場合は企業代表者とともに表彰する。	
正式名称 （内容）	市村産業賞：本賞（1件）・功績賞（2件）・貢献賞（3件）	
推薦書 （内容）	(1) 市村産業賞受賞候補推薦書（当財団所定の様式）　1) 業績内容　2) 技術開発の背景　3) 技術開発過程（時系列的に）　4) 知的財産権　5) 普及状況（現在までと今後の予想）　6) 開発技術の特長（① 原理・構造 ② 機能・性能 ③ 国際比較での新規性・独創性 ④ 従来技術との比較 ⑤ 波及効果 ⑥ 将来性）　7) 効果（社会・経済的効果及び公益性）　8) 受賞歴（本受賞に係わる受賞）　9) 開発技術の公表（技術論文・講演資料・雑誌等掲載資料・新聞など）　10) その他 (2) 受賞候補者の履歴書（様式は自由） (3) 会社概要と現地案内図（インタビュー調査や実地調査を行うため）	シェア・売上額・生産高・市場に投入された実績があることが大前提条件であり，確認のために必要なデータは提出させる。
付属説明書	参考資料（補足説明資料（どこの補足説明なのか明確に記載のこと），論文，特許明細書，参考文献，新聞記事，カタログなどをこの順に添付する。 また効果を示すものとして業界全体の業績効果を把握できるものの提示を業界団体から入手するように指示される場合がある。（含む自社の範囲）（取得企業の方から聞く（平成18年7月13日））	

（つづく）

審　査	審査委員会は，候補者に対し資料の請求やインタビュー調査あるいは実地調査を行う場合がある。 審査詳細内容は教えていただけなかった。	会社業績は審査対象外であり，あくまで申請のあった対象テーマで審査される。
贈　賞　式	翌年6月　　／　　推薦書締め切り9月初旬	

発明協会賞　（主催団体名：社団法人発明協会）

ヒアリング：2006年8月7日　発明奨励課　渋谷様より

項　　目	内　　　　　容	備　考　欄
設立趣旨	本発明表彰は，皇室より毎年御下賜金を拝受し，我が国における発明，考案又は意匠の創作者並びに発明の実施及び奨励に関し，功績のあった方々を顕彰することにより，科学技術の向上及び産業の発展に寄与することを目的として行っているものである。	過去72回表彰が行われた。途中戦争で中止あり。（平成27年度まで）
表彰主旨	特許，実用新案登録されているもので，本表彰実施時において権利が存続していること。発明，考案においては，科学技術的に秀でた進歩性を有し，かつ実施効果が顕著で科学技術の向上及び産業の発展に寄与し，さらに新しい技術の発展性を創出していると認められること。	意匠登録分は本研究では除外する。
受賞資格	応募者は，当該特許，実用新案の権利を有すること。発明者，考案者又は創作者は，日本国籍を有するか又は，当該発明，考案を日本国内において完成させ，本事業の趣旨に適合すると発明協会が認めた者であること。	
正式名称 （内容）	恩賜発明賞：科学技術的に秀でた進歩性を有し，かつ顕著な実施効果を上げている発明等が対象となる。 内閣総理大臣発明賞・文部科学大臣発明賞・経済産業大臣発明賞・特許庁長官賞・発明協会会長賞・日本経済団体連合会会長発明賞・日本商工会議所会頭発明賞・日本弁理士会会長賞・朝日新聞発明賞	他に21世紀発明賞や21世紀発明奨励賞があるが主旨が違うため本研究では除外する。
推薦書 （内容）	1) 応募技術の名称　2) 発明・考案の名称　3) 発明者・考案者　4) 共同出願人　5) 外国特許等取得の有無　6) 紛争・付与後異議申し立ての有無　7) 論文　8) 既往表彰受賞有無と内容　9) 補助金有無　10) 発明協会会員登録　11) 発明・考案の概要，特徴　12) 実施状況明細書・生産高・販売高・輸出高の推移・社内での売上比率・市場占有率・市場占有率の算出根拠　13) 産業上の実施効果（予測を含む）　14) 社会的貢献性	すでに取得している特許が製品に活用され，製品が事業業績にどれだけ貢献しているかをまとめる必要性がある。裏づけ資料があることが望ましい。
付属説明書	1)～4)についての詳細な内容を付属説明書として作成し，添付する必要がある。	
審　　査	学識経験者及び主催者で構成される選考委員会において審査する。 選考委員会は，応募者に対して説明を求め，特に必要と認めた場合には実地調査を行うことがある。 審査詳細内容は教えていただけなかった。	委員は非公開である。特許取得技術が，実用化されているかの確認を必ず審査過程で行う。
贈賞式	翌年3月中旬　／推薦書締め切り9月	

巻末資料7　共分散構造分析数値結果

共分散構造分析を行った数値結果について下記する。なお分析は，SPSS社のAmos 6.0Jを利用して行った。

1. 図表5-5　「チーム活動の取り組み姿勢」と「情報提供者の受け入れ姿勢」と「技術評価」との関係分析

    カイ2乗＝39.111　　モデルの適合：GFI＝0.895　　RMSEA＝0.115

    標準化係数

内　　容			推定値
技術評価	←	チーム活動の取り組み姿勢	0.448
技術評価	←	情報提供者の受け入れ姿勢	0.552
市場を意識しない	←	チーム活動の取り組み姿勢	0.403
市場ニーズをチーム自ら設定	←	チーム活動の取り組み姿勢	0.252
技術的独創性を意識する	←	チーム活動の取り組み姿勢	0.245
技術の革新性	←	技術評価	0.408
技術水準優位性	←	技術評価	0.416
市場協力者の出現受け入れ	←	情報提供者の受け入れ姿勢	0.430
ゲートキーパーの出現受け入れ	←	情報提供者の受け入れ姿勢	0.311

    相関係数

内　　容			推定値
チーム活動の取り組み姿勢	←	情報提供者の受け入れ姿勢	0.260

    分　散

内　　容	推定値	標準誤差	検定統計量	有意差
チーム活動の取り組み姿勢	0.015	0.009	1.706	
情報提供者の受け入れ姿勢	0.022	0.012	1.810	
ζ1	0.027	0.043	0.621	
e1	0.076	0.014	5.465	＊
e2	0.216	0.033	6.627	＊
e3	0.230	0.035	6.655	＊

e 4	0.098	0.019	5.292	＊
e 5	0.208	0.033	6.378	＊
e 6	0.350	0.065	5.400	＊
e 7	0.367	0.067	5.498	＊

＊印は，検定統計量が，1.96以上であり，有意差がある。

重相関係数の平方

内　　容	推定値	内　　容	推定値
技術評価	0.633	市場ニーズをチーム自ら設定	0.064
技術の革新性	0.167	ゲートキーパーの出現受け入れ	0.097
市場を意識しない	0.162	市場協力者の出現受入れ	0.185
技術的独創性を意識する	0.060	技術水準優位性	0.173

2. 図表5-8　アイデア発想情報源が市場に投入された最終製品の技術評価に与える影響

　　カイ2乗＝11.489　　モデルの適合：GFI＝0.958　　RMSEA＝0.096

標準化係数

内　　容			推定値
技　術　評　価	←	必要情報	0.861
中味の濃い効果的な情報	←	必要情報	0.482
具現化に役立つ技術情報	←	必要情報	0.520
市場形成に役立つ市場情報	←	必要情報	0.071
技術の革新性	←	技術評価	0.369
技術水準の優位性	←	技術評価	0.373

分散

内　　容	推定値	標準誤差	検定統計値	有意差
必要情報	0.177	0.073	2.425	＊
ζ1	0.015	0.045	0.327	
e 1	0.586	0.106	5.514	＊
e 2	0.477	0.095	5.041	＊
e 3	0.425	0.061	6.995	＊

e 4	0.363	0.065	5.569	＊
e 5	0.354	0.064	5.514	＊

＊印は，検定統計量が，1.96以上であり，有意差がある。

重相関係数の平方

内　容	推定値	内　容	推定値
技術評価	0.741	市場形成に役立つ市場情報	0.005
中味の濃い効果的な情報	0.232	技術の革新性	0.136
具現化に役立つ技術情報	0.271	技術水準の優位性	0.139

3. 図表6-22　流暢性と柔軟性と独創性と手段原理連想力の関係分析

非標準化係数

内　容	推定値	標準誤差	検定統計量	有意差
柔軟性　　　←　流暢性	0.246	0.022	11.432	＊
独創性　　　←　流暢性	0.100	0.023	4.393	＊
手段原理連想力　←　流暢性	0.035	0.066	0.524	
独創性　　　←　柔軟性	0.117	0.071	1.638	
手段原理連想力　←　柔軟性	0.410	0.202	2.027	＊
独創性　←　手段原理連想力	0.008	0.034	0.238	
柔軟性　　　←　e 3	1.547	0.109	14.142	＊

＊印は，検定統計量が，1.96以上であり，有意差がある。

標準化係数

内　容	推定値
柔軟性　　　←　流暢性	0.753
独創性　　　←　流暢性	0.501
手段原理連想力　←　流暢性	0.075
独創性　　　←　柔軟性	0.190
手段原理連想力　←　柔軟性	0.289
独創性　←　手段原理連想力	0.019
柔軟性　　　←　e 3	0.658

重相関係数の平方

内　　容	推定値	内　　容	推定値
柔軟性	0.567	独創性	0.439
手段原理連想力	0.121		

4. 図表 6-23　個人の資質要因と特許出願力との関係分析

カイ 2 乗＝ 48.651　モデルの適合　GFI ＝ 0.795　RMSEA ＝ 0.068

標準化係数

内　　容			推定値
具現化力	←	問題意識	0.931
特許出願力	←	具現化力	0.775
集中力	←	特許出願力	0.629
特許倍率	←	特許出願力	0.146
正義感	←	問題意識	0.447
好奇心	←	問題意識	0.609
客観的洞察	←	問題意識	0.456
負けん気	←	問題意識	0.526
想像力	←	具現化力	0.431
高い目標	←	具現化力	0.571
達成努力	←	具現化力	0.568
あきらめない	←	具現化力	0.540

分散

内　　容	推定値	標準誤差	検定統計値	有意差
問題意識	0.166	0.051	3.231	＊
ζ 1	0.026	0.046	0.560	
ζ 2	0.128	0.580	0.221	
e 1	0.665	0.159	4.174	＊
e 2	0.282	0.075	3.756	＊
e 3	0.634	0.152	4.160	＊
e 4	0.435	0.108	4.014	＊
e 5	0.843	0.200	4.208	＊
e 6	0.396	0.102	3.886	＊
e 7	0.403	0.103	3.896	＊

e 8	0.467	0.117	3.981	＊
e 9	0.487	0.588	0.828	
e 10	9.496	2.156	4.405	＊

＊印は，検定統計量が，1.96以上であり，有意差がある。

重相関係数の平方

内　　容	推定値	内　　容	推定値
具現化力	0.867	想像力	0.185
特許出願力	0.600	高い目標	0.326
正義感	0.200	達成努力	0.322
好奇心	0.371	あきらめない	0.291
客観的洞察	0.208	集中力	0.396
負けん気	0.276	特許倍率	0.021

巻末資料8　巻末資料4のアンケート調査の回答内容

No	1 主力事業	2-1 売上額	2-2 R&D費用	3 社員数	4 開発組織	5 所属部署	6 業務機能	7 部署人員	8 組織階層	9 役職	10 CTO有無	3 後水準	4 前水準
1	38	1	1	1	4	5	4	2	3	8	3	2	2
2	36	7	6	5	1	2	1	6	3	4	2	1	3
3	27	1	1	1	3	1	11	2	2	8	3	2	1
4	20	1	1	1	4	1	1	2	2	8	2	2	3
5	18	1	1	1	3	1	10	1	1	6	4	2	3
6	32	1	1	1	4	1	1	1	3	8	4	6	6
7	12	3	5	3	2	1	1	2	3	4	1	2	2
8	28	6	8	3	3	1	1	3	4	4	2	2	2
9	22	3	2	4	2	5	1	6	4	4	1	1	3
10	36	2	1	2	2	1	11	4	2	8	5	1	2
11	10	4	5	3	1	2	4	3	4	4	1	1	3
12	32	6	5	5	2	8	6	6	7	4	2	2	1
13	7	3	3	3	3	2	1	4	3	3	4	1	2
14	27	6	7	5	1	3	5	7	6	3	2	2	3
15	13	2	1	3	2	10	5	3	4	4	2	1	3
16	10	4	4	3	1	3	4	4	4	6	2	1	3
17	26	3	3	3	1	2	11	2	3	4	2	2	1
18	21	8	10	7	1	10	1	8	5	3	2	2	6
19	21	5	4	4	3	5	4	4	5	3	3	2	3
20	9	2	3	2	2	1	1	3	4	7	4	2	3
21	32	1	1	2	2	10	11	2	1	9	2	1	2
22	21	3	2	3	3	5	4	5	6	4	2	1	3
23	11	5	4	3	2	1	11	1	2	3	2	2	2
24	22	4	4	3	1	2	2	2	2	6	1	2	3
25	28	6	7	6	1	8	11	3	3	3	2	1	3
26	40	2	1	2	2	5	2	2	2	3	1	1	1
27	10	4	4	3	2	5	3	2	4	3	3	1	3
28	26	1	1	1	2	5	4	1	3	4	2	2	6
29	12	3	4	3	3	1	1	5	4	7	2	2	3
30	13	5	5	4	2	1	1	4	4	3	3	3	3
31	27	4	5	5	2	2	4	2	4	4	4	1	1
32	2	7	4	6	1	10	4	3	2	3	2	1	3
33	27	2	2	2	2	5	4	4	4	4	3	2	6
34	22	3	3	2	2	5	4	5	6	8	2	2	2

【巻末資料】

No	1 主力事業	2-1 売上額	2-2 R&D費用	3 社員数	4 開発組織	5 所属部署	6 業務機能	7 部署人員	8 組織階層	9 役職	10 CTO有無	3 後水準	4 前水準
35	3	8	5	5	1	1	11	3	4	3	1	1	3
36	28	4	5	5	2	2	3	2	3	3	1	1	3
37	35	3	1	3	1	2	3	4	3	7	2	1	1
38	22	2	1	2	4	6	7	3	4	4	2	2	7
39	15	6	7	6	3	4	1	2	3	9	1	2	2
40	21	2	1	2	3	10	3	1	4	5	4	3	5
41	31	8	8	6	1	1	1	6	5	2	4	2	2
42	21	4	5	4	1	2	3	3	5	4	2	2	4
43	28	6	6	6	1	2	1	1	4	2	1	1	6
44	26	5	3	4	3	5	4	3	6	4	4	2	2
45	6	7	7	6	1	1	3	6	3	8	1	2	2
46	13	4	4	3	4	2	1	2	2	4	2	1	1
47	38	6	4	5	3	5	7	1	8	4	1	2	4
48	21	6	8	6	1	2	2	5	3	3	2	3	3
49	28	2	1	2	2	4	4	4	4	4	2	3	4
50	16	1	1	1	2	5	4	2	3	6	3	2	7
51	40	1	1	2	2	4	4	2	5	4	3	2	5
52	39	4	1	4	2	2	7	3	5	4	2	1	3
53	13	5	5	4	3	5	4	6	5	4	4	2	4
54	19	9	10	7	1	2	3	5	3	5	2	2	1
55	16	4	3	3	2	1	1	4	5	3	1	2	4
56	21	1	1	1	1	1	1	1	4	4	3	2	2
57	12	4	5	3	1	1	1	4	4	4	2	3	5
58	1	6	1	4	1	2	1	2	3	3	2	1	3
59	27	2	3	3	2	2	3	3	4	7	3	1	1
60	19	5	7	5	1	2	1	2	2	9	5	2	1
61	20	3	4	3	2	1	3	4	4	3	2	3	5
62	26	1	2	1	1	2	1	4	1	7	1	1	2
63	32	1	1	3	2	1	1	3	1	4	2	3	3
64	7	5	4	4	1	4	1	4	5	4	2	2	3
65	13	2	1	2	2	2	4	3	3	5	2	2	7
66	1	4	3	3	2	2	1	5	4	4	2	2	3
67	36	5	2	3	1	2	11	1	3	3	2	1	3
68	26	6	5	4	1	7	4	5	3	4	4	2	2

巻末資料8 巻末資料4のアンケート調査の回答内容

No	1 主力事業	2-1 売上額	2-2 R&D費用	3 社員数	4 開発組織	5 所属部署	6 業務機能	7 部署人員	8 組織階層	9 役職	10 CTO有無	3 後水準	4 前水準
69	20	7	10	7	1	5	11	1	1	7	2	1	2
70	1	8	7	6	1	1	11	3	3	4	3	1	3
71	16	4	3	4	4	2	4	6	6	7	2	1	1
72	21	2	3	3	3	5	4	3	4	5	2	2	6
73	28	4	5	5	2	2	1	6	2	4	2	1	5
74	28	4	5	5	2	2	5	4	4	5	2	2	4
75	35	1	1	1	2	1	11	1	1	7	2	2	2
76	26	6	7	5	4	2	3	6	5	3	2	1	1
77	1	8	6	6	3	1	1	3	5	3	4	1	6
78	40	6	8	6	3	5	11	5	3	3	2	1	3
79	26	5	4	4	1	10	4	5	5	4	2	2	2
80	34	1	1	1	1	4	3	8	7	3	2	2	3
81	20	4	4	3	2	3	1	6	5	3	2	1	2
82	22	8	10	7	3	2	1	7	4	3	1	1	1
83	34	1	1	1	3	9	11	2	6	4	2	2	3
84	28	1	1	2	2	6	4	2	2	5	3	1	3
85	20	3	2	3	2	9	10	4	7	4	2	3	4
86	10	5	6	3	1	1	1	1	1	3	2	2	3
87	38	5	3	3	1	2	1	4	4	6	2	2	3
88	38	3	1	3	2	1	7	1	2	5	3	2	3
89	21	1	1	3	1	3	5	4	3	3	5	3	4
90	10	4	3	2	2	1	4	5	4	2	2	2	2
91	25	2	2	2	3	1	3	1	1	4	3	1	1
92	25	6	5	6	2	6	4	7	2	1	2	1	1
93	15	3	1	2	2	8	1	1	1	3	2	1	1
94	22	4	3	4	2	6	8	5	2	3	1	2	4
95	21	8	9	6	1	8	10	2	4	4	2	1	1
96	12	6	8	4	2	1	11	2	3	3	4	1	3
97	27	2	4	3	2	5	4	5	4	2	2	2	1
98	25	6	6	6	3	5	7	7	5	3	2	2	3
99	25	6	5	6	1	8	9	1	4	2	2	3	6
100	27	4	5	4	2	2	2	4	5	6	2	1	3

　上記の被験者属性値の数字は，巻末資料4の調査票のアンケート設問に対応した回答項目番号である。なお，被験者属性値以外のデータは，データの機密保持の観点から公開できない。また，巻末資料8の調査票のテストおよびアンケート調査票のデータも，上記と同様にデータの機密保持の観点から公開できない。

参考文献

英文（アルファベット順）
1) Aken, J. E. V., "Organising and managing the fuzzy front end of new product development", Eindhoven Centre for Innovation Studies, The Netherlands Working Paper04.12, 2004.
2) Alan, G. R. and Sam, S., *Corporate Creativity*, Linda Michaels Ltd., 1997.（一世出版編集部訳『コーポレート クリエィティビティー』一世出版，1998年。）
3) Allen, C. H. and McGuinness, N. W., "Idea Generation in Technology-Based Firms", *Journal of Product Innovation Management*, Vol. 4, pp. 276-291, 1986.
4) Allen, T. J., *Managing the flow of technology*, MIT Press, 1977.（中村信夫訳『技術の流れ管理法』開発社，1984年）
5) Altshuller, G., *The Innovation Algorithm: TRIZ Systematic Innovation and Technical Creativity* Worchester, MA : Technical Innovation Center, 2002.
6) Baker, N. R., Winkofsky, E. P., Langmeyer, L. and Sweeney, D. J., "Idea Generation: A Procrustean Bed of Variables, Hypotheses, and Implications", *TIMS Studies in the Management Sciences*, Vol. 15, pp. 33-51, 1980.
7) Banik, M. and Westgren, R. E., "A wealth of failures: sense making in a pharmaceutical R&D Pipeline", *International Journal of Technology Intelligence and Planning*, Vol. 1 No. 1, pp. 25-38, 2004.
8) Balachandra, R. and Friar, J. H., "Factors for Success in R&D Projects and New Product Innovation", *IEEE Transactions on Engineering Management*, Vol. 44, No. 3, pp. 276-287, 1997.
9) Brown, S. L. and Elsenhardt, K. M., "Product Development : Research, Present findings, And Future directions", *The Academy of Management Review*, Vol. 20-2, pp. 343-357, 1995.
10) BS EN 12973: (British Standard), *Value Management*, p. 39, 2000.
11) Buderi, R., *Engines of Tomorrow*, Raphael Sagalyn, Inc, 2000.（山岡洋一／田中志ほり訳『世界最強企業の研究戦略』日本経済新聞社，2001年。）
12) Burgelman, R. A., Maidique, M. A. and Wheelwright. S. C., *Strategic Management of Technology and Innovation*, McGraw-Hill Irwin, 2001.
13) Burkhart, R., "The relation of intelligence to art creativity", *Journal of Aesthetics & Criticism*, Vol. 17, pp. 230-241, 1958.
14) Christensen, C. M., *The Innovator's Dilemma*, Harvard Business School Press, 1997.（玉田俊平太監修 伊豆原弓訳『イノベーションのジレンマ』翔泳社，2001年。）
15) Christensen, C. M., *The Innovator's Solution*, Harvard Business School Publishing Corporation, 2003.（玉田俊平太監修・櫻井祐子訳『イノベーションへの解』翔泳社，2003年）
16) Coburn, M. M., *Competitive Technical Intelligence*, Oxford University Press, 1999.
17) Cooper, R. G., "New Product Strategies : What Distinguishes the Top Performers ?", *Journal of Product Innovation Management*, Vol. 2, pp. 151-164, 1984.
18) Cooper, R. G., "Predevelopment activities determine new product success", *Industrial Marketing Management*, Vol. 17, No. 2, pp. 237-248, 1988.

19) Cooper, R. G. and Kleinschmidt, E. J., *New Products : The Key Factors in Success*, American Marketing Association, 1990.
20) Cooper, R. G. and Kleinschmidt, E. J., "Screening New Products for Potential winners", *Long Range Planning*, Vol. 26, No. 6, pp. 74-81, 1993.
21) Cooper, R. G. and Kleinschmidt, E. J., "Determinants of Timeliness in Product Development", *Journal of Product Innovation Management*, Vol. 11, pp. 381-396, 1994.
22) Cooper, R. G. and Kleinschmidt, E. J., "New Product Performance : keys to Success, Profitability & Cycle Time reduction", *Journal of Marketing management*, Vol. 11, pp. 315-337, 1995.
23) Cooper, R. G., "The Invisible Success Factors in Product Innovation", *Journal of Product Innovation Management*, Vol. 16, pp. 115-133, 1999.
24) Drucker, P. F., *Innovation and Entrepreneurship*, Harper & Row, 1985.（小林宏治監訳・上田惇生・佐々木実智男訳『イノベーションと企業家精神』ダイヤモンド社、1985年。）
25) Flint, D. J., "Compressing new product sussess-to-success cycle time Deep customer Value Understanding and Idea generation", *Industrial Marketing Management*, Vol. 31, pp. 305-315, 2002.
26) Guilford, J. P., *Creativity and its Cultivation Chapter 10 : Traits of Creativity*, Harper & Brothers Publishers, pp. 142-161, 1959.
27) Henderson, B. D., *Henderson on Corporate Strategy*, The Boston Consulting Group Inc. 1979.（土岐坤訳『経営戦略の核心』ダイヤモンド社、1981年。）
28) Herstatt, C., Verworn, B. and Nagahira, A., "Reducing project related uncertainty in the Fuzzy Front End of innovation : A comparison of German and Japanese product Innovation projects", *Journal of product Development*, Vol. 1 No. 1, pp. 43-62, 2004.
29) Hippel, V. E., "Successful Industrial Products from Customer Ideas", *Journal of Marketing management January*, pp. 39-49, 1978.
30) Hippel, V. E., "Lead Users : A Source of Novel Product Concept", *Management Science*, Vol. 32, pp. 791-805, 1986.
31) Hippel, V. E., *The Sources of Innovation*, Oxford University Press, 1988.（榊原清則訳『イノベーションの源泉』ダイヤモンド社、1991年。）
32) Hippel, V. E., "Economics of Product Development by Users : The Impact of Sticky Local Information", *Management Science*, Vol. 44, pp. 629-644, 1998.
33) Hippel, V. E., Sonnack, M. and Thomke, S., "Creating Breakthroughs at 3M", *Harvard Business Review*, September-October, pp. 3-9, 1999.
34) Horst, G., "Creativity Techniques in Product Planning and Development from West Germany", *R&D management*, vol. 3-3, pp. 169-183, 1983.
35) Iansiti, M., "Technology Integration", *Research Policy*, Vol. 24, pp. 521-541, 1995.
36) Ishimatsu, H., Sugasawa, Y. and Sakurai, K., "Understanding Innovation as a Complex Adaptive System : Case Studies from Shimadzu and NEC", *Pacific Economic Review*, Vol. 9, pp. 371-376, 2004.
37) Johne, F. A. and Snelson, P. A., "Success Factors in Product Innovation : A Selective Review of the Literature", *Journal of Product Innovation Management*, Vol. 5, pp. 114-128, 1988.
38) Jolly, V. K., *Commercializing New Technologies*, Harvard Business School Press, pp. 31-59, 1997.

39) Khurana, A. and Rosenthal, S. R., "Integrating the fuzzy front end of new Product development", sloan Management review, Vol. 38, No. 2, pp. 103-120, 1997.
40) Khurana, A. and Rosenthal, S. R., "Towards Holistic Front Ends In New Product Development", The Journal of Product Innovation Management, Vol. 1.15, pp. 57-74, 1998.
41) Kim, J. and Wilemon, D., "Focusing the Fuzzy Front-End in new Product development", R&D management, Vol. 32-4, pp. 269-279, 2002.
42) Kline, S. J., "Innovation is not a linear process", Research Management, Vol. 28, NO4, pp. 36-46, 1985.
43) Kline, S. J., Innovation Styles, Stanford University, 1990. (鴫原文七訳『イノベーション・スタイル』アグネ承風社, 1992年。)
44) Koen, P., Ajamian, G., burkart, R., Clamen, A., Davidson, J., Damore, R., Elkins, C., Herald, K., Incorvia, M., Johnson, A., Karol, R., Seibert, R., Slavejkoy, A. and Wagner, K., "Providing Clarity and a Common Language to the Fuzzy Front End", Research Technology Management, Vol. 44-2, pp. 46-55, 2001.
45) Kotler, P., "Marketing Management : analysis, planning, and Control [seventh Edition]", Prentice Hall, Inc., 1991. (村田昭治監修・小坂恕・疋田聰・三村優実子訳『コトラー マーケティングマネジメント[第7版]』プレジデント社, 1996年。)
46) Landau, R., Rosenberg, N., The Postive Sum Strategy : Harnessing Technology for Economic Growth, National Academy Press (USA), pp. 275-305, 1986.
47) Maltz, E., "Is All communication Created Equal ? : An Investigation into the Effects of Communication Mode on Perceived Information Quality", Journal of Product Innovation Management, Vol. 17, pp. 110-127, 2000.
48) Myers, S., Marquis, D. G., "Successful Industrial Innovations", National Science Foundation, pp. 3-5, 1969.
49) Marxt, C., Hacklin, F., Rothlisberger, C. and Schaffner, T., End to End Innovation: Extending the Stage-Gate Model into a Sustainable Collaboration Framework, International Engineering Management Conference, 2004.
50) Nadler, G. and Hibino, S., "Breackthrough Thinking", Prima Publishing & Communications, 1990. (佐々木元訳『ブレークスルー思考』ダイヤモンド社, 1991年。)
51) Nellore, R. and Balachandra, R., "Factors Influencing Success in Integrated Product Development Projects", IEEE Transactions on Engineering Management, Vol. 48, No. 2, pp. 164-174, 2001.
52) Nihtila, J., "R&D - Production integration in the early phases of new product development project", Journal of Engineering and Management, vol. 16, pp. 55-81, 1999.
53) NIST (National Institute of Standard technology) GCR02-841 Report, "Between Invention and Innovation An Analysis of Funding for Early-Stage Technology Development", 2005. (http://www.atp.nist.gov/eao/gcr02-841/chapt2.htm)
54) Orihata, M. and Watanabe, C., "The interaction between product concept and institutional inducement : a new drive of product innovation", Technovation 20, pp. 11-23, 2000a.
55) Orihata, M. and Watanabe, C., "Evalutional dynamics of product innovation: the case of consumer electronics", Technovation 20, pp. 437-449, 2000b.
56) Park, M., Prasad, M. and Fadhil, M., "Dynamic Modeling for Construction Innovation", Journal of Management in Engineering, pp. 170-177, 2004.
57) Parkinson, S. T., "The Role of the User in Successful New Product Development", R&D

management, Vol. 2-3, pp. 123-131, 1982.
58) Parnes, S. J., *Source Book for Creatuve Problem-Solving*, Creative Education Foundation Press Buffalo, pp. 132-154, 1992.
59) Peter, A. K., Greg, M. A., Scott, B., Allen, C., Eden, F., Stavros, F., Albert, J., Pushpinder, P., and Rebecca, S., *The PDMA ToolBook for New Product Development*, Fuzzy Front End : Effective Methods, Tools, and Techniques, pp. 5-33, 2004.
60) Porter, M. E., *Competitive Strategy*, The Free Press, 1980.（土岐坤・中辻萬治・服部照夫訳『競争の戦略』ダイヤモンド社, 1982 年。)
61) Porter, M. E., *Competitive Advantage*, The Free Press, 1985.（土岐坤・中辻萬治・小野寺武夫訳『競争優位の戦略』ダイヤモンド社, 1985 年。)
62) Prahalad, C. K. and Hamel, G., "The Core Competence of the Corporation", *Harvard Business Review*, pp. 79-91, 1990-May.
63) Prahalad, C. K. and Ramaswamy, V., "The New Frontier of Experience Innovation", *MIT Sloan Management Review*, Vol. 44, No. 4, pp. 12-18, 2003.
64) Reinertsen, D. G., "Taking the Fuzziness Out of the Fuzzy Front End", *Research Technology Management*, Vol. 42-6, pp. 25-31, 1999.
65) Rice, M. P., Kelley, D., Peters, L. and Oconnor, G. C., "Radical innovation : triggering initiation of opportunity recognition and evaluation", *R&D management*, Vol. 31-4, pp. 409-420, 2001.
66) Richard, S. R. and William, J. S., *Engines of Innovation*, President and fellows of Harvard College, 1996.（西村吉雄訳『中央研究所の時代の終焉』日経 BP 社, 1998 年。)
67) Rosenberg, N., *Perspectives on Technology*, Cambridge University Press, pp. 68-75, 1976.
68) Rosenthal, S. R., *Effective Product Design and Development*, Richard D. Irwin INC, pp. 36-38, pp. 66-67, 1992.
69) Sakurai, K., "The Idea Generator : Diagramming of Idea", *Pacific Value Engineering conference*, Vol. 1, pp. 187-191, 1988.
70) Sakurai, K., "Innovation by the Breakthrough Thinking", *Society of American Value Engineers International Conference Proceedings*, Vol. 29, pp. 195-198, 1994.
71) Sakurai, K. and Kondo, M., "Action patterns taken in developing successfully marketed Innovative products : the cases of machinery technology and material technology in Japan", *International Journal of Product Development*, Vol. 3, No2, pp. 263-274, 2006.
72) Schoen, J., Mason, T. W., Kline, W. A. and Bunch, R. M., "The Innovation Cycle : A New Model and Case Study fore the Invention to Innovation Process", *Engineering management Journal*, Vol. 17, No. 3, 2005.
73) Shumpeter, J. A., *The theory of Economic Development : An Inquiry into Profits, Capital, Credit, Interest, and the Business Cycle, Cambridge*, Harvard University Press, 1934.（塩野谷祐一・中山伊知朗・東畑精一訳『経済発展の理論（上）』岩波書店, 1977 年。)
74) Shapero, A., "*Managing Professional People : Understanding Creative Performance*", The Free Press A Division of Macmillan Inc, 1985.
75) Song, X. M. and Parry, M. E., "What Separates Japanese New Product Winner from Losers", *Journal of Product Innovation Management*, Vol. 13, No. 5, pp. 422-439, 1996.
76) Song, X. M. and Montoya, M. M., "Critical Development Activities for Really New versus Incremental Products", *Journal of Product Innovation Management*, Vol. 15, No. 2, pp. 124-135, 1998.

77) Stamm, B. V., Managing Innovation, *Design and Creativity*, Joho Wiley & Sons Ltd, pp. 7-11, 2003.
78) Steiner, G. A., *The Creative Organization*, The University of Chicago Press, 1965.
79) Tailor, D. W., Berry, P. C. & Block, C. H., "Does group participation when using brainstorming facilitate or inhibit creative thinking?", *Administrative Science Quartery*, Vol. 3, pp. 23-47, 1958.
80) Takeuchi, H. and Nonaka, I., "The New Product Development Game", *Harvard Business Review*, 1986-January.
81) Thomke, S. and Fujimoto, T., "The Effect of Front-Loading Problem-Solving on Product Development Performance", *Journal of Product Innovation Management*, Vol. 17 (2), pp. 128-142, 2000.
82) Ulrich, K. T. and Eppinger, S. D., *Product design and Development*, Irwin McGraw-Hill, 2000.
83) Wheelwright, S. C. and Clark, K. B., *Revolutionizing Product Development*, The Free Press, pp. 111-132, 1992.
84) Wheelwright, S. C. and Clark, K. B., *Leading Product Development*, The Free Press, pp. 68-71, 1995.

和文（50 音順）
85) 秋庭雅夫・圓川隆夫『耐久消費財の製品評価』日刊工業新聞社，1986 年。
86) 秋庭雅夫『TP マネジメントの進め方』(社) 日本能率協会マネジメントセンター，1994 年。
87) 穐山貞登『創造の心理』誠信書房，pp. 101-108, pp. 171-173, 1962 年。
88) 安部忠彦「価格下落脱却に向けた企業の R&D 対応」*Economic Review*, pp. 36-55, 2003 年 1 月。
89) 天野益夫『TQC による経営革新への挑戦』日科技連出版社，1993 年。
90) 粟津知之『製造業における研究開発のマネジメント』神戸大学，2002 年。
91) 井口哲夫『創造性科学論』白桃書房，1992 年。
92) 井口哲夫編著「創造性発揮のための設計テクニック」『機械設計』日刊工業新聞社，Vol. 37, No. 2, pp. 25-77, 1993 年。
93) 石井淳蔵・奥村昭博・加護野忠男・野中郁次郎『経営戦略論【新版】』有斐閣，1996 年。
94) 石川淳「工作機械メーカーにおける研究者の業績を規定するコミュニケーション・パターン」『組織行動研究』慶応義塾大学産業研究所，No. 30, 2000 年。
95) 石川淳「研究業績とコミュニケーション・パターン」『研究開発人材マネジメント』慶応義塾大学出版会，pp. 99-115, 2002 年。
96) 一色政憲「ものづくり特許を提案するための発想法の一検討」『日本創造学会論文誌』Vol. 9, p. 212-227, 2005 年。
97) 石田英夫・梅澤隆・村上由紀子・酒井均『創造的研究成果を促す研究者の人材マネジメントのあり方に関する調査』(株) 社会工学研究所，pp. 1-11, 2000 年。
98) 石田英夫編著『研究開発人材のマネジメント』慶応義塾大学出版会，2002 年。
99) 今坂朔久・服部明『コストダウンの科学 VA（価値分析）入門』講談社，p. 26, 1983 年。
100) 植田一博・丹羽清「研究開発における発想とその支援ツール」『研究開発マネジメント』pp. 4-11, 1998 月，9 月号。
101) 内田星美『産業技術史入門』日本経済新聞社，1974 年。
102) 遠藤一郎「バブルジェットの開発にみる新技術・新商品のコンセプト創りとコアテクノロジーの強化・拡充」*Business Research*, pp. 64-70, 1996 年 10 月。

103) 織畑基一『ラジカル・イノベーション戦略』日本経済新聞社，pp. 72-95，2001年。
104) 恩田彰（創造性心理研究会編）『S-A 創造性検査手引』東京心理，1969年。
105) 恩田彰『創造性の開発と評価』明治図書出版，1970年。
106) 科学技術庁『科学技術白書 平成11年度版』pp. 170-174，1999年。
107) 科学技術庁科学技術政策局「創造的研究成果を促す研究者の人材マネジメントのあり方に関する調査」のアンケート調査表（研究代表者 石田英夫）pp. 1-12，2000年。
108) 加登豊『原価企画（戦略的コストマネジメント）』日本経済新聞社，pp. 16-17，276-311，1993年。
109) 唐津一『コンセプト・エンジニアリング革命』PHP研究所，1994年。
110) 川喜田二郎・大川一郎「創造性開発のための教育」『教育心理学年報』Vol. 22，日本教育心理学会，pp. 118-122，1983年。
111) 川喜田二郎・牧島信一『問題解決学 KJ法ワークブック』講談社，p. 79，1979年。
112) 岸博義・袴田勲・木谷茂寿「企業における技術系管理者教育の一例」『平成14年度 工学・工業教育研究講演講論文集』社団法人日本工学教育協会，2002年。
113) 久里谷美雄「研究開発テーマと技術の評価―筋の良いコンセプトと調査研究の重要性―」『研究開発マネジメント』pp. 14-20，1999a年8月。
114) 久里谷美雄「創造力を共有し，それを強化して継承する」『研究開発マネジメント』pp. 61-68，1999a年6月。
115) 経済企画庁『経済白書 昭和31年度版』，1956年。
116) 河野豊弘・竹田明弘『研究開発についての実態調査』（財団法人）社会生産性本部経営革新部，2004年。
117) 児玉文雄『ハイテク技術のパラダイム』中央公論社，pp. 40-44，1991年。
118) 近藤修申「概念形成を理解する」*Business Research*，pp. 61-65，2000年7月。
119) 近藤正幸『技術から価値創出のビジネスモデル』研究・技術計画学会，MOT分科会講演レジュメ，2003年2月21日。
120) 齋藤冨士郎「ヒット商品を生み出した開発プロジェクトの特質」『経営・情報研究』No. 8，pp. 31-47，2004年。
121) 財団法人社会経済生産性本部．http://www.jpc-sed.or.jp
122) 財団法人日本科学技術連合．http://www.juse.or.jp
123) 榊原清則・辻本将晴「日本企業の研究開発の効率性はなぜ低下したのか」『ESRI Discussion Paper Series』No. 47，2003年。
124) 櫻井敬三「研究開発段階における創造活動の効率化とビジュアル化：アイデア展開図によるアイデア発想法」『第38回全国能率大会発表論文表彰論文集』社団法人全日本能率連盟，pp. 1-14，1987年。
125) 櫻井敬三「手段・原理連想法」『日本創造学会第11回研究大会論文集』pp. 1-22，1989a年。
126) 櫻井敬三『アイデア収束と具体化技法』工学研究社，pp. 36-37，1989b年。
127) 櫻井敬三「創造塾 実際の開発テーマを題材に研修の場で課題解決を実践」『日経メカニカル』2月3日号，1992年。
128) 櫻井敬三「新バリュー形成を可能にするイノベーション創出モデルの有効性」『経営行動研究年報』経営行動研究学会9号，pp. 59-62，2000年。
129) 櫻井敬三「商品開発のためのイノベーション創出モデルのメカニズムと成功要因」『第18回研究・技術計画学会年次学術大会講演要旨集』Vol. 18，pp. 452-455，2003年。
130) 佐藤三郎・恩田彰『創造的能力―開発と評価―』東京心理，1978年。
131) サム スターン・井口哲夫・駒崎久明『研究開発部門のための創造的開発に関する実態調査報

告書』東京工業大学大学院総合理工学研究科システム化学専攻 JMA 創造性開発寄付講座，1991年．
132) 産能大学編『創造性開発に関するアンケート調査』産能大学，1989 年．
133) 柴田直「研究開発の原点―連想する脳と連想想起回路―」*Inter Lab*, pp. 61-64，2006 年 2 月．
134) 社団法人日本経済団体連合会イノベーション戦略会議編著『分析資料』pp. 1-22，2003 年．
135) 社団法人日本経済団体連合会編『報告書　これからの企業戦略』2004 年 5 月．
136) 社団法人日本経済団体連合会産業技術委員会編著　『イノベーションの創出に向けた産業界の見解』pp. 1-9，2005 年 12 月．
137) 社団法人日本能率協会．http://www.jma.or.jp
138) 社団法人日本バリューエンジニアリング協会．http://www.sjve.org
139) 菅澤喜男・櫻井敬三・内海岱基・内藤誠一・相馬一天・寒田亮『民間企業における企画創造的な技術マネージャー育成に関する調査報告書』日本大学大学院グローバル・ビジネス研究科，2004 年．
140) 瀬口龍『利益を生み出す方程式』幻冬舎，pp. 59-60，2012 年．
141) 高橋修「プロダクト・イノベーションにおける Fuzzy Front End 理論に関する研究」『研究・技術計画学会年次学術講演要旨集』Vol. 19, pp. 155-158，2004 年．
142) 高橋誠・増田勝一『創造力の開発とその重要性』工学研究社，pp. 40-44，1989 年．
143) 高橋誠「ブレーンストーミングの研究　①「発想ルール」の有効性」『日本創造学会論文誌』Vol. 2, pp. 94-122，1998 年．
144) 高橋誠『創造技法の分類と有効性の研究』東洋大学大学院文学研究科教育学専攻，2001 年．
145) 高橋誠編著『新編　創動力事典』日科技連出版社，2002 年．
146) 田中隆雄・小林啓孝他『原価企画戦略』中央経済社，pp. 65-96，1995 年．
147) 田中雅康『VE（価値分析）考え方と具体的な進め方』マネジメント社，pp. 18-23，1985 年．
148) 田中雅康『原価企画の理論と実践』中央経済社，pp. 3-43，1995 年．
149) 玉井正寿監修『VE 活動の手引き』社団法人日本バリューエンジニアリング協会，pp. 4-5，1971 年．
150) 玉井正寿編著『価値分析』森北出版，pp. 26-27，1978 年．
151) 通商産業省『通商白書　平成 15 年度版』2003 年度　第 3 章，2003 年．(http://www.meti.go.jp/report/tsuhaku2003/15tsuushohHP/html/15332100.html)
152) 手島直明『VE 用語研究会報告書―用語の選定とその分類体系―』日本バリューエンジニアリング協会，pp. 37-46，1981 年．
153) 手島直明『実践価値工学』日科技連，pp. 15-20，1993 年．
154) 寺澤美彦・久米稔　『TCT 創造性検査におけるタイプ分類』日本創造学会論文誌，Vol. 3, pp. 55-64，1999 年．
155) 中川徹「技術開発における TRIZ の役割 2001.3 [14] 招待講演要約」．(http://www.osaka-gu.ac.jp/php/nakagawa/TRIZ/jpaper/Clausing010619/ClaisingTRIZCON010615.html)
156) 長平彰夫・コーネリウス・ヘルシュタット『『成功する新製品を開発するための調査開発マネジメント手法』に関するアンケート調査報告書』東北大学―ハンブルグ工科大学，2005 年．
157) 西崎文平・藤田哲雄「国際競争力ランキングから何を学ぶか」*Research Focus*, No. 2015-014，日本総研，2015 年．
158) 西田耕三『R&D テーマ発掘のマネジメント』文眞堂，1984 年．
159) 日経産業新聞「さすがトヨタ間接要員活用法　BR（ビジネス　リエンジニアリング）の全社テーマ」(1993 年 09 月 17 日, p. 28)．
160) 日経産業新聞「国内では約百万人が請負労働者」(2005 年 04 月 01 日, p. 3)．

161) 日経産業新聞「住友電工流の技術経営，R&D の障害，「死の谷」超えろ」(2006 年 02 月 14 日，p. 22)。
162) 日経産業新聞「日本の自動車メーカー中国で R&D 強化」(2006 年 03 月 23 日，p. 4)。
163) 日経産業新聞「強さ増す日本経済 (2)「筋肉質投資」が加速　効率化で生産性再び向上」(2006 年 03 月 30 日，p. 1)。
164) 日本経済新聞「ニコン・キャノン共同開発　半導体製造次世代技術」(2001 年 5 月 23 日)。
165) 日本経済新聞「松下・日立提携発表　技術補完で勝ち残り」(2001 年 5 月 24 日)。
166) 日本経済新聞「もの造りの国内回帰を活性化のバネに (社説)」(2004 年 02 月 16 日，p. 1)。
167) 日本経済新聞「進むグローバル化　利益の回が期依存 36% に」(2005 年 6 月 21 日)。
168) 日本経済新聞「製造業本社調査　生産，国内シフト鮮明，「新工場計画」6 割」(2005 年 10 月 22 日，p. 1)。
169) 日本経済新聞「中小企業 2030 年消滅？」(2016 年 6 月 6 日)。
170) 丹羽清「革新的研究開発のための目標設定力や構想提案力に関する調査」『研究・技術計画学会第 13 回シンポジウム講演要旨集』pp. 25-36, 1998 年。
171) 丹羽清・山田肇 編著『技術経営戦略』生産性出版，pp. 123-124 付録，1999 年。
172) 野中郁次郎・竹内弘高著『知識創造企業』東洋経済新報社，1996 年。
173) 延岡健太郎・伊藤宗彦・森田弘一『コモディティ化による価値獲得の失敗：デジタル家電の事例』独立行政法人　経済産業研究所，2006 年。
174) 日立製作所編『研究開発及び知的財産報告書 2005』p. 16, 2005 年。
175) 開本浩矢『研究開発の組織行動』中央経済社，2006 年。
176) 平田章・大沢幸男・中川秀一『顧客ニーズ形成とその方法』社団法人日本バリューエンジニアリング協会，1984 年。
177) 平本誠剛「三菱電機事例　自己啓発・相互研鑽を基本にしつつ「技術部会」など 3 つの施策で育成」『企業と人材』pp. 12-17, 2003 年 5 月号。
178) 藤本隆弘・安本雅典『成功する製品開発 (産業間比較の視点)』有斐閣，pp. 73-75, 257-305, 2000 年。
179) 毎日新聞「ものづくり白書：非正社員や外部労働者，3 割に製造業従事者」(2006 年 06 月 09 日　インターネット)。
180) 丸島儀一『キャノンの特許部隊』光文社，2002 年。
181) 丸山照雄「理論解析を活用した知財化技術」『日本創造学会論文誌』Vol. 9, pp. 190-211, 2005 年。
182) 三重野康編著『イノベーション経営の本質』(わが国中核企業の技術と経営に関する研究会報告書) 電通総研，pp. 38-41, 1998 年。
183) 森健一「本物のコンセプトは知的興奮の中から誕生」*Business Research*, pp. 10-15, 2001 年 10 月。
184) 守島基博「研究者の業績と企業の人的資源管理」『ビジネスレビュー』Vol. 46 No. 1, (財) 学会誌刊行センター，pp. 61-73, 1998 年。
185) 山之内昭夫『新・技術経営論』pp. 64-76, 123-153, 日本経済新聞社，1992 年。
186) 山本浩二「原価企画と商品開発の本質」『大阪府立大学経済研究』Vol. 40, No. 3, pp. 119-133, 1995 年。
187) 湯川秀樹・鈴木鎮一・松本金寿・穐山貞登「科学研究の立場から創造性開発方途」『教育心理学年報』Vol. 13, 日本教育心理学会，pp. 67-71, 1973 年。

索　引

事項索引

【欧文】

ABC　33
CTO（チーフ・テクニカル・オフィサー）　60, 62, 121
DTC　33
JQA　29
The Up Front Step　43
TP　29
TQC　29
VE　29
WCY指標　2

【ア行】

アイデアの質　179
アイデアの量　179
アイデア発想　9, 58, 64, 66, 133
　——活動　62
　——活動強化　46
　——情報源　12
　——情報源分析　71, 175
　——の強化策　69
　——を促進　48
アイデア発明　57
新たなコンセプト創造　9
新たな着想　117-118
イノベーション創出製品化モデル　27-28
　——の有効性分析　128
イノベーション連鎖モデル　26
イメージした市場　103
オーバーラッピング・プロセス　25, 28

【カ行】

開発された技術　64
外部情報（文献や外部ネットワーク）　78
　——源　69
外部接触の促進　179
会話情報　90, 128
化学系研究技術者　139, 156
革新新製品　134
加工が必要な社内情報　84
加工組立型産業技術　86, 122, 129, 180
活動の取り組み姿勢　75, 100, 108, 113
活用技術情報　104
機械系研究技術者　139, 153
機械系要素技術　125
機械システム系技術　125
企業価値　7
企業間分散型ファジーフロントエンド活動　181
企業の廃業で消滅の危機　4
技術コンセプト　117
技術再チェック　121
技術支援　88, 122
技術主導　75
技術賞　60
技術情報　69
技術水準の優位性　72, 78, 80, 86, 116
技術的独創性を意識する　178
記述的プロセスモデル　44
技術の革新　75
　——性　61, 72, 78, 86, 116-117
　——誕生　113
技術の検証姿勢　77, 108
技術の実用性　78
技術の新規性　72
技術の進歩性　72
技術の棚卸　121
技術評価　68, 110, 116
既存技術情報　132
既存市場　84, 89, 131
既存周辺市場　85, 89, 123
キャッチアップ型開発　4
強制連想法　171-172
競争相手への姿勢　77, 101, 108

索　引　273

共分散構造分析　111, 116, 168-169
協力者出現の受け入れ姿勢　105
金融資本主義経済の台頭　3
空間型収束法　171-172
具現化に役立つ技術情報　82, 102, 119, 178
具現化力　169, 179
グループ1　138, 145, 148, 150-151
グループ2　138, 145, 148, 150-151
経営計画からのインプット　62
結合発展のルール　142, 152
ゲートキーパー　42
　——出現　90, 127
　——の出現受け入れ姿勢　77, 101, 108, 113
原価企画活動　31-32
研究開発環境の整備　164
研究開発投資と全要素生産性向上　6
研究技術者創造性資質評価　71
研究技術者の個人資質　161
研究技術者の創造性資質　69
　——評価分析　177
研究技術者の創造性発揮　54
研究技術者の創造性評価基準　12
研究技術者の特性分析　153
言語性テスト　91
検証情報　90, 128
原理連想　92
公知の情報　84
行動別リニアー型モデル　44
購買動機の発掘　33
顧客意識　88, 122
顧客価値　7
顧客情報　69
顧客との密接な関係づくり　46
国際競争力比較　2
国際分業化対処活動　31, 36
個人の資質要因　169
　——分析　93
個人の創造的マネジメント　11
コンセプト形成　64

【サ行】
再定義力　53, 91, 93, 138, 146, 179
産業別特徴　12
　——分析　71, 176

産業別のイノベーション創出製品化モデルの有効
　　　性検証　105
産業別の中味の濃い効果的情報収集　105
産業別の平均活動期間　104
事業戦略と技術戦略との整合　9, 66, 133
事業戦略との整合　58
自社内情報　84
市場価格が半値　8
市場価格の引き下げ　7
市場・技術情報収集　9, 58, 66, 133
市場協力者出現　90, 127
市場協力者の出現受け入れ姿勢　77, 101, 108, 113
市場形成に役立つ市場情報　82, 84, 103, 178
市場主導　75
市場情報　69
市場ニーズの把握姿勢　75, 100, 108
市場ニーズをチーム自ら設定する　178
市場の受容性　75
市場への姿勢　76, 100, 108, 113
市場を意識しない　178
市場を意識せず　85
市場をイメージ　82
社外既存技術情報　84, 89, 124
社外口コミ情報　84
社外新規技術情報　84, 89, 124
社外新規情報　84
社外文章情報　84
社内技術情報　89, 124
集団と個人　10
集団の創造的マネジメント　11
柔軟性　53, 91, 138, 145, 168, 170
自由奔放のルール　141
自由連想法　171-172
手段原理連想語　150
手段・原理連想法　152
手段原理連想力　168
手段連想　92
受動的問題　110
漏斗型モデル　44
常識外の提案　60
消費財の事例　63
商品化意思決定前　97
情報交換がオープン　179

情報提供者の受け入れ姿勢　110
情報のオープン化　77
情報の収集姿勢　76, 101, 108
新規技術情報　132
新技術融合　77
新市場　89, 123
新製品開発段階活動　24
新製品誕生まで　118
新製品の開発前段階活動　6, 24
筋の良い技術　61, 117
ステージゲートモデル　42
生産財の事例　63
製品開発ツールブック　50
製品企画書の作成　62
製品企画段階での原価企画活動　32
製品技術要因の項目　68
製品コンセプト形成　9, 57, 58, 66, 133
製品コンセプトを決める活動　62
製品スペックレビュー　121
セレンディピティー　179
ゼロフェーズ　43
線型プロセスモデル　25
潜在ニーズの発掘　33
漸進新製品　134
全体をコーディネーション　49
専門分野別創造性資質評価　156
戦略的技術特定　76
創造性評価因子　53
創造的研究技術者資質分析　13
創造的プロジェクト活動分析　12
素材型産業技術　86, 122, 129, 180
組織運営要因分析　94
そのまま活用できる社内情報　84

【タ行】

第3者に依存する　75
大量発想のルール　142, 151
多角発想のルール　142, 152
多種多様なニーズのギャップを埋める　47
多面的活動形態　181
多面的成果測定法　182
チェックリスト法　160
地産地消の合理的経済メカニズムの進展　3
チーム活動の取り組み姿勢　110

長期トレンド洞察　9, 58, 66, 133
データの客観性　15
データの共通性　15
データの厳密性　15
電気・電子系研究技術者　139, 155
電気電子系システム技術　125
電気電子系要素技術　125
独創性　53, 91, 138, 145, 168, 170, 179
　──アイデア　150
独創的アイデア創出法　183
特許出願　70
　──件数　57, 94
　──力　169
特許の新製品活用状況　95
トップダウン型アプローチ　10

【ナ行】

内部情報源　69
中味の濃い効果的情報　82, 84, 101, 119, 178
ニーズの満足　7
日本型生産システム　4, 38
日本型ビジネスモデル　3
日本経済団体連合会　30
能動的問題　110

【ハ行】

パイロットスタディー　17, 26
判断延長のルール　141
非既存市場　131
非言語性テスト　91
非公式組織　77
非製品技術要因の項目　68
非線形プロセスモデル　26
必要情報　116
1つの既存市場　123
ファジーフロントエンド活動　35, 38, 45
　──と定義　66
ファジーフロントエンドの活動とその成果　50
ファジーフロントエンドのプロジェクト活動　175, 180
フィジビリティー＆プロジェクト計画策定　9
フィジビリティー＆プロジェクト計画設定　66, 133
複数既存市場　123

ブレーンストーミング法　160
プロジェクト活動の重要機能　12
プロジェクト計画設定　57
プロジェクト構成メンバー　58
プロジェクト行動の外部との関わり　74, 83
プロジェクトマネジメント行動　12
　——指針　107, 113
　——分析　71, 73
プロジェクトマネジメントの行動分析　175
フロントランナー型開発　5
文章情報　90
文書情報　128
文節関係の係り受け解析　148
ボトムアップ型アプローチ　10

【マ行】

マーケティング活動　31, 33
マーケティング戦略　76
マネジメント技術　25, 29
自ら設定する　75
未保有既存技術　76
綿密性　53, 91, 93, 138, 146, 179
問題意識　169, 179
問題への敏感さ　53, 91

【ヤ行】

有形な情報　69
用途テスト　92

【ラ行】

リソースの利用　7
流暢性　53, 91, 138, 145, 168, 170
類比発想法　171-172
連想テスト　92

人名索引

【ア行】

秋庭ら（1986年）　80
穐山（1962年）　72, 139
アルトシュラー（Altshuller, G. 2002）　48
アレン（Allen, T. J. 1977）　42, 54, 69, 77, 85, 92
アレンら（Allen, C. H. et al. 1986）　47
内田（1974年）　79, 171
ウールリッチら（Ulrich, K. T. et al. 2000）　44, 75
エーケン（Aken, J. E. V. 2004）　44
織畑ら（Orihata, M. et al, 2000a, 2000b）　75
恩田（1969年, 1970年）　54, 142, 171

【カ行】

カハラナら（Khurana, A. et al. 1998）　35, 42, 44, 50, 66, 67, 132
川喜田ら（1983年）　72
ギルフォード（Guilford, J. P. 1959）　53, 91
クーパー（Cooper, R. G. 1984）　49
クーパー（Cooper, R. G. 1988）　42, 43
クーパー（Cooper, R. G. 1999）　47
クーパーら（Cooper, R. G. et al. 1995）　51
クライン（Kline, S. J. 1985）　26
クリステンセン（Christensen, C. M. 1997）　48
久里谷（1999年a）　61
コーエンら（Koen, P. et al. 2001）　51
コトラー（Kotler, P. 1991）　75
コバーン（Coburn, M. M. 1999）　50

【サ行】

Sakurai, K. 1994　173
櫻井（1987年, 1989a年）　92
櫻井（1989a年）　142
櫻井（2003年）　157
櫻井（2000年）　26
櫻井ら（Sakurai, et al. 2006）　86
佐藤ら（1978年）　171
柴田（2006年）　93
シャペロ（Shapero, A. 1985）　54
シュンペーター（Schmpeter, J. A. 1934）　43
ジョリー（Jolly, V. K. 1997）　82

ジョンら（Johne, F. A. et al. 1988）　46
ステーナ（Steiner, G. A. 1965）　54
ソングら（Song, X. M. et al. 1996）　47, 52

【タ行】

高橋（1998 年）　92
高橋（2001 年）　151
高橋・増田（1998 年）　146
田中・小林（1995 年）　35
ドラッカー（Drucker, P. F. 1985）　43

【ナ行】

長平ら（2005 年）　53, 68
ナドラーら（Nadler, G. et al. 1990）　173
ニチラ（Nihtila, J. 1999）　70

【ハ行】

パーキンソン（Parkinson, S. T. 1982）　46
バークハート（Burkhart, R. 1958）　54
バラチャンドラら（Balachandra, R. et al. 1997）　52
パーンズ（Parnes, S. J. 1992）　159
ピーターら（Peter, A. K. et al. 2004）　45, 48, 55
ヒッペル（Hippel, V. E. 1978）　46
ヒッペル（Hippel, V. E. 1988）　77
藤本ら（2000 年）　68, 87
プラハードら（Prahalad, C. K. et al. 2003）　48
ベーカら（Baker, N. R. et al. 1980）　49
ヘルシュタットら（Herstatt, C. et al. 2004　53
ホースト（Horst, G. 1983）　48, 171
ポーター（Porter, M. E. 1980, Porter, M. E. 1985）　77

【マ行】

マイヤーズら（Myers, S. et al. 1969）　44
マルッツら（Maltz, E. et al. 2000）　81
三重野（1998 年）　112
守島（1998 年）　55

【ヤ行】

山之内（1992 年）　24, 75
湯川ら（1973 年）　72

【ラ行】

ライスら（Rice, M. P. et al. 2001）　49
リチャードら（Richard, S. R. et al. 1996）　57
レイナーセン（Reinertsen, D. G. 1999）　51
ローゼンバーグ（Rosenberg, N. 1976）　79, 171

著者紹介

櫻井　敬三（さくらい　けいぞう）
日本経済大学大学院経営学研究科教授。1949年東京都生まれ。
2007年横浜国立大学後期博士課程修了　博士号取得（技術経営）。
2008年度までは民間企業勤務。その後，東京工業大学，金沢星稜大学，2012年より現職。
2014年～2016年第12代日本創造学会理事長。
主な著作に共著にて『創造的変革の探求』（中央経済社），"China : A bird's-eye view"（Intelligence Publishing），『ブレイクスルーリエンジニアリング』（産能大学出版部），『アイデア収束と具体化技法』（工学研究社）など。発表論文多数。
日本バリューエンジニアリング協会最優秀論文賞（1982年），全日本能率連盟通商産業大臣賞（1987年），日本創造学会論文賞（2007年）など受賞。

ファジーフロントエンド活動による技術革新創成
―100社の事例を実証データで検証―

2017年1月10日　第1版第1刷発行　　　　　　　検印省略

著　者　櫻　井　敬　三
発行者　前　野　　隆
発行所　東京都新宿区早稲田鶴巻町533
株式会社　文　眞　堂
電　話　03（3202）8480
FAX　03（3203）2638
http://www.bunshin-do.co.jp
郵便番号(162-0041)　振替00120-2-96437

印刷・モリモト印刷　製本・イマヰ製本所
©2017
定価はカバー裏に表示してあります
ISBN978-4-8309-4919-7 C3034